摩訶毗盧遮那佛

金剛界曼荼羅

胎藏界曼荼羅

日本佛教真言宗高野山派金剛峰寺中院流第五十四世傳法大阿闍梨
中國佛教真言宗五智山光明王寺光明流第一代傳燈大阿闍梨

悟光上師法相

心經思想蠡測

悟光大阿闍梨略傳

悟光上師又號全妙大師，俗姓鄭，台灣省高雄縣人，生於一九一八年十二月五日。生有異稟：臍帶纏頂如懸念珠；降誕不久即能促膝盤坐若入定狀，其與佛有緣，實慧根夙備者也。

師生於虔敬信仰之家庭。幼學時即聰慧過人，並精於美術工藝。及長，因學宮廟建築設計，繼而鑽研丹道經籍，飽覽道書經典數百卷；又習道家煉丹辟穀、養生靜坐之功。其後，遍歷各地，訪師問道，隨船遠至內地、南洋諸邦，行腳所次，雖習得仙宗秘術，然深覺不足以普化濟世，遂由道皈入佛門。

師初於一九五三年二月，剃度皈依，改習禪學，師力慕高遠，志切宏博，雖閱藏數載，遍訪禪師，尤以為未足。

其後專習藏密，閉關修持於大智山（高雄縣六龜鄉），持咒精進不已，澈悟金剛密教真言，感應良多，嘗感悟得飛蝶應集，瀰空蔽日。深體世事擾攘不安，災禍迭增無已，密教普化救世之時機將屆，遂發心廣宏佛法，以救度眾生。

師於閉關靜閱大正藏密教部之時，知有絕傳於中國（指唐武宗之滅佛）之真言宗，已流佈日本達千餘年，外人多不得傳。（因日人將之視若國寶珍秘，自詡歷來遭逢多次兵禍劫難，仍得屹立富強於世，端賴此法，故絕不輕傳外人）。期間台灣頗多高士欲赴日習法，國外亦有慕道趨求者，皆不得其門或未獲其奧而中輟。師愧感國人未能得道傳法利國福民，而使此久已垂絕之珍秘密法流落異域，殊覺歎惋，故發心親往日本求法，欲得其傳承血脈而歸，遂於一九七一年六月東渡扶桑，逕往真言宗總本山—高野山金剛峰寺。

此山自古即為女禁之地，直至明治維新時始行解禁，然該宗在日本尚屬貴族佛教，非該寺師傳弟子，概不經傳。故師上山求法多次，悉被拒於門外，然師誓願堅定，不得傳承，決不卻步，在此期間，備嘗艱苦，依然修持不輟，時現其琉璃身，受該寺目黑大師之讚賞，並由其協助，始得入寺作旁聽生，因師植基深厚，未幾即准為正式弟子，入於本山門主中院流五十三世傳法宣雄和尚門下。學法期間，修習極其嚴厲，嘗於零下二十度之酷寒，一日修持達十八小時之久。不出一年，修畢一切儀軌，得授「傳法大阿闍梨灌頂」，遂為五十四世傳法人。綜計歷世以來，得此灌頂之外國僧人者，唯師一人矣。

師於一九七二年回台後，遂廣弘佛法，於台南、高雄等地設立道場，傳法佈教，頗收勸善濟世，教化人心之功效。師初習丹道養生，繼修佛門大乘禪密與金剛藏密，今又融入真言東密精髓，益見其佛養之深奥，獨幟一方。一九七八年，因師弘法有功，由大本山金剛峰寺之薦，經日本國家宗教議員大會決議通過，加贈「大僧都」一職，時於台南市舉行布達式，參與人士有各界地方首長，教界耆老，弟子等百餘人，儀式莊嚴崇隆，大眾傳播均相報導。又於一九八三年，再加贈「小僧正」，並賜披紫色衣。

師之為人平易近人，端方可敬，弘法救度，不遺餘力，教法大有興盛之勢。為千秋萬世億兆同胞之福祉，暨匡正世道人心免於危亡之劫難，於高雄縣內門鄉永興村興建真言宗大本山根本道場，作為弘法基地及觀光聖地。師於開山期間，為弘法利生亦奔走各地，先後又於台北、香港二地分別設立了「光明王寺台北分院」、「光明王寺香港分院」。師自東瀛得法以來，重興密法、創設道場、設立規矩、著書立説、教育弟子等無不兼備。

師之承法直系真言宗中院流五十四世傳法。著有《上帝的選舉》、《禪的講話》等廿多部作品行世。佛教真言宗失傳於中國一千餘年後，大法重返吾國，此功此德，師之力也。

目錄

佛説摩訶
般若波羅蜜多心經

佛說摩訶般若波羅蜜多心經

姚秦三藏鳩摩羅什譯

觀自在菩薩，行深般若波羅蜜多時，照見五蘊皆空，度一切苦厄。

舍利子！色不異空，空不異色，色即是空，空即是色，受想行識，亦復如是。舍利子！是諸法空相，不生不滅，不垢不淨，不增不減。是故空中無色，無受想行識，無眼耳鼻舌身意，無色聲香味觸法，無眼界，乃至無意識界，無無明，亦無無明盡，乃至無老死，亦無老死盡，無苦集滅道，無智亦無得，以無所得故。

菩提薩埵，依般若波羅蜜多故，心無罣礙，無罣礙故，無有恐怖，遠離一切顛倒夢想，究竟涅槃。三世諸佛，依般若波羅蜜多故，得阿耨多羅三藐三菩提。

故知般若波羅蜜多，是大神咒，是大明咒，是無上咒，是無等等咒，能除一切苦，真實不虛。

故說般若波羅蜜多咒。即說咒曰，羯諦羯諦，波羅羯諦，波羅僧羯諦，菩提薩婆訶。

《般若心經》

前言

前言

此經在佛教諸經中的地位是相當高超的。所謂《大般若經》六百卷的精髓，也就是智慧之經。佛從智慧生，故智慧名佛母，智慧寄在心眼，故名佛眼，如人無兩眼寸步難行，天無兩眼（日月）天下暗黑，要成佛若沒有佛眼母就無法成佛了。此經是三乘根器通用的必要經典，雖各乘證道高低不同，但此經都是重要眼目。此經有大乘、小乘、顯、密之得益分，顯中有聲聞、緣覺之小乘分。有大乘之菩薩分，密乘有上大乘之菩薩分，結果都是證道分。除小乘之自利外顯密菩薩都是大乘佛教。大乘是好像大船，或大車，可運載很多人的乘物一樣，從此方運送到彼方到達目的地，也就是能運度迷界的眾生到覺悟的心理生活世界、脫離煩惱苦厄的自由世界的大乘工具。因為佛是為救度一切眾生苦難的一大事因緣，才出現世間的。所以佛教與一切眾生有不可分離的絕對關係。一般大多誤解佛教是一種高深莫測的哲學，若非最上根機的人是不能理解或去修習之學問，其實不然！有眾生故必有宗教，佛教亦不能例外。但宗教在世界上是很多，大概可分為多神教、一神教、無神教、人文教、唯心教、無心教、泛神教等不同的角度來施行教化。佛教都以無神、唯心、無心、泛神來對各種不同根機施教，此中分出宗派，各樹旗幟分頭揚鑣，其實結果都歸納於佛性的開展：「一切、眾生、悉有、佛性」的原則下，眾生都在佛教中生活，生活即佛教，生活就是佛性之教使，佛性之活動即生活。不是唯一的萬能之神在支配吾人眾生的生活，吾人眾生因為不諳這，此生活是佛性本體的活動，執著了物質上短暫的享受，因為求不得而起了煩惱，卻不知法相現象的實相是無常的，一切都是佛性之無常代謝的影射。現象比如冰，佛性比如水，水以寒冷為緣凝成冰，冰以煖為緣而還水，水冰原是一物，所以佛陀教吾們了悟冰即水、一切、眾生、悉有，即佛性，不知此中真理，起了恐怖煩惱將會老病死亡，以是迷昧心理上發生煩惱苦痛。身心本是不二的，心煩影響物質，心病故身病，一人之心病影響一人之身體，眾人之心病影響家庭、社會、國家、世界，就變成苦海。每個之身心是一，家庭亦是一，社會亦是一，國家亦是一，世界亦是一。這一是多之一，世界不安個人亦不安，故需要整個得安個個才得安，個個是「多」的，所以必須大乘才能度整個，為求自己之平安必須學大乘的精神，大眾得度自己當然得度，這是佛陀親自體證出來的道理。佛陀雖然有說了小乘的自我解脫法，但佛陀是體證大道的，其教化之目的還是以大乘為目的。

此《心經》也就是以大乘為中心，以吾們的生活中去體悟，以佛法生活來度人度己。舉手投足皆從道場來的堅固心來證入實相，圓成菩提正果。

般若心經的翻譯與心經的地位

般若心經的翻譯與心經的地位

《般若波羅蜜多心經》是唐朝玄奘法師所翻的經題，現在吾們研究的是姚秦時代的鳩摩羅什法師所翻的心經，經題是《佛說摩訶般若波羅蜜多心經》，經題有「佛說摩訶」四字，經中「遠離一切顛倒夢想」多二字「一切」。經後多四字「般若心經」之功能句。

心經在印度之原典也有很多種，有人說：是佛親口說的，但經中沒有六成就；有人說：觀音菩薩說的觀音法門，但觀音是德號，不是歷史人物，況且經所說：「觀自在菩薩」是能觀之人，「行深般若波羅蜜多時，照見五蘊皆空」是所觀之法，很多人不能認同。本經的確是大乘般若思想的結晶品，無論誰說此經，都是釋迦一代言教的精髓，在中國翻譯的心經多至十一部，吾們真言宗所用的即是羅什法師所翻之《佛說摩訶般若波羅蜜多心經》。羅什法師翻譯的經典亦不少，他的身世及行履，大家都聽了很多法師說過了，在此不必多言。

中國所翻譯的心經十一種中(有些)已經散失，僅存有七種，可是現在(流通)只有五種。(其中)十種(可考的)經名各有不同字眼！

一、鳩摩羅什譯：名《佛說摩訶般若波羅蜜多心經》(《大明咒經》)

二、唐遍覺三藏譯：名《般若波羅蜜多心經》，(五蘊下加等字)，除「一切」二字，無功能句

三、大周義淨譯：名《佛說般若波羅蜜多心經》加功能句

四、法月譯：名《普遍智藏般若波羅蜜多心經》

五、唐天竺三藏不空譯：名《梵本般若波羅蜜多心經》
六、唐玄奘譯：名《般若波羅蜜多心經》
七、新疆喀什米爾罽賓沙門「般若」共「利言」等譯：名《般若波羅蜜心經》
八、宋慈賢譯：名同「不空」
九、宋天竺三藏施護譯：名《佛說聖母般若波羅蜜多心經》
十、西藏貢噶禪師譯：名《薄迦梵母智慧到彼岸心經》

釋迦牟尼佛悟了真理以後，說了將近五十年的法，歷代諸師將佛陀說法都加以分為五個階段，第一段是「華嚴時」，是在佛成道後的廿一日內，這是自受法樂向內眷屬說的，都是宇宙深奧的理智之學，其代表經典即是《華嚴經》。

道理甚深一般凡夫是不能了解的，以後就說了十二年比較淺顯的道理，這時間叫做「阿含時」，其代表經典是《阿含經》，屬於第二段時間。第三段時間是「方等時」，總共說了八年時間，所說的是身心不二、事理不二等真理，如《維摩經》，《勝鬘經》等不二法門之經典。第四段時間最長，前後有廿二年之久，說了各種《般若經》，這段叫做「般若時」。最後是「法華、涅槃時」，佛將入滅之前的八年時間，說了《法華經》，最後的一日一夜之間，說了《涅槃經》，在教義上看來大概是同一性質的法，故叫做「法華、涅槃時」。

以時間上看來，般若教義的時間最長，約佔了整個說法時間的半數。經典之多也佔了大部分。《大正新修大藏經》的經藏部分共有二十二大冊，就中小乘阿含部、本緣部、密教部也佔了八大冊，其餘大乘顯教經典僅有十三大冊，這十三大冊之中《般若部》有四大冊，而其中一部《大般若波羅蜜經》即《大般若經》，一共有六百卷，裝成三大冊，除《仁王般若經》及《般若心經》以外的一切般若教義經典都收在此。這部《大般若經》中，般若部一共有四大冊，除《大般若經》三大冊外，剩下的一冊是收藏什麼經？一般地說，是《大般若經》第四百零一卷至最後第六百卷經義的異譯，加上《仁王般若經》及《般若心經》兩部，所以《大般若經》是攝盡了「般若時」所說之般若教義。

由此可見《般若經》是大乘佛法的重要經典，而此心經乃是《般若經》的濃縮品，佛教各宗都非常重視與採用。

龍樹菩薩所造的《大智度論》，都說「般若波羅蜜，是諸佛母，諸佛以法為師，法者，即是般若波羅蜜」，佛教是以法為主要中心，法是具有本然性、安定性、和普遍性的真理，即本來存在不變的法則，凡夫若證悟了這真理，就可以成為佛，佛由法生，所以法是佛母，又以法為師，法即是佛之師。能為佛之母、佛之師，即是般若波羅蜜，也即是般若教義。《大般若經》云：「摩訶般若波羅蜜，是菩薩摩訶薩母，般若能生諸佛，攝持菩薩」。《金剛經》云：「一切諸佛及諸佛阿耨多羅三藐三菩提法，皆從此經出」。諸佛能證之人及所證之法，都是從此般若中出。《般若心經》中說：「三世諸佛，依般若波羅蜜多故，得阿耨多羅三藐三菩提」，肯定地指出般若波羅蜜是成佛的條件。若不依般若波羅蜜就不能成佛。由此可以了知般若教義是佛法之心臟，成佛之正因。難怪佛陀要費了二十二年的時間說此教義，正佔了《大藏經》的那麼多的經冊。

壹、經題之探討

壹、經題之探討

佛說摩訶般若波羅蜜多心經

經題是該經的濃縮句，如明咒就是一篇文章的濃縮，幾句語言就統御了整個內容，像吾們的名字或公司店名，都是代表某人某公司的整體。這部經其中之玄妙奧義都包括在這經題無遺，如這部心經包括了般若經六百卷的思想。

佛說

這二字，當然是指佛陀說過，無論佛陀曾在某些地方說此經，或後來佛的弟子將佛所說的六百卷《大般若經》加以綜合濃縮，都是佛陀所說的道理。大概是後來統合整理出來之經，所以有人在翻譯上，不加蓋佛說二字為經首，亦沒有時間地點，請說或樂說，或常隨眾與結緣眾的標示。但還有人列有六成就，其所列之時間地點等皆是一種象徵寓意，查無根據可稽，當然《大般若經》有六成就，只此心經渺然。

摩訶

是「大、多、勝」之意，有最大、最多、最勝，多義，所以往往摩訶不翻，用梵音讀之。

佛的開悟是與眾不同，是世界上所有宗教中，最圓滿具足絕對的悟，在佛教中稱佛的悟叫做摩訶，是宇宙全體的悟，並非部份或止於人文的悟，是普遍通達世間、出世間、平等與差別的絕對之正知的徹底之悟。凡夫所知的道理有深淺廣狹多少並不是絕對平等，人智都不能超越界限，佛因為其智慧超越世間，所以是殊勝。此方名大般若是意譯，故稱摩訶般若，不名大般若。

般若

一般都翻做智慧，是以定慧來樹名的，為使大眾普遍容易了解，就譯成殊勝廣大無限的智慧，這就是佛智。

凡夫的智慧是出生以後，受父母兄弟、學校的老師、社會朋友人際關係中得來收藏品，都不盡正確性。很多學者的論說，一時被認為正確，到了後來也有被推翻認為不正確，如宗教中部份認為萬物是唯一的神所創造，其神好像歷史人物，這都是錯覺，其實該唯一的神是象徵人物，是宇宙大靈，真如法性的人格化。這就是佛陀的心眼所見，是一種透視宇宙基因動態的智慧，這種智慧能將現象的法相，透視到甚深微妙處，見到其代謝的無常活動，了解諸法與法相的無自性，性空的實有，顯現的妙有，究明了萬物之實相，排除了誤認的執著，體會了現象即實在，即事而真，當相即道的道理，在現象中入於正位的不生不滅之涅槃體，來活現「生其物」佛性，大作夢中佛事，這種佛智叫做般若。

吾們凡夫因為佛智未顯露之前，多為假相所迷，被其所具之生命機能，食、性、自由所驅使，迷著現象之七情六欲，取捨美醜，喚起了貪戀的基因種性，造諸惡業行為起了不同的煩惱。若果了悟諸心法也是無自性的幻起法，即當下就消散無蹤，這是「觀照般若」。

一切現象之認識與執著取捨都是心的作用，如一棟房屋，是由聚集了很多材料、石頭、磚塊、鐵筋、木材、砂、水泥、玻璃等等，經人工加以砌成，變成房屋，命名別莊，吾們認為別莊是實有，但為某些條件下拆除，即房子都沒有了，別莊的名也沒有了，故房子之法相是無自性的。這些心之認識亦是無自性的，無自性是無常住無不變的道理。房子蓋起來有美醜，但其原料本來沒有美醜，即是平等。將原料移動另蓋個寶塔、原料不變，即平等實相，但塔形與屋形都變，名亦隨之而變，其實此塔相與名字亦是無自性。不但如此，吾人的身心都無自性，自出生到現在吸取身外之物來變為身體，原來之舊物排出去，不斷地新陳代謝，成為現在，過去已了不可得，現在剎那變動止不住，未來是還未到，三際都是無自性不可得，故名性空，是一種假存在。能不斷地聚合成為一個「相」之力量，即是業力，這業力是絕對力，離散也是此力，亦名法性羯磨力。法相之原料是佛性真如中之六大理德，理德有原素，如核子、原子，最本原是光，亦名佛光。由無形而積聚，成了微塵元素，依因緣而成立世界。如一棵大樹，由基因種子依羯磨力而緣四大物質原素，由小而大，到了現在這麼大的體積，樹是緣生物，裡面有空間，經時間聚眾力而成，裡頭都空無自性，雖然四大相涉無礙成為樹，樹是假名，詳見之水分是水分，各種纖維，及其香味都各自立，如建物，一體積裡面之砂石是砂石，鐵筋是鐵筋，其他各項都各自立，鐵不涉入磚，石不涉入鐵，到了緣盡分散也是各自立，這是物質不滅論，緣成之物相即假立無不變之物。在這時空中之萬物皆然，法無定相，美醜是心所法，也不是定相。依凡夫眼來看物之遷變是時間，物之現象是空間，這就是世界。深一層看，物之遷變當相即停於當處的時間，昨日之事停於昨日的時間，不能拉來現在，換言之法住法位，法無去來，依時遷流看是無常，依法之生起與時間而言諸法常住，也是《物不遷論》的看法。

人在船中看岸，即岸、流水與船都不流，人在岸即看到船、水都在流。遷流與不遷流是自我的定位之迷著。依大宇宙全體而言是一實相的活動現象，遷流生滅的過程中就生出時空間的分別，構成一期生命現象。其實這種生滅遷變是幻覺，宇宙體性本然不生不滅，了解此理趣即涅槃，涅槃是宇宙當體，宇宙當體即道，道是佛性真如本性之別名。

萬物未出現之本體實相是萬物基因未緣之隱態，都沒有淨穢美醜，故名清淨平等，萬物從此平等上起了差別，差別觀念是心之認知，依宇宙本體而言，只是法性基因作業，沒有什麼淨與不淨、美醜的差別。基因不同故平等中有差別，原來差別也是平等，人心的基因業力不同，取捨力強，你看某物是很美，別人看不一定認同。在平等中起差別是自業，不差別是共業。如花是紅色的，大眾都認同這是共業，我看來很美、你看來不美是自業，取捨各不同。

人人有貪心是共業，所好之貪不同即自業。自業惱自己，共業惱眾人，人人製造自我的業影響自己的命運，大眾製造共業影響社會。小我在大我中生存，共業也會影響自己，自己各各製造自業也都會破壞共存的細胞。執著這世界是惡濁穢土，希祈脱離這穢土往到別的淨土，這是一種妄想幻影，了解宇宙的實相，創造好的共業，觀照這法界是一味平等而各自努力，與佛性理體入我我入，融合為一來生活即是佛。佛性是絕對平等養育萬物之幻變的，吾們若能得到這種佛眼智慧，立於正位的大慈大悲大光明，則心物不二而即身成為佛，現世即生於常寂光土。

佛陀他自體驗出來的真理教示吾們，依觀照的般若去看「實相般若」，佛陀已成為古人，留下來的就是現在的「文字般若」，吾們從「文字般若」去作觀照實相。佛陀是大慈悲無私的，他已證入正位，他看萬物眾生是佛體，法身大日如來之內容，故教吾們要啓發般若，般若心眼若開啓，即無處無不是光明世界。他是不妄語者，不是要騙人的愚民政策，吾們若先入為主，信仰不正確的神話，執著己見不信真理，到了臨終的時候就來不及了。很多人信仰將要臨終去世的時，某神會來帶吾們去到不老長生的國土成了仙，這都是心意識的範疇。

天庭地獄唯心造，信仰之力確實偉大，信仰錯誤鑄成意識幻影之錯誤。信仰帶來的苦樂殊別，信仰佛土是光明，死後就見到佛之光明，猶疑未決的信仰，臨終時無法證驗到實相。淨土教的經典原是密教之一部分，是一種意識改造的方法，信者得救，帶業往生淨土。進一步具足了觀照般若，了解凡所有相即是虛妄，即見實相，實相無相是當相，當相即實相，不必撥波覓水，當下必入正位。解冰為水是一種徒勞的工夫，執於偏空即會沉寂不起大用，執於現象即是妄見會墮於凡夫。理論歸理論，實踐歸實踐，應以深般若來觀察事理，體入佛說的常住不滅的真理，以融合佛心來生活，以大慈悲之佛德來為社會同胞服務，這就是功德，就是成佛資糧。見苦不救，一毛不拔，出言滿口道德，欺騙社會，這些心理是偽君子，面如菩薩心如羅刹，心中一點般若也沒有，可在靜中或睡覺時，問問境界如何？這是不能欺騙自己的，妄想成佛是終不可期的。

智慧者，智能內觀透視宇宙實相，慧即發用看一切眾生是我們理體法身中的同胞，施與拔苦與樂，智如火，慧如光，有火而無光豈不是死火，有火而有光才是智慧，只有光而不知火原即沒有透視真理的功能，止於世上之善人。善人不悟真理還可以生天受福，還在生死的幻想中不能成佛。佛是雙足尊，智慧圓滿，無所缺陷者，都與眾生同在，佛不離吾們，吾們亦不離佛。若無般若雖處佛國都是呈現地獄的境界，故智慧是學佛人的重要眼目。

運用三種般若與證道

般若如前所說有三種的運作，吾們不值佛世，已經離佛陀出世二千餘年了。不能直接親聞佛陀教授，祇在佛陀所說的道理與修證方法的記載之經典上，去研究和實踐來體證成佛大道，這些經典就是文字，依這文字來透視道理就是文字般若。道理是實相，實相是胎藏理德，是真如本性，真如本法會幻出萬物諸法，亦名法性，法性中有諸法與法相基因，名種性。種性如在胎內未出生之時，都是平等的，但被理體的絕對之羯磨力推動時，惡基因出現即呈惡之法，善之基因德性出現時，即呈善之法。雖言一切眾生本來平等，但不能善與惡混為一談。生命的內容是食、性、自由，沒有般若之始覺即任其自由所欲而妨礙大眾，沒有般若之故名無明，有般若之判斷故名明，這些道理佛陀已經說到非常詳細，後代記錄留下的就是「文字般若」。

依文字般若去思維、觀察心之起動，由起動而透視心、宇宙之實相，實相一般而言即止於真如法性一味的平等狀態。若從現象的差別中去見到本來清淨的實相，即所謂見性，禪宗多為此立名見性成佛，亦就是見到無念無作的端的，如已經解冰歸水。在初機的修行中，就如下面要說的「十二因緣之順逆觀」，去剖析心的狀態，與諸法的流轉，這叫做析空觀。還有根機犀利的人，直覺到法性之動態，悟了諸法無常而在常地創造，這叫做體空觀。析空觀與體空觀是遲速頓暫的時間上來說的，結果都是般若之力量，這名「觀照般若」，「觀照般若」當然由般若經典而來，見證時之道理是實相，實相就是佛性、法性、理德，證明此道理的智慧就是「實相般若」。

實相亦名道，是宇宙萬物諸法之源，永恆而不生不滅之理智德性，此德性沒有止境地活動著！為何一味平等而無色聲香味觸諸法的不知名、不知始終、超越思慮的、莫名其妙的怪物，能幻出諸法與法相呢？這是要悟道的人所追求的目的。無不能生有，若是有就不能成無，若是一味怎能生出千千萬萬味，千千萬萬不同形態、不同聲，不同聲千千萬萬心理諸法都不同，此中之原因甚深微妙，真是言語不能形容，佛陀在菩提樹下金剛座上已經證見體悟了，這些道理的經典就是《華嚴經》，這還是言語所能表達的範圍，其奧底根本不能說出來。後來的祖師們，如龍樹菩薩等亦都開悟證實，但無法以言語表達，然後繪於圖面來暗示其中之理趣，這叫做曼荼羅。曼荼羅又名壇城，有以尊形，有以標幟，有以種字來表達宇宙道理。

壇城即宇宙，亦即是吾人、萬物、個之內容，本來心身不二的道理，為容易了解起見，分為理與智來說明，身心不二故，物能生心，心能移物。理方面，理德名胎藏曼荼羅，精神的智方面名金剛曼荼羅，繪有城內與城外之人物或種字標幟；城外部分表一般世間，外再有鐵圍山，鐵圍山外的是三惡道，剛強難調的眾生，被鐵圍山圍著，表示一重障礙不能進入善道，城內有佛菩薩，表一般世間進入城內就成為菩薩眾，修行證悟即成佛，成佛是轉識成智，將五識轉成五智。識是迷界之心理，智是達道正確的本有智德。凡夫本來就具足五智，因為被惡的基因德性所支使，以致迷於現象，智變成了識，若依「文字般若」去做「觀照般若」，以「觀照般若」去證「實相般若」，即成佛。

曼荼羅中所有之人物、動物、礦物，皆是佛性中之基因德性。城內是悟，城外是迷，迷悟都是佛性，是屬於心精神而言的，精神智德是物質理體之功德，此功德力是一味的絕對力，如大地普遍養育萬物、如天降雨普潤萬物之德，沒有分好與壞的差別，這就是法性，是無分別的大慈大悲德性。雖理德無量無邊，都是一味平等，故名大悲胎藏，此圖謂胎藏曼荼羅。一旦基因被羯磨力推動，就千差萬別，萬物各不同心法與形像的顯現。智者心一發動就馬上判斷抑惡揚善，進入佛菩薩的樓閣城內，要入此門是非常困難的，這門名心扉，開此心扉之鎖匙是般若。

以「觀照般若」來判斷分析，一般凡夫的心眼是迷昧曚曨的，出生以來被迷的世間所矇騙不知實相，迷矇的眼睛看到麻繩以為是蛇，聽人說蛇會咬人，心理發生恐惶，若將般若心眼去分析真偽，就不會認繩為蛇。又以為繩是實有的迷情，若將繩加以拆開，即變成三股麻絲所構成，又將每股分開來看，就發現全是多數的麻絲，每條麻絲再拆開，即變成棉絲，又拆開即變成小花棉，一直分拆下去終成微塵，最後化成無形，這無形就是空，但不是無物，只是肉眼看不見而已，這看不見的物理原素就是物理基因，無形之物理基因無量無邊，每個都具足六大，我們的身體以及萬物皆如此，有是假合，由基因德性緣六大而成物，由物而發用，此用則精神，都是心物不二的。

一般神教都說心物各別，以身體為臭皮囊，主張靈魂的說法。佛陀已經證知正見，不是靈魂論，吾們能用般若去觀照則能悟此端的。

理體之基因德性無量，智體之基因德性也是無量。理體歸納為地水火風四大，加空間空大為五大。智體歸納為四智，即「大圓鏡智」、「平等性智」、「妙觀察智」、「成所作智」，加法界之「法界體性智」，為五智。物之基因德性是物之種性，精神之基因德性是心所諸法之原因。萬物以至微塵皆一一具此理智之德，如植物、礦物為其基因德性之所限，精神比不上人類，下等動物亦一樣，具有食、性、自由的生命機能。這構造現象生命的生存欲基因是共同的，每一物都有欲觸愛慢之德性。在植物中最顯著的羞花，被一觸即能收縮其葉，都是它的生命機能，這是五智中之妙觀察智，這不是肉眼，是屬於它的心眼；它能吸陽光水分、土壤肥料，代謝開花結果等即是「成所作智」，普遍吸收生存是「平等性智」、它能與萬物相處，獨立中互不侵害即是「大圓鏡智」。四智根本都是「法界體性智」的內容。

如前面所說，苧麻能成為繩子，都是由基因來緣他之眾多條件組成。苧麻是苧麻之基因，緣聚四大成了苧麻。苧麻之現象是組織法，是空的假體，但基因即是常恆之法性中的一個單位，這是屬於理。苧麻製成麻絲是人的創作，由人的「成所作智」與「法相」之功能—絲之用途結合，製成繩子，再由「成所作智」與繩子結合來造出用途。用來綑縛東西，或用來作井繩等等，這些用途及物品都是暫時性的顯現，根本找不出永遠不滅之實體，其實體即是宇宙理智之德。

可是現象都是實在的法性所變，雖無常但此無常即是生活。生活之好壞與理體無干，好壞是人類的共同生存上來論斷的，如用刀殺人是人群中的公約所不許的，與刀毫無關係，用來伐木架屋就成為功德了。在人類的共同生活中去擇善而為之，這些選擇之功能即「妙觀察智」應用於現象的特徵，但「妙觀察智」是一種行為主使者。一物四相，水在天人看來是瑠璃，鬼看血河，魚看宮殿，人看是水。不會游泳的人看來是苦海，會游泳的人看來是樂園。這個世間悟的人看來是淨土，迷的人看來是苦海。

看成苦海的智德功能與看成淨土的智能基因不同。若深般若的基因智能出來做主之時，就透視了宇宙真理，苦海就變成淨土了。佛陀叫吾們親近善知識，於見聞中喚起善觀的基因德性，透視了真理才能成佛。

如家庭、社會、國家，都慎重選出善經營的人才來運營才能發達，大家才能善生安樂。這選擇方法請參閱拙著《上帝之選舉》，這選擇深觀就是般若。

佛教是生活技術的「心地法門」，選擇改造是一種反省、擇善而從之的切身行為，不是理論加理論，做一種理論文學是不能實現理想的。深觀一切萬物，是同一如來體性之顯現物，深一層看萬物一氣，天地同根，是同胞兄弟姐妹，如吾人之身體，都是眾多之肢關所組成，有某一機能缺陷就是全身有缺陷，有這種般若智才能發起本有之胎藏理體本有之大悲，這大悲是如來德性，不發大悲不能成佛。

大悲是愛的擴大，如大地、如虛空，容納萬物而無礙，沒有真正的大悲，無論如何雄辯飾詞來論理、講道德，都不是道德的實行家。有人看幾本佛書大談道理，出口專門批評，寫文章互為留難，以為自己是聖人，提高自我身價。他已找不到自己的心了，這那裡有般若。言教、身教是愛的暴露，將小我即入大我如來德性，而起如來大悲，就是愛的極致，是即身成佛之端的。看人不對、不順眼，是自私心之現形。將自私擴大為宇宙心，愛萬物，愛眾生，就是愛自己，世界上的萬物都死滅了，自己亦不能生存，排他思想是最大惡極的基因德性，毀滅自己的行為。令人歡喜是功德，令人討厭是殺生，天道好生之德，沒有般若是無法與道合一的，不是理論是實踐。

波羅蜜多的意義

「波羅蜜多」，譯做「到彼岸」。就是到了真善美的生活境界，一切的迷情都開了，煩惱沒有了。從自己實踐體悟了真理，教給家中的眷屬，再由眷屬普及社會，如水面投入石塊、水波之影圈從小而大一樣。社會國家人人真善美了，就是淨土世界，從惡濁的世界化為極樂世界是人人有責的，如你的周圍都是臭氣薰薰，你的家灑了香水，外來的臭氣還是進來，有什麼用！自宅鄰居都是盜賊群，你的門扉是鐵的亦沒有辦法保障。你的鄰居都是善良人群，那麼你要外出都不必鎖門。煩惱沒有了，安心了，到彼岸就是大安心，無煩惱罣礙就是解脫心結，亦就是到達理想的美好彼岸。凡夫是不明道理自私心理的人，迷於自私之利益劫奪他人的權利，被人排擠發生煩惱不如意，有事無人幫忙，歡樂的心情沒有了，就是苦海此岸，苦海與淨土是在我們面前，在日日的生活中出現，不可隔岸觀佛，是遙不可期的。勸人念佛，人人念佛，製造和睦親善的社會氣氛，眼前的惡濁社會就變成淨土。若指方立相，希求往生西方，那麼西方人要往何方？淨土是心之境界，果有其國土，你自己要去，為何你的眷屬不給他先去，你在後再去，是不是自私？你會尊重出家師父，五體投地去膜拜，那麼出家人是何等尊貴，為什麼你的子女要出家，你都誓死不肯？要他始終做牛做馬去勞碌，是不是矛盾呢！這是自私心的表露。

以前有一位台北來的大居士，來拜訪我，問他來由，他說接過了很多法師，都叫他去山中坐枯禪，他坐了很多年，意欲見性成佛，我問：「你成佛，你的妻子不成佛留在苦海，你過得去嗎？社會這樣紛亂，你沒有責任嗎？」他默然無語，停了一會，他問：「那麼要怎樣才能成佛？」我說：「打破自私就是成佛。」他沉思良久，起身然後五體投地頂禮三拜，說：「師父非常多謝你的開示，使我茅塞頓開」，就回去了。大多數的人都佛理講得天花亂墜，其實未能付諸實踐，自私打不破，夢想神仙？開悟了也是人，凡夫亦是人，都是共住在這凡聖同居土，一切唯心造，了悟而實踐才能到彼岸的，到彼岸肉體不死成仙，亦不是靈魂成了永遠不變的什麼東西，是心意識之淨化，煩惱心變成菩提心而已。

吾國自周朝以下，有人創造了神仙說，煉丹服食了後就會長生不死。(周)武王的第四代孫，(周)穆王喜愛旅遊而不理國事，當時鄰國進貢了四匹駿馬，日行千里不疲，穆王駕了駿馬走遍天下，遊到邊彊現在之天山，天山中有一山潭叫做天池，古時名瑤池，天山亦出有雪蓮，亦有水蜜桃，這地方天氣很冷，是一少數民族區，有一位女領袖，人稱瑤池金母，亦有人稱謂西王母，此女領袖住此寒冷地帶，因沒有受強烈的太陽紫外線所刺激，皮膚嫩白保持了青春容貌，傳說她是神仙，不老長生的秘方是吃了仙桃所致，穆王駕上山接見西王母，受她招待吃了仙桃，穆王問王母：「我已吃了仙桃了大概可以長生不死吧！」西王母說：「不斷七情六欲之心是沒法長壽的。」穆王說：「我可以斷七情六欲。」王母說：「那麼可以長生了。」穆王回來還是如故縱欲不斷，雖吃了仙桃，但都七十歲就死了。

歷代帝王享受了無限的人生，但恐怕不能長生不死而苦惱想盡辦法，求取不老長生藥，最顯著的是秦始皇，和唐太宗與武宗。秦始皇廿八年聽方士徐福奏說，東方海中有三座神山，名叫蓬萊、方丈、瀛洲，上有仙人居住，並出有長生不死之藥。據說這是日本群島，日本又名扶桑島，或云東瀛，台灣即名南瀛。秦始皇然後命徐福帶領男女三千名，乘船前往蓬萊，徐福終於到了日本現在之新宮市地方，都一去而忘返，當了日本第一代天皇，名神武天皇。新宮地方的山上聽說出有一種長生藥，即天台烏藥，徐福還吃了長生藥，但徐福到老還是死去。秦始皇非常失望，他自登基以後就建造墳墓，聽方士之言，死時放進水銀棺，用銅符秘錄蓋於水銀棺，到了一段時期就會甦生，繼續統理萬里江山。利用陳勝、吳廣等人使用愚民政策，焚書坑儒，以免偉人出現來霸佔江山。但秦始皇的妄想神仙長生不死，都沒法兑現，結果還是死亡，他的陵墓之大，陪葬之物的數量之多是天下無與倫比的，但都被劉邦、項羽所滅。于今何在！他的墳墓之花費，勞動人工，埋藏的物品都被劉邦、項羽搬走，至今變為萬世罪人，聽說他是見到劉邦起義要討伐他的暴政，起了煩惱而病死的。

又（漢）武帝信李少君方士的話，以為李少君是已經活到幾百歲的人。李少君對武帝說，他曾見過蓬萊山的神仙「安期生」，「安期生」請他吃了大仙棗，所以活到幾百歲，本來想騙取武帝的信任從中取利，後來李少君病死，武帝都以為他是變化脫凡胎成仙。武帝求神仙到彼岸的念頭不滅，更加旺盛，命朝臣探問靈人，有一位方士「少翁」應徵，在宮中設起神壇，請神人下降，賜不死藥，但經好久不靈，然後少翁想了一個辦法擬騙武帝，用一塊極柔軟的綢，上面寫了奇奇怪怪的字，讓一隻牛吃落肚中，對武帝說此牛腹中有天書，有不死法，是種難得的奇書，請將此牛殺死取腹中之書，武帝即刻令殺牛取出，武帝認識少翁之筆跡，一怒之下殺死少翁。

武帝求不死之心不泯，再請來一位方士，問他長生不死之法，方士晉言，在宮中建一座二十丈的銅製承露盤，即是鑄造一個銅人，雙手高舉托一面銅盆，夜間接受北斗降落的仙露，以此來配製美玉碎屑，藥成服食後就能長生不死。殊不知銅在暴露潮濕的空間下，生出有毒的銅綠，武帝吃後，雖中毒不深，還是生了一場大病。少翁這時發現不妙就夜間中溜走了。武帝看少翁走後留下的字條說：「這是要脫胎換骨的前兆不必驚恐，我去仙山採藥來幫你成仙。」武帝亦以為是真，少翁一去亦就不返了。

後來又一位方士欒大，來裝神弄鬼，設壇為武帝求不死仙丹，還是不靈，被武帝看破騙術，終亦被殺掉。世上有首詩云：「漢武為君欲作仙，石崇巨富苦無錢，嫦娥照鏡嫌貌面，彭祖燒香祝壽年。」中國自古，崇重老莊，但老子道德五千言都未言及長生不死法。莊子書中亦沒有寫著煉不死仙丹之法。

唐武宗會昌六年因吃了道士的藥丹亦中毒死亡。唐朝服丹中毒送命的有五位，一是唐太宗，吃了一位印度僧，是婆羅門仙，「那羅邇娑婆」的長生藥，毒氣大發斃命，年方五十二歲。到後來經一百多年後，唐憲宗亦迷信神仙，請來方士，柳泌及大通和尚配製長生藥，憲宗服後中毒，從此性情暴戾，終被宦官陳弘志毒死。

後穆宗又吃了金丹中毒病死。接著文宗中風，請鄭注配藥。民間傳說，鄭注受命煉長生金丹給皇帝吃、需要小孩的心肝來配藥，使百姓鬧得滿城風雨，文宗終亦病死。

文宗之後，唐武宗和憲宗一樣進求長生，命道士配製長生金丹，吃了後中毒生了重病一命嗚呼！道士云此是脫凡胎換仙骨入仙班，到彼岸！

武宗死後，宣宗還是希求長生藥，拜道士「劉元靜」為師，授他三洞秘錄，恭請羅浮山的道士軒轅入宮，命其製煉長生藥，吃了長生金丹中毒死亡。

到了明朝的嘉靖皇帝，信仰道士，幻想修煉長生，因而不理國事，國家百姓飽受苦難。

又有寧國府的老主人賈敬亦夢想神仙長生不死，最後吃了道士的金丹沒命！

如韓愈雖然反對宗教，但他最後都吃了長生金丹，在長慶四年，五十七歲中毒病死。

世上之生死病亡是古今皆然的，心不到彼岸，只求長生成仙，所謂古仙有誰還活在世間呢？果有長生不死之術，那麼帝王個個都活著。

假定人會不老不死，亦不算到彼岸，如果唐太宗或其他的人可以活到現在不死，又能活到未來無止境，那麼他們已經一千餘歲，他的子孫亦已作古，經過一千餘年的滄桑歲月流轉，看他的帝位被人取代，看他的子孫一個一個不幸死去，豈不傷心，感覺活得沒有意義。他是長生不死的，服毒自殺都死不掉，大概都會煩得發狂，這都不算到彼岸了。

波羅蜜多是從煩惱的感受世界，到了知一切無常，不被欲望的束縛證悟涅槃當體，空有不二之境地的大安心為指歸的。此雖為解脫，還是自利自私之行為，未證到宇宙一體，眾生一人之大悲境界。

佛是雙足尊，自利利他的，以人溺己溺，人動我動，人成我成，才算成佛。人家飢寒，使與飽煖；人家患病，令他健康；人家煩惱，使令安心，拔苦與樂，才是佛心菩薩心。

你如果看到一個學生，家境貧寒，父母缺一或全亡，上學時沒有辦法帶「便當」去，午餐時候將空飯盒拉到無人看到的樹下，假裝吃飯，其實都是挨餓，你自己吃得美餚豐餐，人家落淚，你能不動於衷嗎！我相信人各有一片紅而美的良心，不是木頭，果是銅鑄的心，亦會被其情境熱情所燒溶，發生大悲心想辦法去幫助他，希望他能與我們一樣過著順境的生活，這就是從此岸度過彼岸。心物是不二的，若能將物質的缺陷中給與救濟，令其安心，這就是淨化社會，化悲哀為喜氣，自他都安心，眼前就變成釋迦淨土。

成佛的前提是菩薩行，菩薩以六波羅蜜為武器去打天下。布施、忍辱，是利他；持戒、禪定、智慧，是自利；精進是實踐，所以波羅蜜應該是要度過彼岸的工具。

波羅蜜多的實踐

六波羅蜜的實踐中，智慧（般若）是最重要的，以智慧來觀照世間、出世間，了悟宇宙實相。「世間一切」是變化虛幻的時空流程，「實相」是本有法性之永恆性，這種隱顯之常的「變化無常涅槃體」之常住性，顯為之生，隱為之滅（死）。其實生滅、生死、涅槃，皆是假名。不知此理名迷，迷著「有會變無」、「得會變失」、「生會變死」，起了煩惱。依佛經記載的方法去觀照，就悟出生死即涅槃，生滅即實相當體了。覺悟時迷情一掃而開，如雲散月現當空。我未悟時是此岸，悟時就是彼岸。我已脫離煩惱了，但很多同胞都還是在煩惱的此岸，悟了的人要趕快去教化他們，使人人得到悟境的彼岸。自己到彼岸，其他都無人到彼岸，你是孤單無聊的。待異日大家都到彼岸了，你會被人認為自私的人，擠到無地立錐，非到高山打瞌睡不可。這種雖證羅漢果，是佛陀最排斥的人物。所謂之羅漢在高山打瞌睡，菩薩落荒草，佛在世間不離世間覺。菩薩在人間的荒草中救度同胞，得到心靈物質的濟助，同舟共濟，患難相救，度過安心的境地。眾生度盡就是證了菩提。佛是在世間成就的，若沒有世間，就沒有佛，也不需佛教了。世間與出世間不二，佛與世間眾生不二。你有了這智慧，就即時開始工作活動，內度自己之心中的迷昧眾生，外度大地所有的眾生。立下誓願，度盡煩惱的地獄眾生，就是發菩提心，要堅固不可中途退轉，絕對成佛。佛是覺醒迷惑的世間工作者，故佛在世間不離世間覺。

度眾生方法有言教與身教，要身莊嚴與心莊嚴。五戒中之不殺生是身莊嚴，不惡口、不妄語、不綺語、不兩舌是口莊嚴，不貪、不瞋、不癡是心意莊嚴，根本身口意都是一體，身口意莊嚴，都會令人信敬，即身教。教人清淨身口意即是言教。身教言教要一致，否則變成偽善人，口是心非是最大罪惡。所以持戒是必要的。佛說依戒為師，此是戒波羅蜜。

看到人家物資困難，或精神上困惑，都與以資濟，這是布施波羅蜜。人能布施自然胸量會寬廣，心如虛空福如虛空，虛空會出萬寶，人心慷慨就會得到福德資糧。布施能度慳貪，惠施與人會得到眾人的尊重敬愛，自己會覺得愉快，功德就生長了。所以六度萬行「布施」第一。

在人群中心抱有救度眾生，即什麼事都會忍耐，被人所辱，亦看他是在迷的眾生，如幼稚的小弟弟，想辦法矯正令他開悟，如無有其事，即是無生法忍。普通的忍是極其苦煩的，心上插了一把刀，真是苦具，但能忍一時之氣，可免百日之災。忍是會消災解厄的心咒，忍能耐苦，經得苦中苦，才能成為人上人。所以忍到無生法忍，就成為佛菩薩了。禪定是平定心之雜亂煩惱，用智慧觀察事相，平定心意，這思惟修即是「禪那」。不斷地用功不息，即是「精進」。禪定不是一無所知的自我麻醉，如同木石即是灰心滅智之行為。定中出神悠遊太空或某些境界，這是心意識作用，還不離五蘊之範疇。這種境界與淨土的指方立相，帶業往生相當，還是好的，並非心物不二的境界。但比灰心滅智還好，經云：「任你非想非非想，不及西方一去來」。

轉迷開悟

六波羅蜜之實踐是轉迷開悟的道具，性命雙修之技倆，以般若為眼目來引迷入悟，凡夫世間的苦海與極樂淨土是一念之分。迷時如在夢中生活，覺悟時如在醒時的生活，夢中的生活六神無主，全被六欲七情的潛意識支配，心神不定，時空的交錯，記憶的重現，感覺的誤認，理智的喪失，由此縱橫的交織，幻成世間美醜的繪面，迷界凡夫貪著其事，引起潛在的善惡基因種性，作種種不同事業，自苦身心。法界體性之基因種性未萌芽之前是清淨如明月的境界，依各人之根塵交合下，出現不同的世界。然後引出不同之善惡好壞作業，作業是心的行為，身之作業是心之基因種性所支配的結果。

如天空的月亮是沒有悲喜之情，由人之環境而有不同的差別。

有人失志若喪考妣，見到此月格外淒涼悲哀，引起流淚哭泣。有人得到意外的收穫，或親朋好友來訪，在此月下交杯暢酌，即感特別美麗，月亮本體並無改變。這是世間相，迷情的人生。

如牢犯人的監獄，犯罪被監禁的人是度日如年苦不堪言，裡面的官員即視如天庭樂而無憂。犯人不希望住下去，官員卻不肯離開，若果上司命他離開，他的生活就無著，反而要常住下去。地方相同，心境不同，以客觀而言，根本沒有好壞差別，世間萬事萬物無不由心而生差別的。

喜怒哀樂之情止於智者，智者即吾們本來具有的四智中之妙觀察智基因德性顯露的人。將妙觀察之般若智去看一切事物，即不被自私的情欲蒙蔽本來的清淨世界，這是轉迷開悟之方法。妙觀察智不現前，就像雲蔽天空不見月亮，不是沒有月亮，月亮是常住的，雲是迷情，根本雲無自性，若是像飛機一樣越出雲頂，即就沒有明暗之分了。

人被迷情掩蓋認假為真，執著世間事相自苦身心，這些人生之迷情的潛意識凝固，這就是五根集來之意識，凡夫不知叫做靈魂，即經所說的五蘊。

人死後理體分解化為空性，但此五蘊因未經般若靈藥淨化，還是一個死後的活人，沒有肉體感根將此亦不能增加經驗，在世間十歲就死亡的人，他的經驗記憶止限於十歲期間，活了五十歲，他的記憶止於五十歲中所收，人人處境經驗不同，意識中之記憶不同。

在世迷著而苦，死後亦與生前一樣，意識活動呈現苦想，這苦受名地獄，換言之即心的境界。在世惡業做多了，在世時心理不間斷自責成了苦具，死後還是無間斷地重演感受苦痛，這名無間地獄。在世有緣聽了佛法，在世時的苦受中憶起佛說，諸法自性本空，暫時亦會放下身心得到暫時的平靜，死後苦相現前時，相同會憶起諸法自性本空的理趣，地獄的苦受就一時消滅，有時生起苦受，有時消滅平靜，這亦名分段，一念在地獄，一念在淨國，所以地獄天堂唯心造，三界唯心，萬法唯識。念佛憶佛亦是轉迷開悟的方法。

人的潛意識非常固執。在生被人欺負無法抵敵，怨氣意識不斷湧起，重演故事，這靈體如電台的波長一樣放送，與他有惡緣或善緣的人，都會被其侵擾，冤仇人還有話可說，沒有冤仇的善緣人亦被其影響，被他的波長(念波)侵入，重演生前不幸的故技。

如被車禍死亡之靈，會重現當時之地點，重演過程，被他之靈識侵佔的人，變成亡者本人，會在其當地車禍。這是無辜的，但不是亡者有心害人，他是固執地演其經驗而已。

有亡靈在世時怨恨某人，意識中常常憶起該人，念波常在對方的旁邊，對方若氣勢衰弱時，就被其侵入，實行報仇的作業，對方不是病就是事業不順，有的罹難，大病而不能癒，被其折磨，無藥可治。現在科學不信這套理論與事實，以為科學萬能，卻無法診治。請牧師來祈禱亦無效

佛教於此理趣的原則下，以真言密教的入我我入之瑜伽法，將其亡靈之識蘊吸入同化，患者、亡靈、上師融為一體，依上師之強烈意識，將其化為空性，不但患者遠離亡靈，亡靈亦化為法界體性，這叫做超度，依患者而言即是加持，依上師而言

自他不二，迷情漆桶之底脱落自他兩利了。這種亡者的拔度方式有多種，上述所説的是最高法門。亦是轉迷開悟的方法。

我有一位信徒，他的妻舅是卡車司機，有一次不慎，開倒車要轉向的時候，輾死一個約六歲的小孩，這位小孩被輾急送到病院，因流血過多死亡。在病院將要死亡的當兒，常指著那位司機，對他的爸説：「他—他—」説不出話地死去，確實令人鼻酸。司機亦賠償了一筆錢，亦請來出家人給念經超度。以後這位司機事業就不能順利，這個小孩的神識常隨在這位司機的周圍，於三年中發生了很多事故，並且家庭不安。就去問給與念經的師父，他説：「我常常看見，那時輾死小孩的一幕。」這位師父説：「這是你的疑心，根本沒有事，不要執著好了。」但一直不能改善，後來被我的那位信徒介紹來找我，説起此事，請我幫他的忙。我想了一會，就建議他，再加以超度如何？他就請我代為設法，擇了一個星期六，叫寺中的師父們給他超度。到了召請後，我就下樓去壇場，我拿起五股杵，專注觀想，用金剛杵在亡靈的牌位及預先備妥的紙人上，加以接骨及放光治療，終於化為健美可愛的小弟弟，我給他說：「小弟要跟在師父身邊不要亂跑，師父會很疼愛你的，要記著啊！他的爸媽都說師父很好啊！你要聽師父的話啊！」法事做完了，將魂帛紙人都燒化。自此這位司機真的改善。這個小弟是否還在我的身邊，根本我沒有鬼眼，看不到究竟。但事情確實如此。靈界的執著，只有佛法的般若靈藥才能治。這種例子我幾十年來，看了很多。

所謂靈魂不是自有天地的開始，一直像一件物品一樣，不變地流轉，有時是甲方所有，一時是乙方所有。物品都是會變異的無自性之物，況乎五蘊和合之意識。

執著迷情的蘊識確實苦受境界無法自解，依其生前之苦樂意識繼往開來，有恩思報恩，有仇思報仇，有嚴重的死靈，還有一萬年都未轉生，不善不惡的大概一七，或至七七之中，就依其心識光波之不同，投於有緣之處轉生，再創造其一期生命流。大惡、大善之靈不容易在短期間內轉生，因為它之執善執惡的意識堅固，念波所發之光波頑固而特殊。善者雖善，但未學過佛法執其常有，繼續他的意志意欲呈其欲望活動，遇有波長相同之凡人，他就附著其身，被附著的人就變成雙重人格，發揮思想的時，被附著的人就變成乩童。該靈欲望大，要求塑造神像令人崇拜，有人塑造佛像或菩薩像，以為是佛菩薩慈悲要來救世都奉為聖者之靈。殊不知是低級靈，後來被其遺害，鬧得雞犬不寧。有人塑裝神像，往山間或水邊乞靈，終被投水自殺、或吊死鬼靈附著，貽害鄉村，演戲燒紙宴客花掉莫大的浪費，可是遇到罹患疾病卻無法醫治。

有人塑了神像，每日祈求明牌中大家樂發大財，但出來的明牌都不準，輸得傾家盪產，最後發怒將神像破成碎片或投入溪中放水流走。我看過有一位善心的人看此，惻隱之心將其神像拾回供養，一年之中拾了幾十尊，但對這個人絲毫沒有報酬，反成禍害，不知怎樣不久發生精神散亂，時而顫，時而昏，語無倫次，全家無一日之寧，亦不敢毀滅眾多的神像。後來有人介紹來訪我，我亦沒有辦法，然後建議他做護摩，連續做了三壇，終於回復正常。請我解決他的神壇，就此修了一座昇天撥遣法，將所有神像於誦念《般若心經》中化火焚燒，觀想將祂們送往淨土，從此息了事。

三年前即一九八八年，有一位被八個冤魂討命的人，（現在已出家故隱其名），前生離現在已有將近一千年前，他有家眷共七名，他的妻身有一個胎兒：此人好賭，家庭父親遺下的財產被他輸光，生活將至絕路，一日在外賭博輸了，身中如洗，回來不但沒有三餐，大家都啼哭，他不但不後悔，擬將他的孩子帶出去賣，他的太太不肯，就吵鬧起來，他一怒之下往廚房拉來一支菜刀，將家人全部殺掉，他的妻子肚中的胎兒亦難脫死亡之災。他殺人了後被鄰居報官通緝，他走到斷崖的絕處，跳落深谷死亡。待人家趕到之時，發現他被谷底一塊三角形的石頭穿入腹中，臟腑皆碎腸肚流出血染流水變成血河。這人後來出生在台灣的台南縣某村，自出生以來身體就多病，腹中生了肉瘤，後經醫生手術，但一直沒有改善，他的家母就請神問卜，愈問愈嚴重，不久冤靈附身，一天之中身如刀割，忽然間昏倒在地，如此折磨將來沒有一日之安。最後冤靈開口說話，說出的話大家都聽不懂，好似大陸腔。三年前有人介紹來我處請我代為拯救，來到我的面前，亡靈就附著他跳個不停，當場昏倒不省人事。我就用手按住他的頭，念了光明真言，不久遂即醒來，繼續講話，這時講話的不是冤靈，是一位低級神，說的語言是閩南話。我問：「有什麼指教？」，祂說：「此人前世非常殘忍，殺死的親人共八名，這批冤魂不放他干休，一直要折磨到死為止，現在不給他死，他們的怨恨難消。」我就勸祂們，聽我的說法，我就說一篇《般若心經》的道理，請不要自苦其心，勸祂們皈依作我的弟子，這位居士亦請他出家，大家好好修行，祈能一齊往生淨土，這班亡靈答應了。就馬上給他皈依三寶，將祂們八位的亡靈晉在功德堂。以後這位居士亦出家了，身體亦漸漸康復了，這種因果真是無法逃脫，但這《般若心經》之功德亦是不可思議，能度苦受煩惱到彼岸，轉迷開悟之靈藥。

人之轉迷開悟與亡靈之轉迷開悟，有密切關係。如為亡靈超度時念《金剛經》、《般若經》，能化之此方對於此經理趣已有證悟，所化之彼方才能感受其能化之證量。

能化之方若止於口念不悟經中理趣，所化之彼方即不能感受理趣之悟境。因為亡靈已無肉根，不能聽聞，它是勝義根，此方如物，彼方如鏡，此方有物彼方才能有像，亦即是此方之悟境影現於彼方靈識，此方悟彼方亦悟，此方一念妄想苦受，彼方更感苦受了。受人供養不能迴向，簡直是騙子，這是我們出家人要慎重的。

聽說早前有一位法師並沒有受阿闍梨灌頂，自稱金剛上師給人放燄口，前往之時洗了一雙靴，置於高處曬日。他上座作法事到半途，忽然下陣大雨，他在座上忽而想起他的靴，一定濕透了，這時的心想印在諸多亡靈餓鬼的靈識，感受天空中下了很多的靴打下來，亡靈鬼魂深責此師，不給美食不要緊，反用靴打得片甲難留。就一齊上台把法師拖下來，大打報仇，發現此師並無證量許可灌頂，當場扼死。度亡普施非常重要證量與觀想，這就是自他不二的瑜伽密法。

平常講經演講佛法也是相同，現世的聽眾外週圍都有天或鬼靈前往聽經，自他都是利害相關的。目的是轉迷開悟。不能空中出有，最好化空，空是萬能藥。

以前聽說有位出家人，金碧峰，每日為人做經懺，不做功夫，一般都譏為經懺鬼。一日做經懺回歸時遇到大雨，途中有一所神廟，裡面只有一對老夫婦當廟祝，這時天已入夜，廟門關閉，金碧峰就在廟的拜亭下避雨，裡面在睡覺的老嫗細聲向老翁問：「外頭好似有人，是不是盜賊？」老翁說：「不是，我們貧窮沒有東西可盜，賊是不會來的，大概是經懺鬼吧！不要怕。」金碧峰聽了此一番話大感慚愧，自此決定不做經懺鬼了。後來精進用功坐禪，一日夜間見到二個鬼來現形，說要捉他，他對鬼說：「互相諒解一下，讓我處理一些事，七天後的此時才來好不好？你們可在這附近遊玩，到時一定實行諾言的。」鬼就不見了。他在石壁上題了字說：「要拿金碧峰，除非鎖虛空。」他在此石岩下坐禪觀空入了大定，七日後鬼來遍找不見蹤跡。當然這鬼是他平時做經懺時，常在看著掛在壇內的《十殿閻羅地獄圖》中之牛頭馬面鬼卒的潛意識呈現狀態，他入定了，心無起念，諸心皆空，一般鬼神是看不見的，鬼神與人之間的現象是心念交感的結果。

要度人或度鬼神就要心，無心不能作用，我人的心悟了宇宙法性的理趣才能化他是千真萬確的。若果不悟道理不但不能化他反被他同化。鬼靈在他的意識地獄受盡苦厄，影響人間之苦厄，人間就變成地獄了。人與靈界是同一處所的，法性如水，水中放泥即混濁，水中放枯礬或阿膠即水自澄清。枯礬喻空宗，阿膠喻有宗，空宗直接入住法性，有宗要從空出有，雖有色卻是真淨之物。我人有家庭社會無法常住於空，而不活動，所以自空中起用，心住於妙有之中，為同化眾生，為家庭社會國家去活動，也就是在法性的平等中，發起菩提德性，依般若來轉迷開悟。

宗教信仰是要有理智，有深般若的觀照事理才能轉迷開悟，沒有了悟真相的盲目信仰，如多神教者，以為信祂則能受其提拔，認為世間是苦具，有身為大患，一死則可免苦痛、抽刀自刎、服毒自殺、或全家都殺盡，一齊脫離苦海、或花盡精神物質為神捧場、或只講迷信以為勸善，對於死後之理趣完全不解，造成信仰上的錯誤死於無辜者，不計其數。有某些宗教叫人集體自殺，有些宗教迷惑信徒作他的政治背景，有些宗教專靠神之救助，都是盲目信仰，一點都沒有智慧的抉擇。

有一位女人，信仰觀音娘娘，以為她是歷史人物，修行成了道，要來救度眾生，這位女人信仰到走火入魔，夜間睡眠中做了個夢，看見觀音現身，如她供養的圖像一模一樣來對她說，她信仰有嘉要請她回去天庭，命她明天上午九時往離其住宅不遠的斷崖上，看到一片烏雲遮蓋太陽之時，就是度她的時機。她醒來記憶猶新，就照做不怠，到了斷崖上一見天空清朗無雲，等到九點並無動靜，稍等一會看見由斷崖下昇起一道黑煙，她以為真的觀音娘娘來了。探頭探下究竟，不慎摔落深崖，粉身碎骨一命嗚呼！她的家人看其行狀有異外出，到處找尋，找到斷崖上發現掉落留下的一隻鞋，就確定她是跳崖自殺，往到山下找覓卻不見蹤跡，只見墮落之處有跡象，詳細見之有個洞穴，又有吐出煙氣之影，大家議論紛紛，後來認定洞中有怪物，就用柴薪昇火燻燒，因為火煙反吐出來，後來用了很多毒殺魚類用的蘆藤汁灌進洞裡，但都沒有消息，不得已大家都回去了。

過了幾天村人都疑惑不解，亦不能死心才去看個究竟，大家都驚得魂不附體，發現一條大蛇死在洞口，才確定是蛇精作怪。這種盲目信仰很多。凡夫皆不知天庭地獄是自心的感受境界，都認為脫凡胎成神，它的苦惱死後還是存在於神識之中，無法解脫。

上述故事都是缺乏般若以致無法轉迷開悟，走入歧途自苦，《般若心經》若果通徹，即可隨心所願應用。

《般若心經》對於祈禱、度亡等等均是不可缺之經典，但祈禱經典還有《華嚴經》、《法華經》、《阿彌陀經》、《藥師經》都很普遍，最特別的是密教之《理趣經》，此經是《大般若經》中之一卷，義理幽玄，非顯教所用，是真言行者自度化他之主要經典。

顯教重自力或佛力，密教重三力，所謂自己功德力、如來加持力以及法界力。以身口意三密加持以會融三力，這種局限於密教行者，此處不多述。

心之意義

《般若心經》之「心」，當然是講心之內容，但在這裡，也可以看做《大般若經》的中心思想為「心」字。佛教是以心為註腳的，三界唯心，萬法唯識，一言破了千古。密教說理德與智德，理德是物質精神不二之法體，智德是將中抽出精神來說的，根本是理智不二，心能影響物質，物質能影響精神，有人以為心物各別，只求解脱精神上之煩惱，物質是臭皮囊，這樣一來就違背不二法門，變成神教的二元論。

譬喻說：有人腦震盪不省人事，腦震盪是物質障礙，與精神無干，那麼為什麼記憶消沉、不說話、聽不到音聲，口機能及耳機能都完全無恙，怎會變成白癡！精神或云靈魂還會腦震盪嗎！多神教說：靈魂受驚而離開身體，有些人請來巫師為他招魂入體，但都無法清醒說話。

人之記憶是蘊藏於後腦的，腦之某部分障礙，腦神經受傷血氣不能通暢，以致腦橋無法膨脹含接，後腦之潛意識不能傳輸大腦，大腦沒有蘊識可消化，自然沒有意識顯現去支配六根，如深睡眠狀態不省人事。

我人之活動是意識支配所使，要思考時必須輸送大量血液入腦，血中之動力是氣，氣血入腦時，腦橋就膨脹，如意識中之婬欲基因德性支配時，血液就大量輸入生殖器，淫根就膨脹，其他各機能都一樣，所以運氣功須以意導引運行放出光氣。

血液過量輸入腦中即是溢血，腦橋常含接，不斷輸送潛意識入大腦，即記憶重現妄想紛飛，故靜坐的人要觀丹田，令血下行，減少腦部之血液，腦橋自然收縮，潛意識沒有輸入大腦，妄心就沒有了。但腦中血液過度減失會昏睡，靜坐的人若覺昏昏欲睡，即觀眉間紅點，血液就上昇，不致昏睡。密教行人觀心月輪，使其平衡、專注於心，自然會依證量而發出光波、功力愈深、光長愈強，光波之長短也是依功力之不同，色彩亦異，與虛空同化時，光沖虛空，一切萬物與我不二的境界時，能感知一切動態，時空無三際，故能通達過現未，故名神通。

我們的心本來自法界，因執於現象迷著七情六欲，心就變為五根收入的蘊識，根塵未合之前是無心的，此無心之心是法界之動力，名如來智德，即精神元因。

普通所謂心經的「心」，是說明心情一切的總稱，佛經把心分做四種來解釋世間出世間的。第一是肉團心、第二是緣慮心、第三是精要心、第四是堅固心。

第一之「肉團心」是指我們身體的生理組織之器官，是輸送血液的機關。

第二，「緣慮心」是精神作用，我們的五根智德和外界現象事物發生交涉的時候，收來之意識傳給第六意識「心」，由第六意識傳給第七意識時，就分別認識，分別判斷是依自己執著（執法），審判交織的結果，緣就是交織、慮是判斷，這認知就是「緣慮」心。

比方說路上有一包鈔票，若是盲人即看不見，那就不知是有東西，鈔票與我人就不發生關係，可是如果手摸到，就由手之觸識傳入第六意識，經傳入第七識就判斷出來。這「緣慮」心有正與不正之判斷執法基因德性，善之基因德性發用主宰時，就不會生起貪取，若惡的基因德性主宰時就發出貪取之心。這種種不同之基因種性都在智德之中，在凡夫與聖人都是有的，善的判斷是般若德性，善惡都在一心之中，藏此無量基因德性種子，假名第八意識、阿賴耶含藏識。整個靜態之總和是第九庵摩羅識，依般若眼的透視去看內容，就發現無量無盡的善惡基因種性，這就是第十、一一心識。心識出現的過程即是緣慮心。

緣慮心若經過一念覺知止之即此心相就化為空，心的相滅時保持當下的狀態即禪定。禪定時心不緣慮就沒有心相即覓心了不可得，凡夫於緣慮時都不知有心，兩者同而不同，迷者覺知時是正念，禪者覺知時是障門開。這是一般對於心動態來觀察而言的。真言宗以緣慮心來遍緣眾生作四無量心觀！

一、慈無量心觀

遍緣六道四生，一切有情皆具如來藏，備三種身口意金剛，以我所修三密加持力故，等同普賢菩薩。

二、悲無量心觀

遍緣六道四生，一切有情沉溺生死海，不悟自心妄生分別，起種種煩惱及隨煩惱，以我所修三密加持力故，等同虛空藏菩薩。

三、喜無量心觀

遍緣六道四生，一切有情本來清淨如蓮花不染客塵，自性清淨，以我所修三密加持力故，等同觀自在菩薩。

四、捨無量心觀

遍緣六道四生，一切有情皆離我我所及能取所取以法平等，心本不生，性相空故，以我所修三密加持力故、等同虛空庫菩薩。

緣慮心就生出感情，感情之好壞是迷悟、自私與無私之別，人是有情動物，無情即等於木石，沒有感情就沒有慈悲可言。

對於仇人而言，一見惡感激動怨氣沖冠；對於親愛之人即一見悲喜交集，互相擁抱淚滿胸襟而情不自禁。這都是自私之感情的流露，你若將此擴大遍及眾生，視一切眾生如親人，見其沉溺而悲，見其成就而喜，如同手足，這個緣慮心流露時，你就是觀音薩埵又名金剛薩埵，金剛薩埵抱眾生不至菩提不放捨，如母愛子、感情上生出欲觸愛，眾生成佛時，即呈我慢相，自感化他之事業做到圓滿無缺而自傲了。

學佛人用緣慮心去作度眾生之工具的，緣慮心不一定是壞的東西。真言行人不滅貪嗔癡，要將貪嗔癡擴大，貪一切眾生為我之眷屬，為調伏難調之眾生而嗔，被一切眾生之妄憧而不逆作癡而待，菩薩是大貪大嗔大癡者，密教事相中各種形態之菩薩明王都是表示其理趣的，是度眾生之心理狀態的象徵，不是歷史人物。

第三是「精要心」：這心與普通的心不同，此心是《大般若經》六百卷的歸結精義，它有法律精神之義理，有教育精神之義理，無論如何都由義理之下來出發，也就是存乎義理之心，也就是基因種性之核心，含有各種精神在內，各種基因當為主人的時之訓令或訓詞，都有它的精神目的。

第四是「堅固心」：這心是宇宙絕對的理智之德，所謂的法性、佛心、佛性、本來人、真面目、是常恆之不生不滅的涅槃體。無明動時開始創造諸法與法相，創造即是無常性，故遷變不停不能堅固，幻出來的精神之不可靠之心，知覺之心是依六根六塵的和合體，根塵障礙時就失去功能了，本來之核心佛性是不壞的、故名「堅固心」。

上述心約分四類型來解釋，其中之「精要心」就是心經之要義，一代言教八萬四千法門之精髓。

真言密教中有弘法大師之《心經秘鍵》的心經注釋，這是非常重要的經文。諸宗中大概都重視心經。如淨土、真宗不重視外，其他如禪宗都當之為禪經。心經是入空出有的智慧，現象即實在的不二法門，是釋尊開悟的精華，在佛教中是重要之經典。

經之意義

「經」在梵文叫做「修多羅」是貫攝之義，一大堆零零碎碎的東西，把它貫串起來，如珠鍊是用線貫穿起來的。

「經」是中國所翻，佛所說世間事物是千狀萬態，在觀察它的表面是無法窺見其本體根源，到底都是迷懞，如觀察萬物的內容也都是千差萬別，根本都無法見。

如用科學方法去分析一朵紅色花，將其花瓣、葉、枝、連根、或其種子加以粉碎，結果找不出紅色的來由，其他萬物皆如此。同樣的花有紅色的、有綠色的、有紫色的各種顏色。同樣的菓子有甜的、有酸的，又形態亦不同，怎樣都無法找出來由。佛依般若眼所見，這是種性之不同，千差萬別之本源是法性，法性之中有無量無邊之不同種性，萬物都由此展開，說此根源道理的歸結，貫穿起來的就是「經」，這道理是歷千古而不變的定義。由聚在一起的佛性中各自發揮它的特技，如軍隊是佛性，其中各有各的技術與任務，一旦號令發出，就各自展開它的工作，號令如心，工作是法，總部即是「經」。所以中國自古有中心與行動的說法，即「經」者是常是法是徑。經也即是恆常不變的法則，是一種路徑。換句話來說，經是真理，聖人之言教亦叫做經。真理就是道，道是天地萬物之母。萬物之生成與現象之活動，都是由道展現出來的。聖賢們依此道之理來設立公約法律，於現象的生活吻合於道，「通之古今而不謬，施之中外而不悖」。人能體道而生活，即身行心發無不與道合一，生活當相即道，道在我人不必他求。我自己也是道，他人大眾也是道，萬物皆道之活動。道不可毀，要慈悲博愛及眾，人道存天道全，釋尊教我們身體力行此思想活動，這生活之準則即是「經」。而心經即是諸經之本源，精要的真理。

般若之威力

由般若之甚深內觀可以轉迷開悟成佛，改造自己的命運，依般若之外用可以救世行天之道，淨化社會共度彼岸。自古聖賢所說的道，不外是從內激發內心深處之慈悲種性，向外去施展活動，融入於日常生活之中，創造自他安心立命為目的。有內觀之般若，對於聽聞佛經，一經入於耳，就能引發慈悲惻隱之德性，在日常的生活中都會做出非常感動心弦的事。

聽說老早有一位書生，讀了很多聖賢的言教，他的家境清寒，有一位小姐見他心行善良，就自願嫁給他為內助。因生活困難就留妻守家，自己單身忍受割捨恩愛的溫馨，分手外出去謀求生活，到了遠方的外鄉外里，給在一位富豪的家中當私塾老師，住了將近半年的時間，他很受主人的愛戴。好景不常，到近年終的某一天，來了一位相士，是這位主人的常客，相士在客堂與主人喝茶聊天的當兒，這位書生有事去稟報主人。相士一見看出他的命運，問主人：「這位是你的甚麼人？」主人說：「是我們請來當私塾老師的。」

相士當場不客氣地向這位老師說：「我給你看看你的前途如何。」這位老師本來心中就不太喜歡，但經主人勸說，給這位相士斷其前途了。相士說：「你請前進三步看」，這位老師如是進三步，相士請他退三步，他就退三步，相士鐵口直斷道：「你左帶青龍、右帶白虎，身搖無根、命該廿五、你今年幾歲？」老師說：「二十五。」「那麼你要快回去，過年將近了，否則無法見到你的家人。」相士向主人說不給他回去，你會惹來麻煩，這書生好像無有其事，經主人勸說了後，就領了一筆薪水白銀三十兩，毅然辭別回去了。相士教他途中不要他往，恐怕生命不能超過新年。書生就夜以繼日，一直向前趕路，到了途中，遇見一位女人背著一個孩子，看來還有懷孕在身，這女人用繩子要將孩子吊死，在此大哭一場，悲哀的聲音驚動了這位書生。他進去看個究竟，看到一位婦人淚灑胸襟，書生就問她的緣故，婦人說她的丈夫不在家當中，來了一位騙子，買她飼養的一群豬子，價格超過平常，她的丈夫回來發現是假銀，即被丈夫一怒之毒打得她遍身傷痕累累，更被趕出叫她去死，她就不得已要將孩子一齊吊死，感覺活在世間無意義。

這位書生馬上生起慈悲之心，忘去了自己的命運，問這位婦人：「一共幾多銀？」她說三十兩。書生說：「我這裡有」，就取在包袱中之三十兩銀給她，婦人不肯，書生問為什麼，婦人說：「拉你這三十兩銀回去，丈夫反會誤會，更加麻煩。」

書生說：「你可以對他說，買豬的人良心發現，然後拉來真銀要更換假銀的，那麼他就不會生氣、息怒，豈不是雙全其美，我給你一同回去，我充作那位買豬的人」，自此帶其母子回家。向她的丈夫說：「以前給你們的假銀，我還是被人騙的，我亦一時認不出來，以後發覺了，我就拉來換的，非常抱歉！」因此一家夫婦得了救。

這位書生轉頭回家，這時已是歲暮的三十日，剛到家的門口，忽然聽見裡頭，有小兒的哭聲，趕快入內一見，原來是他的婦人生了一個可愛的孩子，婦人見到丈夫頓別半年喜不自勝，又生了孩子，丈夫必定帶了很多錢回來。

夫人生產應煮些東西壓腹充飢，但家貧如洗廚房空空如也。他的錢也沒有了，有什麼辦法？想來想去，心中起了一個主意，往家後面的畑中去偷甘藷。這是村中一位勤儉伯的所有，這個人非常慳吝一毛不拔，畑頭有一間土地公廟，廟中有尊土地公像，這勤儉伯的甘藷常被人偷取，勤儉伯就隱藏在土地公像後面待機抓賊，這位書生怕被人發現，就在土地公廟面前跪下，向土地公說：「土地公伯，我因為環境壓迫擬偷取勤儉伯的甘藷回去為夫人壓腹，說了一篇苦經，說土地公伯，祢要幫我，令勤儉伯肚子痛，不能來抓我，或使他下痢無法出外，待我偷過手以後，才給他痊癒，拜託！拜託！」勤儉伯在後面聽得一清二楚，非常感動，自感慚愧，這樣貧窮的人都有這種善良慈悲博愛，我這一輩子財產這麼多，卻慳吝，心想要出來見他一面，請他任意去取，又恐驚動書生，一直心想：「不要再講下去啦，趕快去挖吧！」

這位書生挖了幾條甘藷回去，就下鍋煮湯給夫人止飢。勤儉伯回家了後非常難過，就往雜貨店買了一堆的食品及酒等，挑訪一位書生，在外面呼叫，這位書生驚得魂不附體，應不出聲來，勤儉伯說：「我不是來抓你的，不要怕，我聽了你對土地公伯所說的話都聽得很感動，特來看你的」，這位書生然後才出來，一見面就跪在勤儉伯的面前求饒，勤儉伯馬上扶起來。現出慈悲的笑容，互為交談，請他做他的義子。不久勤儉伯就請書生再去舊主人的家中當教師，家庭一切由勤儉伯看顧。他就再往那位舊主人的家中去了。這位主人看他沒有死，亦非常歡喜留他下來。

後來這位相士再來拜訪，看到這位書生沒死，非常訝異，請他再給與看個究竟，如是經過詳細勘查，發現這位書生發出功德雲，有救三條人命的陰德。

相士建議主人幫他旅費，助他上京去赴考，主人就送他金錢完成他的前途，果然一舉考上進士做官了。

這都是改換生命基因的所賜，不但沒有死，還中了官，勤儉伯本來無子息，從此他亦做了狀元爺的爸爸了。

可見文字般若會引起人的菩提慈悲心，改造人的運命，經是文字般若，研究經典或聽法師講經都是很重要的，諸經中佛說的《般若經》最好，到了現在的科學昌隆時代益被採用與重視。

般若經典與科學相吻合，絕對不是迷信的愚民政策思想可以了解的。

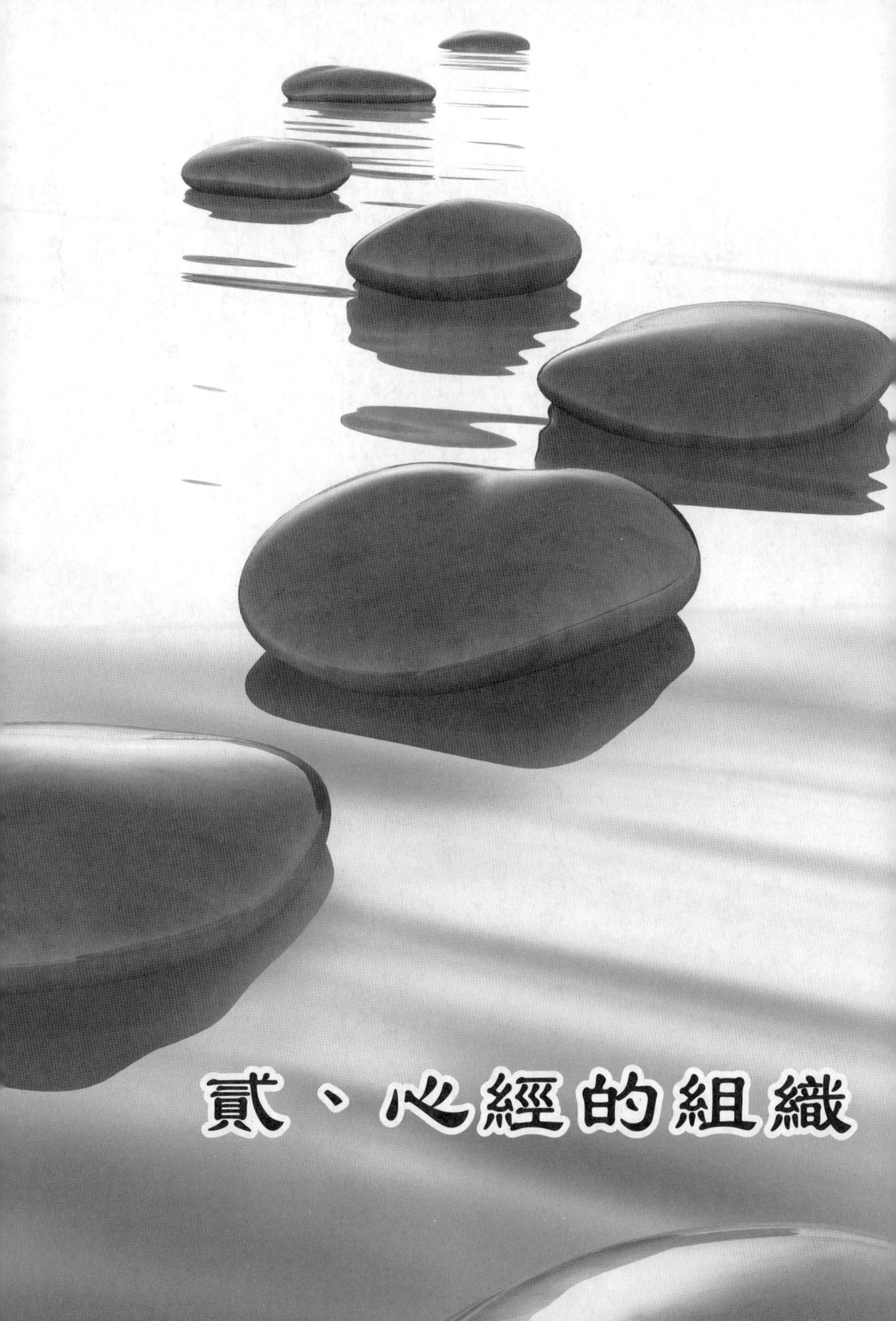

貳、心經的組織

貳、心經的組織

大概經文都分為三段，起初先說序文，然後說正宗文，後說流通文。

序文是指出說經之場所，說法之對象，聽眾諸人及會場的組織等。正宗文是主要目的之本文。流通文是在說本文後，向大眾勸善的法門，為流傳後世而述說之文詞。

這部心經省略了序文及流通文，與普通之經文不同。

心經的解釋很多，各人的立場和看法各異，其中弘法大師的分段解釋最正確，大小乘之分別，一目了然。

其分類如下：

第一、人法總通分

第二、分別諸乘分
第三、行人得益分
第四、總歸持明分
第五、秘藏真言分

一、人法總通分

人法總通分是由「觀自在菩薩」至「度一切苦厄」。「觀自在菩薩」是能觀的人，「行深般若波羅蜜多時」是所觀之「法」。也即是能行的人，和其人所行之法，心經完全是「人法」二者。這是全經之主要綱目，故名人法總通分。

二、分別諸乘分

分別諸乘分是多種的修行法，如多種的乘物一樣，把此方的迷岸運到悟境的彼岸目的地，這是法門之別號。裡頭分為大乘、小乘、如聲聞乘、緣覺乘、菩薩乘。

眾生的機根有別，佛陀以同一的教理，依眾生的差別而施與不同的教法。如根機比較低劣者，可從聲聞程度開悟的人就說聲聞乘，有從緣覺見法而開悟者，或根機優勝者可從菩薩乘而開悟，如從地方的方便上，所搭乘物不同，都要運載到彼方為目的。好像鄉村道路顛簸，就乘自行車、或機車：道路好，膽識足，就乘汽車；尚有乘飛機的快速法一樣。基於根器而有遲速之別，在心經之中都網羅了諸乘，但最後都會融入佛法之大海的。這大小、三乘等之空義，稱為分別諸乘分。

這段經文是，「舍利子色不異空」至「以無所得故」止，歸納為分別諸乘分。

三、行人得益分

這段經文由「菩提薩埵」至「阿耨多羅三藐三菩提」止為行人得益分，稱為實行法門。

佛教不單是研究學術，在其學術上還有目的存在，佛教主張信、願、行。一定要信受，發起到目的之願，然後奉行實踐，終才能得到利益及功德的目的。由研究道理去修習，實地去實行，將此功德迴向，換來轉迷開悟之利益，這就是行人得益分。

四、總歸持明分

這段經文由「故知般若波羅蜜多」至「真實不虛」為止，稱總歸持命分。持命梵語曰「陀羅尼」，陀羅尼即是真言，或云咒、明、總持。持是能持一切諸善法之義，是能照破生死煩惱黑暗的光明。唸咒亦名持明，包容一切法為總持，真實不虛之言曰真言。

宇宙萬物諸法所涉之般若妙理，為根機的關係分了諸乘的說法，歸納起來都是說我們的心。陀羅尼是總佛法，總佛法就是心。萬法由道而生終歸於道，認真地說，萬物是道，道即萬物，道者宇宙心也。我與道同在，我心即宇宙萬法也。

五、秘藏真言分

秘藏真言分即「羯諦羯諦，波羅羯諦，波羅僧羯諦，菩提薩婆訶」。這真言包括了般若真理的全部。真言是很多的義理之濃縮語言，它有無量無邊之靈妙功德，真言宗即以三密「身口意」相應之下轉迷開悟。不必死寂枯坐，於行住坐臥四威儀的生活中，可以自由自在地應用之妙文，經云「三密加持速疾顯」，只有身口意三業總結起來，就顯出其言的功能。

參、經文解釋

參、經文解釋

一、人法總通分

經文：觀自在菩薩，行深般若波羅蜜多時，照見五蘊皆空，度一切苦厄。

觀自在一般都認為是觀世音菩薩的名字，有人認為此經是觀世音菩薩所說的，弘法大師云：「此經是釋迦佛在靈鷲山的時候所說的」。依論理上來看，是釋迦佛說其慈悲觀照德性的德號，也即是釋尊之觀念妙用為主體而說的。主體是觀音菩薩，不是釋尊本人，亦可說是釋尊的代表，因為本經之觀自在菩薩是能觀之人，是我人心中五智五佛十六大菩薩之一。東方阿閦佛有四親近，薩、王、愛、喜四菩薩。南方寶生佛有四親近，寶、光、幢、笑四菩薩。西方阿彌陀佛有四親近，法、利、因、語四菩薩。北方不空成就佛有四親近，業、護、牙、拳四菩薩。

東方阿閦佛表大圓鏡智，南方寶生佛表平等性智，西方阿彌陀佛表妙觀察智，北方不空成就佛表成所作智。西方四親近中之「法」即是觀音菩薩。換句話說，觀音是彌陀所化，屬蓮花部，亦即自性清淨之德性，屬法部，宇宙諸法與法相之德，亦是說法部，此處屬於妙觀察的內視外觀之功能。我人每個都具足，你能如是發揮其證量，你即成為觀音。觀音是彌陀四德之一，是屬於智德妙觀察故是般若，諸佛由般若生故名般若佛母。其原本出處是大悲胎藏理德四菩薩中之一，在胎藏曼荼羅中住於西北方。東北有文殊智慧之母，東南有普賢諸行之母，西南有彌勒大慈之母，西北有觀音大悲之母。

觀音等菩薩悉皆佛心之德。一般以觀音為歷史人物，現在所信仰之白衣觀音及千眼千手觀音，中國及日本最普遍。

道家寫了一本《觀音濟度本願真經》，寓意道家之煉丹過程，以觀音為主要人物，小說性地從出生、出家、修道、證果，一系列地寫成一本書。說觀音之父親是妙宗王，生有三女，大的名妙元，二的名妙音，三的名妙善，妙善公子就是觀音，分別舉出二月十九、六月十九、九月十九為祂的生日出家成道日，此只於中國而已，其他的國家均無此信仰。這道家的著作，並非佛經根據，接引信徒是好的，不得鼎鼎大名的法師亦不諳此事，成為道家的子孫。

道家以觀音為女子，祂穿白衣服，為白衣觀音。其實佛經之白衣觀音是指在家的慈悲行者。一般按道家說法，就將觀音稱為觀音媽、觀音娘娘、觀音老母，視為是一位歷史上的女神。其實觀音菩薩是能觀察而發揮大悲精神之智德，不是男，不是女，是佛之大丈夫相。

有人問那麼觀音菩薩有其人否？有！個個行觀音之行，證觀音之德的人都是觀音，其人死後之神識在靈界還是觀音，人人皆可成觀音菩薩，我人學佛學觀音都是學其大慈悲行儀的。

(一) 觀自在菩薩

「觀」是觀照，我們以心為鏡，觀照萬物。心之認識為見，心見為之觀。普通肉眼所見為之見，肉眼見物不知萬物是法性之幻變，執為實有，貪著迷戀現象，現象是無常遷變故有生滅感，不能常恆故內心起恐怕煩惱，這煩惱不但在現世，還是帶到死後的世界，這種潛意識就是五蘊。

用甚深的妙觀察心眼去看現象時就不同了。你若一念之心不起，即一切諸法與法相皆殞。

「自在」是自性之常在，普通云自由自在，你若以觀照般若去悟到佛性之面目，什麼都不被迷情所遮，就於時空自由自在了。

「菩薩」是菩提薩埵，菩提是佛性道之別號，佛性是覺體，薩埵是有情，當然是有覺性有感情的人。那麼，觀自在菩薩是能觀照佛性的人，普通的凡夫就不名觀自在菩薩。

這「觀」如前面亦說過，有析空觀與體空觀。一般聽了佛經就意欲擺脱執著煩惱，從析空觀去觀察現象，如骷髏觀等等去分析，結果到頭是空性，就漸漸進入實相。大根器的人，聽經聞法就馬上證入實相，這是體會，就是體空觀。

我們出生以來受迷情指使很難即時入體空觀，就是用分析法的心眼去觀察的。

比如一位美人，外觀非常可愛，嬌態十足，她偶而生氣時，其面貌就變成羅剎一樣，嬌容就沒有了。

又將其透視，其人之外皮剝下時，就變成血淋淋的肉體，再將剝開來看其臟腑，即非常難堪，若果其人死了，經過數天，肉體腐爛，變成穢物，無人敢近。這樣地觀照下去，就會發生厭惡，其美感的執著就沒有了。

(二)理觀、事觀、實相觀、慈悲觀

觀世音菩薩如前說過，是能觀的行者。以如何的「心眼」去觀照萬物呢！能觀的心與所觀的事物是無量的，大概可分做事與理。

理觀是除去萬象的差別，去觀察本源理體。譬喻說，冰是水依因緣之力變成的，由模具或其他不同的環境，而冰的形體不同，其本來之原料是水所成。冰之用途亦各不同，這是差別，其本體即一味平等無差別，這無差別之根本理體來觀看萬物，萬物是法性依因緣而成，法性是沒有形態無差別的，這種觀法為「理觀」。這法性實體即實相，實相無相而無不相，就是「實相觀」。

換個比喻來說，依現象的差別世界上之空間而說，世界上有美醜，男女賢愚，長短方圓，千差萬別；由時間來看有生死、榮枯、代謝變異，現出千變萬化的狀態。

然而我們用觀照理體之根本來體悟佛性理體，就發現萬物原來不生不滅，沒有生死榮枯，貧富之分。我人入於此正位時，就了脫生死了。沒有生死的迷情所縛，遇事都泰然自若的。

修習禪定的人都必須悟此開始，由現象的差別世界加以觀察，雖然有生死成滅之相，但最後會徹證了本體之實相，則一切平等無差別，再不被生滅的迷情所蒙蓋，就開始進到入流忘所之境界。大概武士們都修取禪觀得到大無畏的精神。

一般凡夫沒有勇氣，為自己之身體的感受而雖然知此道理，因為我執過重，往往不容易覺悟。有人只管打坐而進入無人無我的狀態，沒有觀照般若去觀察事理，而止於自我麻醉的暫時性，如注了麻醉劑一樣，出定時還是被迷情所縛不能自拔，這是一種遮情不是體證。觀自在菩薩就是運用觀照般若去觀察萬物，明了理體之實相，離開差別相之執著，安住於自他平等之理體的根本而開悟的。

又執著於理體而枯寂在空性上是無法生活和度眾生，還要遍緣森羅萬象，一切眾生各自迷著而沉於煩惱苦海，自平等中起了差別，發出了度生悲願。

如我們最初不會游泳常被波浪沖沉沒頂苦不堪言，眾生亦如是沉溺苦海，我已學會游泳了，苦海已經變成泳池了，自由自在會利用水性，看到眾生沉沒就起了悲心去救度一切眾生，這就是大悲觀自在菩薩。一切眾生同是佛性之幻現，是我們的同胞，自己已度，不管他人沉淪，雖然是修行有證，這只是羅漢，洗足愛河登彼岸，卻不算是菩薩。一切眾生如己身，自己的部分醫好，他的部分不醫，都是我身有病不算完全。

佛是宇宙全身的，眾生是全身中之各部分，所以眾生有病佛有病。菩薩是成佛的實行者，故要發出大悲心。佛心者大慈悲心也，不具大悲心是不能成佛的。迷著的凡夫，只求自己利益，不但不幫助他人，反來用種種不擇手段去騙取眾生，搶劫掠奪，殺人放火，居心安在？你雖知現在之眷屬，你知道他（她）們是你前生的親人嗎？無論如何人是有感情的，這自私的感情與以擴大，成為大慈大悲的感情，由平等即差別去處理事情，達成悲智圓滿的佛德。這內觀平等實相即是智，外緣眾生起救濟悲願是慧，就是觀自在菩薩之成佛法門。

菩薩有覺悟的理智，具足「慈以與樂，悲以拔苦」之德，故菩薩會被眾生崇拜，其精神已證實相，就成為長生不死的完人了。

人間的執著是如火災一樣會連累自他的安心。有一位年輕的男人，他於三十多歲前為一場車禍死於輪下，他的妻子兒女已有四人。死後執著的蘊識凝聚，因為他生前朋友勸其聽聞佛法，但他都說：「迷信！」只見活人受罪，那見死鬼扛枷。死後執著更加利害，他的神識常在家中不能離去。他的太太因兒女幼小無法生活，就招來一位男子續絃，此男子算來不錯，勉強地賺錢養活一家幾口生存，但此亡靈一直吃醋，以為他還活著，看見愛妻招來男人共住，就起嫉妒，作弄其第二及第三男孩生病，終於變成精神失常，瘋癲亂為，連自己的家都放火，鬧得雞犬不寧，這種不幸連續至今已經將近十年，二個男孩都不斷地入精神病院，所有金錢都花盡，還不肯放其干休。最後附身於他的二子發言說話，趕走其妻招來的男子，此男子自年青就來幫他的家，現在已是年老了，不得不離去，自此含恨流淚離開家門，過著孤獨的生涯。有一次他的妻子不忍，令他的三子去看他，卻被二子舉刀追殺，以後再亦不敢去了。但他的兒子現今還是狂癲未癒，令人見之不覺鼻酸流淚。咦！社會苦痛如此，亡者生前不信佛，請和尚超度都不聽，相信其神識是地獄之苦的。人之妄執是地獄的苦具。像上面的執著亡靈，豈不是魔鬼，連自己的兒子都害透了。一家已經盪產，兒子何辜，這都是失去理智沒有是非判斷能力，這樣的苦，名無間地獄。學佛的人對於這執著妄念是斷然要排除的。

但執著心是有善與惡之分，執善慈悲是好的，若果一味捨掉，所謂不思善不思惡，無欲無憎，無愛亦無恨，就變成木頭人，這種植物人是世間之累贅。他不要名不要利，亦沒有社會國家的關念，毫無用處，出生為人有什麼目的，人是萬物之靈長，能用佛智來觀照世間，將不當的執著化為大悲行願，出世而入世，發揮所有的隱力，在生存的期間中，做一番的偉大使命，方不辜負此一生為人身。

(三)自在的理趣

自在是向上向下的自由自在，向上即以觀照的般若窮究真理的佛性，見到本性所在的悟境啓發佛智。向下即是登峰造極的悟境中，再下來實際人間，禪家云：「百尺竿頭坐底進一步」，運用智慧去救度眾生的大活動，向光明的大道邁進，帶著一切眾生唱著光明之歌，創造未來的人間樂土，才是真正的自在活動。若果一味隱遁在山谷洞穴，作自了漢，即變成動物一樣，這種枯木死灰，何時再能昇起光明的火炬來照耀人間？這不算是自在了。

真言宗的曼荼羅是宇宙萬物與心精神的寫生，真言行人在事相的修習中是觀照萬物和精神之動態的，屬於向上門，在生活當中是宇宙當相即曼荼羅的觀念下去活動的。很多人以為曼荼羅之諸尊是神，祈求保祐能夠得到神通，這是錯誤的觀念，人若死後靈識沒有肉體之礙，就有感知事相的功能，若果有了透視眼，是非常麻煩的，人們在廁所內你亦可以看到，人之五臟六腑之糞便亦會看到，鬼神亦會看到，那麼如何生活下去？

其實世間所有的現象即曼荼羅，其中佛菩薩的誓願活動即我人必需的活動，我人是小宇宙，與大宇宙相同不可須臾分離。宇宙中有這麼多的佛菩薩，我人身心中具足。迷的人們看來世界是苦海的，悟的人看來是工作道場，要在舉手投足之間，自由自在去體佛的活動，活動就是修行，修行是無止境的。眾生度盡方入正位，這是佛教一貫的理則。自了漢是孤單無伴侶的，上帝都不堪寂寞，所以創造萬物來做祂的眷屬。上帝即是道，萬物是道理本然的因緣法。你自己灰身滅智了，宇宙佛性還是活著。

修行人只是迷被法華轉，悟即轉法華，迷悟雖別同是人，迷就不得自在悟就自在，自在是不被迷情煩惱所縛而已。

（四）菩提薩埵的意義

菩薩是菩提薩埵之簡稱，菩提是覺，覺知覺悟之意，薩埵是有情，合起來叫做「覺有情」。有情即眾生，到了後來《大涅槃經》被翻譯以後，眾生即不止於有情的動物，植物、礦物都包括在眾生之內。因為有情與無情都是法性依因緣的組織下顯現，都是被如來羯磨力的推動下不斷地代謝成住壞滅，成住壞滅四相是生命，所以有生命的萬物悉皆眾生。出現眾多故名眾生。宇宙常恆故眾生不斷，時間遷流故諸法常住，法是住於時間的，法相之生滅是空間，法之成住是時間，這種時空之現象即眾生。但動物以外之物皆有智然無悲，雖然有精神原因，但都不能發用，故無痛覺感情，只有理德的作用而生長，開花結果，終於死亡。因為沒有感情苦受，所以不在度化之範圍。人類以外之動物，均是智能低劣，只知食與婬與怕被侵害，有些知死，大多數不知死活，故亦不被化度之內，只有人類，感受特別，貪欲極度，煩惱無限，所以佛法是為人類而有的。

人類出現在世間不知何時，上古時代沒有什麼宗教，後來漸漸頭腦發達，就出現宗教之需求，各教的教主都是腦筋特別的怪傑。犧牲自己去體悟宇宙真理，依地方時間環境之不同，創造了令人生善的教訓，起初不是什麼宗教，只是一位「覺有情」，佛教叫做菩薩。佛教之如來即是理德，佛即是智德，理智是不二的，佛與如來同義。菩薩已證入宇宙理智合一之時，叫做佛。佛是有覺知之上人，都是有情，是感情最大的高士。菩薩是佛的工作者，是智情意圓滿發達的人，是大感情者，大感情就是大慈悲。要凡夫滅貪嗔癡三毒，根本不是滅，貪嗔癡現出的是自私之迷，貪嗔癡有其種性，悟的時變成戒定慧。如刀之用法不同而已。用於殺人即惡，用以救人即善，刀本身是有的，且沒有善惡之別，自性本來清淨。菩薩已經了悟是非，教人善於用途，這種教訓就是菩薩的職責。菩薩是樂觀去服務的，沒有代價。有人要去講經布教的時候，大排架子，令人捧為活佛，是否存著名譽之心？有的一場講經花了信徒二十多萬元新台幣，這筆錢若用於救濟貧民，即自有利社會之幸，那麼就算是菩薩了。叫人要布施，當然布施是不怕假和尚的，功德還歸施主。叫人不要貪，和尚當然不貪？

這是一種假想，大概當每個法師是不會貪吧！法師當然是菩薩，我們要尊重，他是代佛宣教的，受人供養是應該的。法師若不如是，即同將米去換粗糠。

菩薩不一定是法師才可以當，居士們能體悟佛理，起大慈悲去救世，即菩薩。菩薩不限於塑像之菩薩，是活靈靈的行者才堪稱菩薩的。

（五）行深般若的意義

智慧有深有淺，有優有劣，所謂深般若就是深的智慧，行是修行，修小乘教是講人空，偏真之理的智慧，這是比較劣等的智慧。大乘教則主張，人法兩空之理的智慧，是比較優等的智慧。人空是無我，無我才能離開我執。法空則離開一切善惡苦樂迷悟凡聖等等差別法。人我皆空之後，則法亦空，人法俱空，就見到真理實相。見了實相就是深般若，這就是大死一番，修行此深般若，一般凡夫執著堅固的人是非常困難的。古人說：「若無一番寒徹骨，那有梅花撲鼻香」。大死一番就是斷了一切執著煩惱，入於正位，本來無一物的法性本體實相，這是天地萬物森羅萬象都歸於一味平等，諸法與法相皆殞，見到一片光明，由此去觀萬象，即知是一大如來之事業。「溪聲鳥語廣長舌，山河大地法王身。」否定之後才肯定起來，這就是大活現成。

行深般若之初是空，叫我們入道，將一切執著我見殺盡，不再執著心所諸法與萬物法相認為實有。人因心被六塵諸法所縛，見色著色，聞聲著聲，嗅味著味，觸景著境，起修的時候就看成奪命的惡魔，一切遠離迷著，因為一切法是心所起的，心不在焉即可遠離。修大乘還是要將小乘開始，否則沒有基礎，頓悟是由暫而來的。一般凡夫都好高騖遠，不從基礎打好，如於砂上蓋大樓，終是基礎不穩而崩倒。以前有一位學習特技的人，看到久練的人從高處翻觔斗跳下非常輕易，他的初步基礎都未練，見人家跳，他也跳，一躍之下，在半空中不能翻身，頭朝下落地，其頭碰到硬地，縮入胸腔中死亡。沒有基本訓練是危險的。修行亦如是。

由淺般若而行深般若，才能大機大用，蘇學士所謂之「素絹不繪意高哉，一著丹青著二來；無一物中無盡藏，有花有月有樓台」。

聽說老早有一位屠夫，生意收攤後，在回家的途中，看見村裡正大演梨園，戲做的是岳飛與秦檜，做到岳飛被秦檜陷害得非常過分，此人看了著迷，已忘記是假戲真做，他心非常不滿，咬牙切齒將身帶的屠刀抽出，向台上跳上去，把演戲的假秦檜，一氣之下殺掉，大家都莫名其妙，問他為什麼要殺人，他還是大聲怒氣沖沖地大罵：「這奸臣為何大家都要寬容他？我不服。」他還不知犯了殺人之罪。這都是迷著假相的錯誤，我們都是這樣地過著一生矇瞳生活，都會像那位屠夫一樣犯罪入地獄了。

我們凡夫的心都是被週圍的境界迷惑，成為墮落之緣，人能觀察凡所有相皆是虛妄，離了人相、我相、眾生相、壽者相，即心自平靜。以天下萬物為友，一切行處為道場來生活，這世間看做是佛性之變現，佛法之現成，才是般若的妙用。這時就感受著大光明之境地，世間就變成極樂國土了。我與天地為一，與萬物同生，成為一大佛場，終日度生而不度半個人，觀照已明日食千金易化，否則滴水難消。觀自在菩薩就是行此深般若，正確地認識了真理而圓滿具現的境地之人。到達此境地時，心所中之潛意識改變了，五蘊非真而皆空，業非有而化成佛之作業，那麼一切苦厄就化為烏有，所作所為悉是如來功德，這是在實相觀與慈悲觀，說明觀自在菩薩之修業，「照見五蘊皆空」是實相觀，「度一切苦厄」是慈悲觀。度眾生有內外之別，度自己心所內之執著煩惱眾生是內證。度社會愚癡的眾生是化他。

心藏識中之眾生未度盡，怎能成菩提，成菩提後所發的救世之心，就是菩提心，菩提心是佛心，大慈悲心。

(六)五蘊皆空

五蘊是色受想行識，即諸法與法相，諸法是心所法，法相是色法。色法是物質界，具有質礙之物，物各有其性質，這質是理德之基因種性，如地是堅固性、水是濕性、火是煖性、風是動性、空即無礙性、識是遍透性。又如：梅是酸性、鹽是鹹性、甘蔗是甘性等等，森羅萬象各有其基因本性。各種質性可以相聚而各獨立，如梅或桃，都具足地水火風空識，但其本性卻不能改變。如房屋，有砂石、水泥、鐵筋等成為一體積之相，但各各獨立，石不能融入鐵筋間，水泥亦不能融入砂石內，是種相依為命之相，各有其界限，故名質礙，也就是色界。但精神原因之識大是遍透性的，有物質就有識大，若無識大就不能凝成體積，所以心物是不二的。由物質中發用出來的就是心精神，這精神之本源就是智德，具有四種智德、即大圓鏡智、平等性智、妙觀察智、成所作智。未萌芽之時曰智，發用即心。心分為受想行識，心是四者之總和名心王，其中之心所法為心數。因為主宰之基因德性多，故經云「心王心數過刹塵」，心所是心王之眷屬，即精神中有主人與眷屬。心動就是某基因德性登台為主人，卓然存在地支配眷屬，眷屬是出入不定的。色法入心引起受法，受法轉想，想轉行，行轉識，識就是心王，受、想、行是作用。

「受」即是接受外來之物一樣，由眼接受一切色法，由耳接受一切聲法，由鼻接受一切香法，由舌接受一切味法，由身體之神經接受一切外界的寒熱、堅軟、痛癢等等感觸，這眼耳鼻舌身就是五根，如門戶一樣接受來客。

所受客塵諸法，起了善惡苦樂等等想像作用，這就是「想」。種種的分別諸法留在心中蘊藏，現代名詞來説就是潛意識，這蘊藏之心不是肉團的心臟，是在我人的小後腦。會時傳給大腦，經大腦消化，幻出記憶重現。

潛在意識重現時，由宿業之基因德性製造種種姿態，作遷流變化，這動態就是「行」。判斷分析之功能是「識」，識之作業力即是基因德性。善之基因德性變成心王總司令，命令一出就開始行動為善，惡之基因德性心王，發令時就行惡。

蘊藏之潛在意識，即色加受想行識製造之法。由眼耳鼻舌身五根所收之法，各有不同感受之潛在意識，故曰五蘊。也就是依著「受想行」三種心的作用，確切地把握住這心，給與一種決定，就是「識」的作用，因此受想行識，是將心的作用分為五部分來說明的，加上色法，即色心之總稱。

色是物質，心即精神，物質有我們的身體和外在的天地間之萬物，可以說宇宙、身心都包在五蘊之中。

蘊即是積聚，以身體而言是很多物質原素之積集。是物質精神之和合體，由地水火風空識六大合成，每大之中還有很多因素，精神方面亦很多基因種性，不僅是人體，其他動物、植物都相同。基因種子依其羯磨力推動，吸收水分、陽光、土壤、肥料等等，經過溫度來化育，自發芽至生長，然後開花結果。我們的精神方面也是一樣，依心王與心所合作，才開始心的作用，心王是眾多的精神基因中選出來的，其他的一切就是心所。身心的運作中分為五識、六識、七識、八識等單元，上大乘更加九識、十識來說明狀態。蘊是法，但智德之中有很多基因德性，故經云：「心王心數過剎塵」。如要去做善事或惡事，由基因德性起意，到施行中經過種種心所的作用聯在一起，如大王領兵出陣，這都是經過君臣決定而施行的。其中互相商討計劃，要帶什麼工具，由某地方出發，怎樣才能完成這次的任務。其計劃思想集合，將其思想感情整理起來，做一個企管計劃，准勝不准敗，好像國會一樣，當中議論紛紛，這都是心王心所之殿堂決策的結果。所提出來的議題就是五蘊。要做一項事情，必需經過這樣的複雜討論，才能決定作用，都不是單純的一個力量可以實行的。

這議題的五蘊是累積的檔案，是後天收集的，本來無此，是設了機構才有。原來的實相是無動作狀態，有了這身心才開始成了一個國會，所以五蘊皆空。空是本性，五蘊是現象。身體解體死後因緣分散，主宰中心之支配停止收集五蘊。但這檔案還在，就是所謂的靈魂，若果在生前用般若的智火加以燒毀，即五蘊不存，歸於法性本體。凡夫所執之五蘊聚在空間凝固，還是不斷地翻閱舊案，生前之苦受重演幻成苦境就是地獄，六道十界苦樂由此顯現。

因為凡夫沒有般若，不能觀照其深奧微妙處，執有的觀念成為輪迴之種子，靈魂即執著的五蘊體「識蘊」。其實無此物。若果用深般若去分析，萬物原來性空、無我、無人、無生死、無凡庸與聖智，是法性真空平等的，佛出世與不出世，原來如此。

人生之苦樂感受，恰似泡影，根本無此事。若能以深般若去探討，一切都是空理，雖在生死代謝中，都無生死，常住於涅槃的境界，這種觀察名照見五蘊皆空。這是分析到原本未生以前面目的看法，令人不要執著生煩惱的一種手段。其實法性之實相不止於此，這法性佛性換句話來說，是理則與智用之靈體，肉眼看不見故假名空。五蘊之境象雖無常之假現象，但具本體之五智，五智是五大之用。為脱離執著煩惱，即説此否定法，然後於否定的基礎上肯定起來建立萬法，宗教之目的止於此。

但對於宇宙靈體之創造萬物的設計製圖工作過程都缺如，俗語云：「麻雀雖小五臟俱全。」無論大與小，都一物一世界，每一物一微塵都微妙的組織，其組織內容不能缺小分而不完全。如電腦、機械，雖眾多零件所組成，其中一點缺陷就不能起用，人體或植物之組織亦相同，某位血脈或神經缺陷，即不能代謝，麻木不仁。這些現象之物的未生前都有經過設計製圖，將其濃縮至於零點，發生運化之時，則將其圖案展開組織。古云：「放之則彌六合，退之則藏於密」。每一物各有其規劃的圖騰，收藏於密就是萬物之基因德性。這種子基因是不能混雜而是系統性的。如我人的身體，人類之五臟六腑都是同一系統性，人人相同；但各人之高矮、面容、膚色都各不同。於平等上起差別，同一父母所生的兄弟姊妹決不同，這是有計劃設計的。你想想看，這是什麼人設計的呢？人體各部門的周密設計，是人們無法創造的。天主教等都說上帝創造萬物，是神之傑作！

那麼祂的設計及工廠在哪裡？佛教亦說人從光音天來的，那麼動物、植物從哪裡來？其實都是止於想像。

不是有來去，宇宙當體之大靈本身就是萬物，一一物都是祂的細胞，各細胞中之組織本然存在，在無形的存在顯現有形而已，隱顯之差而本然之基因組織不變，變而不變不變而變，這當體即假名「大遍照如來」、「法身佛」，其中之理德名如來，其智德名佛，其運作之力即報身佛，顯現的名化身佛。萬物個個是法性當體，經云：「一切眾生悉有即佛性。」萬物不是被造，是當體之化現，這當體歷萬古而常恆。你我萬物同源，都是如來化現，豈不是無限的榮幸！何可自暴自棄，怎可互相侵辱相殺。面面是佛，個個都是菩薩，一般以為佛是有單位的神，為表虔誠而燒身供佛，理論上可說是燒佛，這種觀念是否正確，似乎待明眼人批判了。

殺生等於殺佛當然不可，使人生氣還是殺生的，激怒對方生氣的時候，一定自己亦是憤怒，怒氣一發血液就氧化變成酸性，就會缺氧昏倒，甚者死亡，血液流注臟腑，變成疾病，佛陀教人要說愛語，的確有道理在。

家庭常常發生口角，彼此激怒，氧化的血液蒸發，成為暴戾之氛圍氣瀰滿家園，不但會家庭不安，家運落衰，還會惹來無妄之災，這都是迷情執著，本來的五智變成五蘊的結果。求神保庇不如求自己，將迷著的五蘊，用般若之力去變為五智，這就是最高無上的消災植福之秘術。

(七)度一切苦厄

五蘊皆空是依迷情的凡夫說的，了解道理之後，一切生活無不是大光明的境地，一切的苦受災厄都會變成如來之業。苦樂是迷悟之差，悟之樂不是世間之迷情的樂，是一種自我即入宇宙佛性之樂，是沒有世間相對的苦樂，是絕對的大我之樂。世間有苦就有樂，但此苦樂是暫時性的，是一種迷情。如人喝熱茶，在炎日之下飲熱茶就感覺熱中加熱生出苦受，但在冰凍的冷凍庫工作的人，喝一杯熱茶感覺無比快樂，反而冷凍庫工作的人飲食冰水就不太好受生苦感，在炎日的場合飲冰水就覺快樂，同一天氣而不同場合覺受不同。若沒有熱苦，就沒有涼之樂，沒有寒凍之苦就沒有溫熱之樂。有苦的反面就有樂，有樂就有苦。人要樂受一定要在苦中求。以苦當做樂去生活，才有樂的結果。有這樣的般若透視，方得度一切苦厄。

以前有二位旅客，在旅遊的途中相遇，其中一位某甲是富豪很有錢，某甲腦筋比較靈活，想出辦法不勞而逸，他的心中五蘊全然不善。某乙是清高慈善，心中沒有求不得之苦。二人到了某地方，日已西沉，某甲就找一間豪華的客棧投宿，某乙身中青蚨不歸，就往郊外的地方，找著一所草堆，就在草堆下睡覺了。當夜某乙在夢中，夢得受一位富戶招待，美女滿座，酒飲陳年花雕，滿桌珍味妙餐。某甲夜間夢見閻王之鬼卒前來拘提扣上手銬，被其刑打得滿身鱗傷，從噩夢中驚醒。不但沒有整夜欣賞紅床錦褥之美，受苦一夜的悲哀。錢多亦不是福，無錢亦不是窮。慈善的人是享受快樂的，作惡的人是苦厄的。人類因為迷於現實，以為現實就能滿足欲望，欲望愈多苦厄愈多。

物質不能享受多久，精神才是主人。很多為金錢所迷，到處搶劫，有人利用機會貪污，到頭被官抓住入獄，甚者死刑，天網恢恢疏而不漏，結果苦厄臨頭。不但自作自受，連他的子女都會被人譏笑，何苦哉！

只有學佛的人，有了般若去觀察內心，向外去觀察萬物，這種觀自在菩薩，才能辨認真假，去了迷情執著去度一切苦厄。詩云：「修人觀智慧，深照五蘊空，歷劫修念者，離煩一心通。」

二、分別諸乘分

經文：「舍利子！色不異空，空不異色，色即是空，空即是色，受想行識，亦復如是。」

佛對大弟子舍利弗說，色（五蘊之一）與空是相同的，既然如此，反過來說，空與色亦是一樣的，所以要認定色就是空，現象即實在，空就是色，實在即現象。心法之受、想、行、識四蘊也是相同，四蘊即四智，五蘊即五智，蘊是法是有，智是性、是空。《心經秘鍵》說：「色空本不二，事理元來同，無礙融三種，金水喻其宗。」

(二)舍利子

釋尊的大弟子中有一位智慧第一的舍利子，舍利子之母親名叫「舍利」，是一種目光銳利的鳥名，舍利之子，故名舍利子。釋尊說法的時候，說到此般若的道理，就叫舍利子出來做代表，因為大眾中能了解般若義理的人很少，所以叫他做為演說的對手。如說空義的時就叫了空第一的須菩提一樣。看來每經都有對機眾，以主賓的立場來說道理，或對答，或請其提出疑問，以令旁邊的大眾了解，這都是大悲的流露，度一切眾生之手法。

(二)色不異空

要說明五蘊的迷情是空，組織的現象是因緣法是空，但佛性本體實相是有的。為使大眾不偏於空、不偏於有起見，詳細分析令入不二法門。

起初要破執著故說空，人皆執著現象之色法，如身體咸認是一個堅實的有，卻是法性中的六大，各元素組合而有的，死後化為塵埃還歸元素。

如桌子或椅子，認為實有，但都只見現象，不見到原來沒有桌子或椅子，桌子之形成是眾多因緣的。木頭為因，經設計工作組立某種形體，若果加以分解，即桌子沒有了。未組立以前還是沒有，是指現象而言的，但其木板都是有的，可是木板未組成桌以前不名桌。那麼木板是有的嗎?木板原來是木頭鋸開的，未鋸開以前沒有板。那麼木頭是實有嗎？木頭本來亦無，是一粒種子，由眾緣和合長成的，在種子中找木頭了不可得。那麼種子加以粉碎，終歸烏有，還歸元素，但是元素中會生長木頭的基因是有的，這無形之物就是空，空不空如來藏，所以現象之色即是空。其他天地萬物皆如是，物理上而言是物質不滅論，物質如此精神上之四蘊亦如此。這是萬物諸法之常理，故請不要執迷現象。

(三)空不異色

如空中之水分是摸不到看不到的，但遇緣即變成雨露，雲中之水份變雨落下來流入池中或河川中變成水渠，人若入其中即會窒息。空變有就是現象，水受熱氣所迫變成蒸氣就是空。

這樣來反覆觀察時，即前面說過，水即是冰，冰即是水，水喻空冰喻色，金即器，器即金，金喻空，器喻色。水與金喻本性，冰與器喻現象，冰冰皆水，器器皆金。就是色即是空，空即是色。

(四)了空的安心

早前日本的一位了不起的一休禪師，他弱冠之時就出家做沙彌，他非常聰明有腦智，亦生得很可愛，都被師父痛惜。可是腦筋好的孩子，大多是狡猾的，時常聽師父講經，師父常講一切皆空之理，這也是佛教之主要綱目。

他的師父也很有名氣的大和尚，所以國王大臣，或貴族富豪都很多來皈依，送給他的珍貴寶物亦很多，最寶貴的一件就是玉杯，遇有貴客來訪之時都會拿出玉杯出來展示。收藏在秘密之處，恐怕被人偷走。一休偷窺了這秘藏。有一天師父被人請去供養說法，一休與師兄弟們一起玩耍，說他曾見過師父的寶貝，連收藏的地點都知道。師兄弟請他偷取出來開開眼界，他都得意揚揚地偷搬出來，大家都好奇而也讚嘆稀有，爭取摸摸過癮，爭來爭去失手掉落地上碰壞了。大家都起了煩惱，師父回來一定會被打死的，有的大哭、有的流淚，六神無主大起恐惶。一休說：「不要難過，壞了是不能復元的，請不要哭。這是我取出來的，我承擔。師父若問，大家都說是我就好了。」

一休將玉杯收藏在他的懷中，到了將近黃昏時候，師父真的回來了。一休非常殷勤地請師父入浴更衣，師出來的時候馬上排椅給師父坐，又端茶給師父喝，在師父身邊扇風。師父非常滿意，就對一休說：「你真是好孩子，但你平常時都沒有這般孝順，今天為什麼這樣特別呢？」一休說：「師父我常常聽你講經的時，你都說，諸法一切皆空，為什麼是一切皆空，我千思萬想都悟不出來，請師父慈悲為弟子啟開迷矇。」師父說：「是啊！世間所有物都是無常的，那有一物能夠不壞，物會壞，人會死，這是宇宙的定理啊！」

一休說：「我知道了，謝謝師父」，拜一個九十度的大鞠躬，順手拉出碰壞的玉杯出來給師父看，師父嚇得啞口無言：「算了算了。你比師父聰明。」師父從此亦不發脾氣，非常感動一休的天才。這就了悟，色即是空的大安心了。

(五)受、想、行、識

人們因為不了解色即是空的道理，丟失東西就起煩惱，物品破損就念念不忘不捨，日常的生活中妄想橫飛，若果了解心的作用，受、想、行、識、五蘊皆空就自然不會執著。一般坐禪以為只管打坐，像木石一樣，不去觀照萬物之無常性，暫時麻醉般的枯坐，這都會入於頑空狀態的。

以前有一位和尚，自山中往市場去買了一個土鍋，用來燒飯。土鍋用草繩縛著，上頭留一個環，掛於竹杖上放在肩膀，搖搖跛跛地回去，到了中途上山坡時不慎掉落地上，破成幾片了，這位和尚還是若無其事地一直回去了。是不是和尚不知此事，當然知道，這位和尚是了悟成住異滅的道理的，破壞了他連回頭去看亦沒有，破了究意不能復元，看亦是無用的，多餘的，他安然自在，不起煩惱。一般的人，一定回頭去看，不但如是而且惋惜，再拉來接接看自會干休。回去後不知在心中念好幾天。凡夫就這樣看不透，放不下，而生了煩惱。

經文：舍利子！是諸法空相，不生不滅，不垢不淨，不增不減。

「舍利子」，如上段所說，佛陀叫他來做聽眾的代表。諸法一般所謂色心二法。應該物質之色法名法相，心所法名諸法，「空相」是有其境而無實體，物質也是組織因緣所生法，心所法亦是認識而已，本原自性是妙有的空相，諸法是空相之妙有。這本原自性是無始無終的，自無始以前都是不曾生，不曾滅，本來常住不變的涅槃體，清淨與不淨都是五蘊之法，根本沒有淨穢可言。物質法相不自相，因人動物有情才有相。現象之第二義俗諦是戲論性的，但真諦之第一義是真如本性是無戲論性。

沒有「無常」、「無我」、「苦」、「不淨」與「常樂我淨」之分。認為無常苦無我不淨亦是心之執，認為常樂我淨亦是執，二者都是上大乘所不取。《秘鍵》云：「文殊利劍揮八不。」亦云：「諸法本不生，自性離言說，本來無垢染，因業等虛空」。秘經裡面是說：「我覺本不生，出過語言道，諸過得解脫，遠離於因緣，知空等虛空」，這就是諸法空相。

(六)不生不滅

上面說過，身心、空有、現在與實相、天地萬物皆是隱顯之別，根本都是不二的。在成住壞滅的無常過程中，知其遷變，才有生命觀念。這現成之生命之認知是凡夫，小乘人欲覓求實相之空理，以解冰歸水般地用析空觀去證悟此本性，往往放棄現象住著於空，都會變成死漠之偏空。宇宙本性的性質是常恆之動。換句話説：無常即本性，若沒有無常就沒有生命。永遠無常故生命永遠，只怕無常擬將無常抗制為無動作，即同違逆佛性的觀念。無常之動力即生出萬物之力，這種本然之佛性羯磨力，沒有名字，我們假名叫做「生其物」。「生其物」是潛藏於諸法與法相之奧底，是萬物生命的源泉。一般以為了悟佛性生萬物，萬有還歸空性之理，算入流了。但往往未體認佛性之為何物。一言蔽之，即是萬有現象之活動，活動當體即「生其物」佛性。有活動就是創造，創造就是無常，無常就是生滅代謝，生滅代謝就是時間與空間觀念，時間與空間是生命現象，無常不斷而常，常無常是真正永遠的生命。本來如此不曾增加不曾消失減少，就是不生不滅。比喻一棵大樹有一千斤，起初是一粒種子，依「生其物」的無常佛性之力，依種為因，吸收諸外原素為緣，不久成了一棵樹。由小而大不斷地遷變其體積。假定將樹砍來用火焚燒，此樹變成烏有，但變成空性之水分瓦斯著，壓縮起來，其重量與原樹之重量相同。有變無，無還是有，不生不滅之理如此。了悟的人就不再用析空觀直接認知，悉有一切及當下的活動即佛性。這佛性是不生不滅的，顯現與隱藏都相同。生滅之相是顯，不生不滅是本源的理智之德。

（七）不垢不淨

垢與淨是凡夫五蘊之認識，第一義中之佛性當體是沒有淨垢之別的。物之淨垢是現象法，物在無常演變的化學過程中，「成住」時看來是清淨的，到了壞的時候看來是垢穢的。因為自然理德與智德都有保護「成住」之功能，由妙觀察智變為認知分別，對於自身之生存關係，會妨害生存條件的化學物就認為是垢穢，對於有益生存之物即認為是清淨，在衣食住行的生活中生起了取捨，故有清淨與垢穢差別。迷著的凡夫只見現象，不見自性本來清淨。如人或其他動物，食取清淨的外物，經過消化之後就變為糞便，糞便是穢，沃於植物菜類變成肥料，成為植物等之身，又是垢穢變清淨了，人們就認為清淨取食，化成我身。淨穢是無常的變化過程，依宇宙自性看來是不垢不淨的。修行人悟入此平等無差別之本位後，從平等上建立差別，才能生活作為，因為凡夫未見到自性，執著殊甚起了煩惱。起了煩惱執著是心，心物不二故影響物質上生病。常常看到精神失常的人，拾起人家認為不淨之物充飢，往往不見其生病死亡。他的心神似乎沒有起分別，修行人若此即同癡人，豈可言為智慧人。學禪的頭陀行，往往都住於平等觀，學菩薩的人往往住於差別觀，大概都在平等上起差別的，否即成為榮譽觀念迷失本性，自古的大德說法都不離本性。

淨土宗的人，往往說，這個世界是苦海，不是久居之地，要求離開這個穢土，往生到清淨的蓮邦，其實淨穢不一。淨穢是心之分別，叫人信有一個清淨樂土，其世界莊嚴，這都是自我意識之轉換，要一心念佛念到無人無我，與無量光明光合一，與自性入我我入，變成無量壽。「三界唯心萬法唯識」，十界一心，是有其境無其所的。五蘊之境變為西方淨土境，其實還是五蘊的範圍，故名帶業往生。

無論如何都要悟入實相的平等上起差別，才不被現象的淨穢觀念所迷。雖不入正位，還可以將執淨之淨業化為願力，再來實行彌陀四十八願，等同菩薩行。四十八願之總和即阿彌陀佛，行此即是金剛法，即觀自在菩薩，研究起來淨土法是密教中之一法，具足信願行的條件，改造心靈之法也。這物欲狂流的世間法中亦是好的法門。

我們要了解，淨穢好壞是現象法，一切皆從本性的清淨中出，經云：「天魔外道皆佛性，四魔三障成道來，佛界魔界同如理，一相平等無差別」。

(八)不增不減

不增不減是宇宙本體之法性，增減是現象，現象有因緣所生法之增減。相同是人即是不增不減，如四肢五臟六腑等等都人人具足，但有貧富、高矮、美醜等等之增減差別。無論何物都具足六大，但水是水、火是火、木是木、石是石，同一物都不同形像，這增減是假象，但其本性相同，水中有火，火中有水，萬物六大具足不增不減，不是水中無火、火中無水，只是基因不同，顯象各不同，火之基因出現即呈火相，其他五大隱而不現而已。我人凡夫執著現象以為有增減而不平，生起不滿，古人云：「迷故三界城，悟故十方空，本來無南北，何處有西東」。

有一次一位信徒來請我去看他的房屋，風水好不好，他的房屋在公寓裡面。他說大概是什麼地方建設不對，所以家中有人常常生病，賺不進大錢。我問：「公寓是不是上下左右前後都有人住？」他說：「有！」「那麼蓋的房間是不是設計一樣？」他說：「一樣。」「那麼很多人住一棟大廈，大家都跟你一樣，多病、貧窮嗎？」他說：「不是！還有很多人都平安賺大錢的。」「好啦！我給你解解！」我就書了上面的四句，用一張漂亮的紙包成守護符，請他拉回掛於佛位的後面就會改善，他如我所說照做，不久真的好運了。來我處說謝。很久了，他將此房子賣出，另移徙到一所比較寬敞的地方去。在搬家的時候，發現已經忘記的守護符，就打開來看，原來寫的是「迷故三界城，悟故十方空，本來無南北、何處有西東」的字樣。他不可思議地想了很久，不知為什麼會這樣靈驗，你猜猜看！

心迷的人看這個世界有增減，變成苦海，要有智慧去觀察，通達道理就極樂了。《秘鍵》云：「八不絕諸戲，文殊是彼人，獨空畢竟理，義用最幽真」。

經文：是故空中無色，無受想行識，無眼耳鼻舌身意，無色聲

香味觸法，無眼界，乃至無意識界，無無明，亦無無明盡，乃至無老死，亦無老死盡，無苦集滅道，無智亦無得，以無所得故。

這段經文是承上面的，「諸法空相，不生不滅，不垢不淨，不增不減」的道理而來的。然後才說出「空中無色，無受想行識」來。

「空中」即是天下萬物之本性，這本性即所謂「佛性」、「法性」、「真如本性」、「諸法體性」、「法界體性」、「六大體性」、等等名詞。

這體性是歷萬古而常存不生不滅的，森羅萬象之體性。未受基因種性業力推動顯現法相以前，是沒有受想行識的分別，亦沒有萬物之名，沒有有情可說，這空中都沒有形相，也無精神上受想行識等心理作用。這分明是分別諸乘的開示真空妙理。從凡夫有進入空門，去度凡夫之執著現象所起之一切煩惱。諸乘分別有五種，人、天、聲聞、緣覺、菩薩。菩薩當然是由人、天、聲聞、緣覺為基礎而開展昇華的大心人。人有淨穢之分，天有清淨之執，聲聞緣覺有偏真之過。因根機不同而觀機逗教，應病與藥。人天在五乘之中尚屬迷界，後三乘是人為本位的悟境之分類。人是貪欲為生命的高級動物。利用他的貪欲性，教他修十善，積功德，換來生於可滿足貪欲的地方，如昇至天人的地方，即思食食至，思衣衣至，隨心所欲。這種精神生活沒有肉體的束縛，那麼就是靈魂自在享受福報。但他不知靈魂是五蘊的潛意識的凝結品，要昇天福就要放下人間的相對之苦樂，進入極樂境地。

聽說有一個故事：有一位太太，非常要好，往市場買東西，或往咖啡廳都在一起相隨不離，一天一位某甲太太忽然死去，某乙的太太非常悲傷，單獨前往咖啡廳去喝咖啡，這位死去的太太的潛意識靈體，還為離開世間的好友而起了煩惱執著，一位活著，一位死去，兩位都起了煩惱，這位活著的太太在喝咖啡的時候，憶起好友若不是她死去，就可以兩人在此歡歡樂樂過活，一起思念之心，念波遂即傳達這位死去的好友，這位亡靈一念之間，馬上到了她的身邊，可是生人是不能見到亡靈的。這位亡靈非常懊惱，心念起了怨嘆：「平時我都對你手足之情，為什麼今日不招呼我一起喝咖啡呢？」即時放下戀戀不忘的舊情，撒手離去，忽然昇到天界，這時已經看破世間的無情就心中沒有人間相了。

這靈意識中所感受的都是清淨境界，一念想起，這地方若有一所別墅不知怎麼好！即時現出一所別墅宛然自己所想的一模一樣。她就入內一看，想起衣櫥就現衣櫥，想起衣服就現衣服。她就選出一套最喜愛的衣服穿上，如生前一樣穿上美麗衣服就想出去街上誇耀，給人讚美，她就往所思的街上散步，以前生時有一次還是這樣去街上，遇到一位年青的男人，這位男人是喜愛一雙蝴蝶花紋的襪子，穿在腳上出來展示，兩人相遇的時候，這女人問那個男人：「我穿的這套衣服美不美？」這位男人的心都在他的襪子，不去欣賞她，故說不美：「妳看我的襪子美不美？」這位女人因為他不稱讚其美，她就變一個心，放下心中之美感，這女亡靈這時候都是當時的記憶重現的。放下世間之塵心就昇為天人，所見清淨，由念頭而現出境界。天人是人之去惡欣善的精神生活，還執著的，但比起塵世是好多了。但亡靈在清淨的天生活中，忽然想起塵世的愛念，就馬上墮落人間，發現有人在做愛，看到其光美好，他就投入其胎，再出現人間了。

天人墮落人間，它的業意識之勢用還在，就會愛著行善，而且善根在增長中，會愛好佛法，由聞法而了悟實相，就執於真空實相，終會成為聲聞乘的自私心境，最後入於正位變成羅漢。

有的因為前生沒有福報去聽聞法師說法，意識中沒有佛法的潛意識業用，此生與法師無緣，但有慕道的善念，這善的基因德性發出時，就會無意中見到世間無常而放下一切悟入真常，成了獨覺羅漢。他若前生有緣與法師往來，行布施，此生一定見到法師會生起歡喜，就會得到法師的開示悟道，而且會大慈悲心行菩薩道，終於成為兩足尊。

這段經文是五乘之層次，應病施藥的，小乘的人天是以藥為藥，大乘人是以毒為藥，不信的人是以藥為毒。法師代佛為醫，醫眾生之病，病去藥除，施藥不對，病不能癒。一般先入為主的人，執著不信名醫，不敢服食毒藥，根機夠利的人，可以信而服之，歷劫之病痾即時癒好。醫生亦要注意施藥，古人云：「上醫以毒為藥，中醫以藥為藥，下醫以藥為毒。」醫師自己連藥都不敢服，自己還是病醫，豈能醫好他人，藥可以治病，但放錯了藥，補藥亦變成毒藥。

藥有藥理，病有病理，不諳藥病之對治，是會誤殺慧命的。人天乘即可人天乘之藥，聲聞緣覺乘人只可聲聞緣覺乘之藥，菩薩根器的人可服菩薩乘的藥，顯教根器只好吃顯教藥，密乘根器的人可服密教之藥。病與藥各不同。

（九）大匠門下無棄材

應病與藥是名醫之特技，顯教亦有密機的藥，密教亦有顯機之藥，能夠善用之即能隨機得救。

如大匠們的手下沒有不用之材，物物皆有用，一物都不能放棄。世間之物品是長短互逗的，十指長短不齊，運作才會自如的，人身部類之不同才成為完人，頭是頭、手是手、足是足、眉是眉、眼是眼、口是口、鼻是鼻、耳是耳，至於大小便器官都各有其用，雖然職位不等，以全身而言都是平等，缺一是不可的。所以眾生各有用，某此部位生病要加以治好，這種大我精神才算大匠。我們要自知自己之位置，盡力去學習作為。手或足不可異想天開，想長在頭上，如果頭上長了手或足，整個運作可能發生問題，宇宙自然理則本然安排好的，這就是實相之功德。

世間萬事皆如此，物盡其用、人盡其才。雖有智愚之別，本來實相是平等的。總統府裡頭都有清潔夫，凡塵之中都有智者。美麗的花卉之下有糞肥，糞肥之中有美的資源。智者與愚人的肚子裡都相同有糞便。人間在世各有其使命，智者是學習磨練出來的，雖然不同水平，本性相同，不可遺棄認為低劣之物，鑽石在砂礫中才特別會顯出高雅，世間若無愚人，就沒有賢人，愚人是創造賢人之工具，賢人應尊重愚人是恩人。清一色是愚人那麼就沒有賢人。有眾生故有佛有菩薩，佛菩薩愛眾生可能是這原理吧！

(十)五蘊空相

以般若眼去觀察佛性本體之實相時，即萬物都未出現的狀態，當然我們的身體是沒有的，身體未成形，當然精神亦沒有眼耳鼻舌身來接受外界、色聲香味觸而成「意」之法。沒有接外界之「受」，就沒有「想」、「行」、「識」的過程與認知。所以說本性的空中是沒有五蘊的，五蘊是經十二入（眼耳鼻舌身意及色聲香味觸法）得來之痕跡。為容易了解起見分為三科：

六根界—眼界、耳界、鼻界、舌界、身界、意界

六境界—色界、聲界、香界、味界、觸界、法界

六識界—眼識界、耳識界、鼻識界、舌識界、身識界、意識界

界是界限，如眼能視不能聽、耳能聞不能見，乃至意識界。

六根六境十二入十八界、五蘊，即是世間的差別三種法相。

結局都是色心之法，色心是不二的，沒有色體就不能發用精神。五蘊即是色心不二的產品。身心的感受經驗依人而別，境界不同，才有十界之差別。若回到未生以前的面目時，就沒有五蘊了。有了五蘊就認為有我的存在，其實我也是沒有的，世俗所謂靈魂就是我，我就是五蘊，本來沒有五蘊就沒有靈魂，蘊是集聚的意義，即是集聚經驗感情的潛在意識。因有執著認識故五蘊未空，就成了輪迴六道，依本性的實相看來是種浮雲的空去來，這種六道是心之境界，這心是五蘊，五蘊空了，心也沒有了。一旦出生就不能無心，只要了知本原實相是沒有心就可。這凡心能起了觀照就是真心，起觀照就是修行心，了知一切真理及行為就是菩提心。這凡心之本原是佛性，其作業力就是理智不二之德，名如來功德力。五蘊皆空相是立於本性上來看現象的析空觀。

觀照了後悟得五蘊空相，但未悟之人間世界即是五蘊之世界，各人各有不同之經驗感情，故一人一世界。死後五蘊聚凝在，它的心意識之五蘊完全像生前一樣生滅不息。像生人作夢一樣交織，成為它的苦樂境界，它的生前所集之法，死後不能增加，因為沒有六根繼續去收集故，其意識活動是止於生前之延續而已。

施食時，此方以觀想物品給與享用，完全是意識感受，根本是心法沒有實質，我心如物，它的心如鏡，感應道交的一種慰靈祭而已。都是夢中大作佛事罷了。它根本沒有改善。若要令它改善，就用瑜伽的方法，將它的靈體與我合一，由我之深般若的觀法，使它同化，此方觀想諸法本空，它也感到諸法皆空，化它的五蘊執著，回歸自性之智體，此方證入空性，它也證入空性，就可度一切苦厄了。這種度亡靈的瑜伽教就是秘密佛教。行者能與宇宙入我我入，即能有限度地改造諸法與法相，祈禱攘星護摩的原理就此建立了。

（十二）十二入空相

人體有攝取外境的機關，好像門戶一樣接來客，六境是由六根：眼耳鼻舌身意，攝來的是色聲香味觸法六塵，這六塵是外來之客，故名客塵。全身是手眼，都有感覺神經，這感覺神經是止於知，然後傳入意識判決變成記憶，成為五蘊。

眼耳鼻舌身是工具，意是主帥，客塵之色是有形之相，聲香味觸是無形之相，法是意識之境界，各有其職權界限，為分析了解故分做六根六境之受，合成十二處，各有界限故名十八界。如果人身有某處殘廢失靈即不成十二入，也不成十八界。由此攝取的感受變為五蘊，但五蘊依理來說是沒有的，故十二入還是空相的。

(十二)十八界空相

六根六界、六塵六界、六識六界，合成十八界，色心二法是有情現象之當體。意根界與六識是屬精神，其他十一界是屬於色法。意根止於知，識即分別判斷；識如王，根如部屬。對於色法之迷執深重的，就用開色合心來分析；對於精神我執深重的，就用開心合色來闡明。五蘊、十二入、十八界三種是闡說的方便而已。無論色法或心法都是無自性、無我的影塵。根本實相上來看是無我無法的，本來的真空實相是如來理德(物質原因)與如來智德(精神原因)，理智不二之靈體。

人間及天人是執迷色心二法故，為令他解除迷執故開示般若真空之理，為人天乘法門。迷著金錢財產、迷著姿色、迷著愛情、迷著悲哀、迷著快樂，依人而不同。環境與感受的質物、精神的交錯下產生出來的迷執，用析空觀去分析，即「質物」「精神」之現象是無所得的，歸根到底是理智二德本性之幻化，現象之迷情根本不存在。

《金剛經》裡説：「凡所有相，皆是虛妄」，「如夢幻泡影，如露亦如電。」

這是積極的否定物象諸法的説示，一番大否定之後再大肯定起來，這時一切悉皆是如來的大作業，亦即佛的大光明世界。

(十三)般若之妙用

依著般若的觀慧去照見萬象，明白了諸法無自性、無我的真空妙理實相，則自由自在再不被虛妄所迷，變成自由人。即身成為如來之本性，於日常生活中大作佛事，舉手投足、心之所思悉皆菩薩行願了。

初學的人依析空觀的般若妙用都會開悟，聽說禪宗中土的二祖慧可都被達磨點破，運用觀照般若之妙用而開悟。

達磨祖師來到中國，聽聞梁朝武帝信仰佛教，擬度他見性，覲面時武帝問達磨：「你來這裡傳什麼法？」達磨說：「無。」「若然無的話，哪裡有聖人？」達磨說：「廓然無聖。」武帝不識，因為不契機，所以達磨拂袖而去，然後往嵩山面壁待機傳授「無」的端的。時有慧可法師前詣，在達磨的身邊住了九年的漫長時間，一直未曾聽到達磨的開示，心中漸漸不安起來，最後禁不住地開口請示達磨：「我心不安，請師為我安心。」達磨說：「請將心拉來！」慧可觀照良久，根本無法把捉其心，說：「覓心不得」。達磨說：「已給你安心竟」，慧可自此了悟本來無心。凡夫的心是根塵和合之五蘊識體，五蘊沒有了，就返歸本性之真空體，這真空體雖空，但都有覺在，這覺就是佛，就是般若妙用。

明白了真空實相之理，則明白世間一切之諸法與法相是暫時的顯現，就不會執著被其束縛了。這時就得到大安心了。五蘊十二入十八界都如此，人與天人到此則妄想迷執可以化解。

「無眼界，乃至無意識界」這中間省略了耳、鼻、舌、身等界，其實是包括在內。在第一義中是沒有現象故，諸法與法相一切皆無。觀照了真理之趣，一切迷執妄想由根本斷除，歸於真空實相之無，就是大般若妙用。

一般言空，什麼都沒有的豁達空是外道說，這裡的空是諸法與法相性空之空，真空中具足妙有之德性，經說：「空不空如來藏」，萬象由此顯，這種透視的般若眼，即經過一番大否定之大肯定。

（十四）破相與顯性

五蘊、十二入、十八界，三科是為破現象之迷執來說的，真空實相根本是一味平等，沒有相之差別，依觀照般若來破執是此心經之旨趣。破除迷執故名破相門。

眼前之法相諸境界其當體是理德的顯現，不斷地由基因德性的緣生下新陳代謝，我們都被它迷住，這種迷執是我們之內心的主觀之產品，也就是主觀認識，有此主觀故有了「我」的存在，有了「我」故有我所，我我所故起愛執，而生煩惱妄想，為爭取自己有利而做出罪惡。罪惡之定義是不利他人之行為，反此有利他人就是善了。但有利他人是指有利大公的。

「我我所」都是色心二法之執，佛教叫人用般若去破此色心二法之執，肯定真空實相，就是顯性門。

諸法與法相既然是空，謂何有此世間？這就是因緣之業力所組成的。真空實相之中有基因德性之力，此力名如來羯磨力，每個物都有其基因德性。在我個人而言，就是我之功德力，由我之功德力及宇宙法界體性絕對力（如來加持力），緣取法界力

（四大體性），組成現象，這名「三力」，亦名因緣法。是組織故無自性，又不斷在創造故無常，無常故無一定凝然之法，故無自性、無我。如果什麼都沒有了，那麼「無不能生有」。物有「理」之基因德性，心有「智」之基因德性，如果諸法與法相沒有任何根據，則諸法與法相無從發生。這種基因德性本體是真空實相，我們用般若眼去觀照，只能看到一味平等之狀態，基因德性之本質是無法看到的。

這種法性平等無差別中，可以顯出森羅萬象諸法的差別相，就可以證明，物物諸法悉皆具備了本性基因之德。

依著這本性之德的德性，顯現萬法，叫做基因法性之絕對力妙用。花紅柳綠，山河大地，溪聲鳥語，都是基因法性自然之姿態，是實相當體之顯現，我人當然亦是本然之德性以萬物之靈長的姿態出現的。

但物物人人都是各具不同之基因德性的，相同父母所生的兄弟姊妹，不但與父母之德性不同，兄弟姊妹各各不同，形相性質各異。顯出來的時候是呈現其基因性德作用，未顯現之前是隱而不露故，守在平等一味之中。

顯露時會容易迷著現象起煩惱，若果依般若眼去看真空實相時，就會破相而顯性，這種析空觀是聲聞乘，初學者應修的開悟手段。

(十五)因緣觀

經文之「無無明，亦無無明盡，乃至無老死，亦無老死盡」，是緣覺乘人的觀法，以前之「是故空中無色」到「以無所得故」是聲聞乘的觀法。緣覺不待佛的教化，亦會了悟世間因緣而入空理得到解脫煩惱，這叫做獨覺。

這種獨覺乘人有偏空之嫌，觀察世間因果律，是止於法之上的。諸法之因是心，外來之相由眼耳鼻舌身為緣，成為認識之果。經過思慮判斷之後，成為喜怒哀樂愛惡欲之性是報。有時以五根為因，以外塵為緣，心意識感受為報，根本上而言，五根皆有五識，只有根沒有識是不能發起作用的。這是根塵和合所起的判斷感受過程而說的。

緣覺乘人有時看到枯葉落下，直感有形之物終歸烏有，成了空，就此悟到無常，放下執著，俗語說：「看破世情不再被迷情束縛。」依《十住心論》而言，聲聞乘是「唯蘊無我心」，緣覺乘是「拔業因種心」。《秘鍵》云：「風葉知因緣，輪迴覺幾年，露花除種子，羊鹿號相連」。

緣覺乘拔了「業因種」，就不再輪迴。佛教度人比喻車乘，以聲聞、緣覺、菩薩根性而施教乘名，喻羊車、鹿車、牛車三車。雖羊鹿二車都會解脱，但是比較低劣罷了。

觀因緣果報而厭棄世間，往往會尋求短見自殺者亦不鮮。對於因果論的看法如發生錯誤，即會變成宿命論或定命論。因果有物理因果與道德因果之別！物理因果者，如植物有種子為因，以水分、日光、土壤等為緣，後來變成一棵植物來是果，又以此植物為因再增上肥料、日光等為緣，然後開花結果，萬物都是這因果律。

道德因果者，如人作善為因，作了各種善行為緣，被人讚歎為果。若果錯誤觀念，種了一棵果苗不加沃水施肥缺乏陽光，而此人常到寺廟布施行善，他的果樹卻不繁榮，終於死掉，就以為行善沒有好報，神佛不給他保佑其果樹開花結果。這是錯誤因果看法的。

有人常行善事，但他的子弟都考不上大學，他的媳婦都不生男孩，他都常常生病，怨嘆他行善沒有得到好報，像一樣地將道德因果與物理因果混在一起，都是錯誤的。

世間上發生之法都不是註定的，比如不慎為因，碰到石頭，結果腳趾受傷，受傷為因流血為果，流血為因疼痛為果，緣是因與果的連續關係，其實此因亦不可得，並非過去已經註定某時某地方要受傷。

比方有一棵大樹，以颱風為因折了樹幹，或連根拔倒為果，以風勢的螺旋形為緣，此樹的壽命畫上休止符，決不是未生以前註定的。因緣果報是世間法，若不悟入本性，人死後之潛意識之五蘊不空，生前的業力勢用繼續活動，還在諸法之中感受苦樂之報。苦報宛如債務，大死一番到真空狀態，好像倒閉。清算一番才沒有債務的束縛，免受後後累成為自由人了。

世間上的無常流轉之一切法，悉皆因緣所生法。物理因緣、道德因緣、父子、兄弟姊妹、財產、運命等等都是因緣法，那有留戀不捨的道理，因緣法是無自性的、短暫性的。在現象上是可以改易的，不是千古不變之法，若知此可在其中間加以改造其現象過程，這是佛教所啓示的道理。緣覺乘人一旦悟了諸法無自性空，入於正位，這時基因德性歸於真，業用停止，就沒有「無明」動念之發生，就不會有心狀態之流轉。無明歸還佛性，故謂「無無明」，既然歸無了，豈有可斷之無明，云「亦無無明盡」。真如本性是無始無終的，現象有始終，刹那，刹那，代謝；刹那，刹那，生老死，本性常住故「無老死」，既然無老死了。豈有老死可盡。

（十六）十二因緣與本性智德

緣覺乘之人，以無明、行、識、名色、六入、觸、受、愛、取、有、生、老死來觀察因緣。從現象界來觀看過去、現在、未來三世之因果循環道理。

這裡的「無明」是指凡夫不知真理的盲目念頭，其實「無明」實性即佛性，這無明之精神之發用起點，本來就是如來智德之作業力。比如一粒種子，遇到水分之緣，就有推動發芽生長之絕對力。人有身體六根，遇到外緣就發起心的活動，支配肉體。

因為不明白道理，就是迷惑所思所作皆背真理變成煩惱業力，故名惑業。本性中具有貪嗔癡等基因德性，未成現象之前是靜寂狀態，沒有善惡之別，這種德性本來是維護生存之德性，人類繁衍出來了，就有人類的公約，不明白道理的人就以自私而生求不得的煩惱，甚至不擇手段去侵害別人，變成犯罪。犯罪是有人類社會才有的，其智德根本沒有善惡可言。但犯了人類社會之公約，就會被社會依違背公約加以處罰，所以會被處罰而起了煩惱，蘊成潛意識，成為苦受。

因為不明白道理故，所起之心念就是「無明」，念頭一起就馬上支配行為。

其次之「行」就是行為，或云行動，言行動就是作業。作業是連鎖性的，過去所作之無明惑業，延到現世，現世再延到後生，這是業種性，一般來說是慣性。善的基因、惡的基因慣性可以截斷，但是凡夫是繼續推動的，如球一樣一直前進，此世繼續加力令其前進，後生又更加力推進，變成無止境地順其方向前進，變成生生世世帶業輪迴。若果有智慧明白道理的人，就於中途攔住使其返回本位，這是緣覺乘人的方法。若是菩薩乘的人，可以在中途利用其勢力轉換方向，向人類社會有利的方向去作業。無明之根本是佛性之力，是滅不掉的，只是轉無明為明而已。

行即行動作業，過去世之基因種性所作業之慣性，繼續到今世的行動原因。這基因之善惡苦樂，過去如是現在亦如是。過去之苦果感受即現在之苦果因。現在繼承之因遇緣即發，終成苦果。也就是說，過去作為主人之基因德性，經無明之佛性絕對力推動，繼續行動荷擔它本有的業務之運作，比如過去好賭慣性潛意識，到現在一見有人賭博之緣，即發起賭博之心。過去破家盪產，現在亦會輸到無，落魄天涯。明知不可賭，卻無法改掉，想盡辦法去搶劫，搶來的錢亦拉去賭，到死為止亦不罷休，這種業力太可怕了。其他各人各各不同的業力，果報各不同，善有善報，惡有惡報，這是生命之神。

其次是「識」，每個人都有幾種習性，這基因種性幾種中間最有勢力的為主，其他為伴。人死後這組織還在活動，遇到波長相同的父母時，就如磁石吸鐵般地被吸引，投入其父母光中，入於母胎內，繼續其生命流，這叫做「識」。亦就是其中某基因與父母有緣就可投胎。比方說父母之中沒有好賭基因習性，可是子女有好賭習性，應該不能投胎，但父母中有好鬪基因習性，子女之中亦有好鬪性在，就可以投胎。所以往往父母不會賭博，生下的兒子會好賭。可以證明基因習性不是單純一個。每個人都懷有幾種，無緣接觸即不發生本有習性，遇緣即發生愛執，一旦投入行動即更加沉迷了。

其次是「名色」，名就是心，色是物質，人之過去的基因德性與父母之基因德性有緣，即投入其胎內結為一體，依業力的形成與性質，享受父母的孕育，這時叫做「名色」。

「名」的精神具足五蘊，「色」的物質具足六根，其實名色是一，意根裡面有「名」的精神原因。胎兒起初是卵，注入精蟲侵入卵中，陰陽交配成了磁場，發揮其理德，這接觸時發出基因德性之光，所要投胎之光與此光相同就是有緣，光與光相翕同化，精神雖異，血統卻有遺傳。胎兒由母體灌溉宇宙靈體之氣，將本然之理體繁衍，到了成熟期就出生，開始接觸外界之氣，這機關名「六入」，是在名色之中。

其次是「觸」：胎兒出生感受外界之寒溫冷暖，光線刺激，叫做「觸」。小兒出生後身根尚未發達，所以止於「觸」的範圍，漸漸地生長發達，自然的與外界接觸廣泛，由六根接受六塵境、色、聲、香、味、觸、法，就分別清楚，成了苦樂感受。對於社會人群中之善惡亦分明了，這叫做「受」。以上是先天帶來的一德性。

人出生後到十四、五歲的時候，就對於事物起了愛著，這時就叫做「愛」。中國人在古老的時候就說，女到十四、男到十六就是成年了，男女已經有了愛情。如印度方面的熱帶地男女比較早熟，有十二歲的女子生孩子。寒帶地的人比較慢，十四、五歲時感情亦較淡薄，愛執亦微弱。

但是到了十七、八歲時就旺盛了，這時執著作用強烈，這時叫做「取」。取的作用對於早熟的人而言，十一、二歲就會表現出來。

到了「取」的時候，基因德性就開始發揮故技，成為反抗期，以自己的意見作意見，去作他的思想行為。很多父母愛子心切，聽其自如，往往在這時期出軌犯罪，老實說，他的基因如此，是很難教化的。現在學校方面極力獎勵智育，對於德育方面不太注重，所以釀成社會紛亂。

為人父母應該在孩子幼小的時候，常帶其往正當的宗教寺院去禮佛，聽經聞法，漸漸改造其心靈的基因德性的必要。一般父母只怕他考不上大學，不怕他心靈異狀。甚至有人譏為迷信。幸好現在各大學中，學生自己組立佛學研究社。但不是公立性質，力量較小，應該學校本身要有德育的科目才能有效地改造孩子心靈。

養子不教父之過，但父兄未必個個對於德育都有充分的修養，連父母兄長都不務正軌，何來教其子弟，小時不加以矯正，長大更加執取堅固，終於決定了他的一生命運。

這種固執之業力叫做「有」。「有」是所有，是他之自己所有，亦是人之主人翁基因德性，有善有惡，有貧有富，有賢有愚，屬於其人之所有物，他人不能分取的。過於執著堅固就變成定業不可移。上天堂墮地獄，或往生淨土，臨終時的果報，都是由它主使。如果幼小的時候曾經與宗教結緣，他的意識中有了善的基因，雖在中途被迷，有朝一日會生出懺悔善因來，可以改惡從善，否則什麼教育、宗教都無法為力。為什麼？人人都有善的智德基因體性，怎樣無法救度？因為有些人，環境已經鑄成鐵牆，使他無法跳出，他就從錯就錯大作一場了。責任歸誰？這責任是社會大眾。

比如一位犯罪之人，被官方捉入牢獄，應得之罪已屆釋放出來，他本來想要好好為人，往到某公司任職，中間有人發現他是剛剛從監獄出來的，就向其公司老闆說：「你要注意啊！這個人是曾犯殺人搶劫入獄的，危險，危險！」老闆就心起猜忌，叫他明天不要來上班。這位本來要想改過，但都到處無法就業，生活發生困難，不得已再做出犯法的事情，終於再被抓去牢獄去，一錯再錯終身墮落，這環境所迫的原因都是大眾沒有慈悲心所使。要安定社會，救度出軌的人，必需以淚迎之，以情導之，曲竹加熱可令直，為社會的仁人君子，是有責任的。

強盜也有惻隱之心，謂何社會的君子沒有？這是值得檢討的。曾聽見一個故事，有一位強盜侵入人家，擬要盜取東西，這家主人都不在，只留一個小孩在屋內，主人因怕小孩外奔，將門鎖起來，小孩肚子餓了，大概亦口渴，就到廚房去要喝水，水缸太高小孩扱水不著，就拉來一張椅子墊腳，彎身扱水，水量太小，不慎栽入水缸中，這位強盜一見大驚，呈身前往將孩子救起，小孩食了水好像昏迷不醒，盜者不覺發聲呼叫救命，驚動鄰居，鄰居的人都趕來，馬上將孩子送到醫院去急救，孩子的母親聽人報告亦趕來，非常感謝這位救命恩人，問個來歷，這時那位強盜非常尷尬，說他是為盜取東西才發現此事的。像這強盜為救人而忘記自己是強盜的身分，可見人人都有一片的良心，見苦不救心上不安。

人類的昇華是自利利他的一大調和，自古殺身成仁的人不少。賢能的大德們，是利他的德性加以擴大的，利他之心做到登峰造極之時，他的心靈完全淨化，成為世界的所有者，這是「取」的轉向，「有」的善持。「愛」轉為大愛，「取」轉為善取，「有」轉為公有，這三者是感受未來果之現在因。

「生」是現在之生存，現在生存中，接受前世之業生出苦樂，但亦能於現世中轉換基因業力，不但老死以後的靈識感受，現世都會影響的，因為名色(精神物質)是二而一的，精神基因改造了，物質還會改造。精神上煩惱妄想的人，容易老化，於其肉體死亡；為善樂觀之人，心無煩惱怒氣，比較不會老化。心病故物質病，往往看到病苦纏身的人，醫生診斷不出病因來，卻是無藥可治，一般都說，業障病，這種人有的看破世情出家修行，不知不覺中死裡逃生，活到很長壽。有的金錢財產很多，卻一毛不拔，尚且刻薄成性，往往精神基因低劣，光波惡弱，生來不良子女，而且有的生了毒癌早夭。小乘人以逆觀去看十二因緣，斷掉其順序流轉，抗制無明，行之所起，即「識」到最後的老死亦就沒有觀念了。這是還滅十二因緣門，大乘人是轉換不是消滅。這種心的過程以十二支來解說，名十二因緣論。

根本煩惱是執著「我」與「我所」的產物。要斷除「我我所」是極其難的，普通說要三大阿僧祇劫，這個心之執是識性，識性執著諸法之我所及我之存在，根本在第一義的真如本性中沒有此事，完全是幻影賓客之塵。《秘鍵》云：「二我何時斷，三祇證法身，阿陀是識性，幻影名即賓」。

（十七）生死流轉門與生死還滅門

生與死在法界體性的立場去看是沒有的，但是凡夫未見到本性，只迷著幻影才會起煩惱，故有生與老死之執著，執著故生與死為未來之果報。現在的業力相應而幻現的就是生，名因緣所生法。因緣所生之法就是無常代謝之法，故漸漸會老化終於死去。這就是老死。死後之理體分化，智體之五蘊潛意識凝聚成業力，又會感受到第二個的未來。由無明到老死的十二支順序流轉，成為三世之因果，這叫做流轉門。如川流不息地無止境。這就是依境而迷執造罪，依罪而感苦果。依苦果而起迷，漸漸流入迷妄的苦海深淵，名生死流轉。生死出沒是法之花，迷的人被法華轉，但悟的人好像會游泳的人身在凡夫的苦海，他都感覺是游泳，故心悟轉法華。但緣覺乘的人，是依此因緣之理去斷除惡業生死根源的無明煩惱的，樹頭斷了樹枝及葉都沒有，就是還滅門。迴入正位就是完全解脫生死之境地。這是依精神上而言的。換句話來說：就是心行處滅，以前之五蘊潛意識解散了，沒有輪迴單位，歸於大自然法性之中，成為法身佛。

十二因緣的因果表

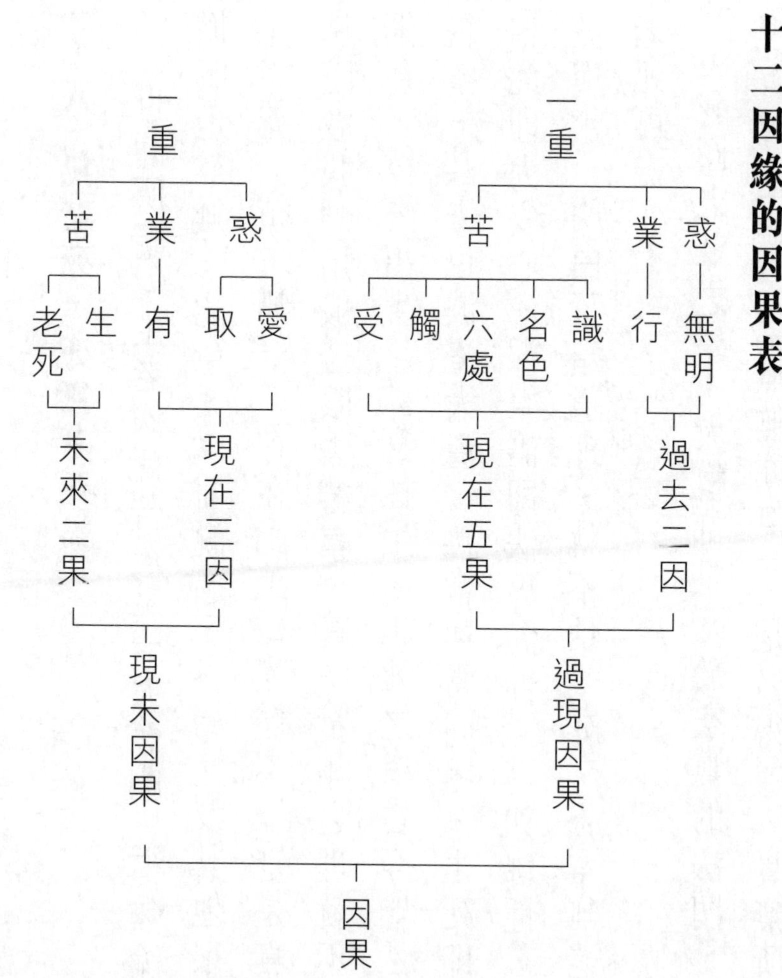
一重
惑
業
苦
無明
行
識
名色
六處
觸
受
過去二因
現在五果
過現因果
一重
惑
業
苦
愛
取
有
生
老死
現在三因
未來二果
現未因果
因果

（十八）無老死，亦無老死盡

世間所謂：生老病死苦，是一大悲劇，但無論上至帝王下至擔販走卒無一能免，以前說過，秦始皇及其他很多帝王都想長生不死，結果無一人存在！英雄豪傑不一定是真理的覺悟者。佛陀教我們用般若眼去審察，真空實相之理就不會被生死問題綑住，歡喜出生，歡喜往生。生死之道古今皆然。其來也雷掣長空，其去也波澄大海，無常與常同義，生死即涅槃，徹底的悟此即大安心。涅槃體即法界體性，真如佛性，真空與妙有如波與水。明白了這道理，就不怕生死，根本無無老死，當然亦無老死可盡。

我國老莊之學，大概都是歸於空無的法門，它的《清靜經》裡有說：「無」、「無無亦無」，是名得道，實無所得，教化眾生是名得道。對於死後的世界沒有詳細的論及。後來道教之創始人張道陵，因為沒有教主，就拉他們來立為教主，張道陵所創立之道教與老莊之玄教思想有所不同。張道陵是創立天庭地獄說的，有十殿冥王判罪及刑具等，的確對於社會的幫助亦不少，但到後來變成多神教主張靈魂論了，依幫助治安雖有貢獻，對於解脫是無法徹底的。因為對於靈魂之固執，引起五蘊不空，輪迴是難免的。這種被動性與佛教之自主性觀念不同。都是在三界中出沒，這種觀念是止於智者的。

（十九）般若中道義

緣覺乘人依十二因緣去看生死根本就是無明，無明一念起一切生死門開，故要將無明斷除，此斷除一念還是無明。因為不明白無明實性即佛性，佛性本然是真空。無明原來空，當然到生老死之十二支都是空性。既然是空豈有生死之實質，那有生死可了！了生死是了悟本無生死的道理。這種偏真之一念還是妄想，討厭現象當然亦是妄想。

張拙秀才的《悟道詩》說：「光明寂照遍河沙，凡聖含靈共一家，一念不生全體現，六根纔動被雲遮，斷除煩惱重增病，趣向真如亦是邪，隨順世緣無罣礙，涅槃生死等空花。」

詩中之一念不生是指無明妄想之念，應該是正念念念相續。六根動即無明之動，若不如是，釋迦悟道後到處用心說法，行住坐臥六根活動，想盡辦法說法度眾，豈不成妄想行為？

依般若眼去了悟一切世間現象即是佛性所化之妙有，不能常住不可執著，一切活動都是佛性之活動，一切思惟都是佛性之勢用，生死是佛性當體之隱顯動作。即事而真，當相即道，不必他求。森羅萬象之生滅看似車輪的轉動，立於車輪之中心，隨順車輪轉而位置不移，在宇宙造化中去看造化，這就是般若之中道。

(二十)四聖諦

四聖諦是苦集滅道。聲聞乘人聽佛説法，從人間之諸受皆苦的立場去觀察苦的來源。追究起來就是無明，無明起六根動收集外來的客塵，執著於好惡起了煩惱。好景不常，得而復失，求不得，怨憎會遇，悉當無常而死亡，現象界中集聚很多煩惱心不自在，這都是無明為主所造成的，故要將無明滅掉，歸於真空道體。這種程序是教訓凡夫之哲理，皆是聞佛説法而起修行的法門。

但緣覺乘人無佛出世亦會自通，了悟一切皆空，「無老死，亦無老死盡」。當然苦集滅道亦是無的，於第一義的真空中是否定一切的。故云：「無苦集滅道」。

因為聲聞乘的根器較低，即依苦集滅道的層次去漸悟。如不淨觀、白骨觀啦種種方法來放棄執著，這名聲聞道三昧。《秘鍵》云：「白骨我何在，青瘀人本無，吾師是四念，羅漢亦何虞。」

凡夫不諳實相，一切認為事實。一翳在眼天花亂墜，所教人從四念處學。根機較優的就可直入正位去體證，一剎那間可否定一切假象，但菩薩乘人就是由空理上起妙用的。

(廿一) 菩薩乘之妙用

經文說「無智亦無得」，菩薩根性的人，不偏於空的真，不偏於現有的假，一執著真就墮於空無所妙用，一著於假就墮於凡起出煩惱。終日用智而不著智，終日工作生產而不著所得，沒有我已了悟之所得心，沒有在凡塵而起凡情想，完全立於中道去活動，這種唯有五蘊而無我的存在，這時的五蘊潛意識與凡夫的五蘊盲目意識不同。因為它已了解無智亦無得之理，但看到眾生還在沉迷，所以發起救濟利他之大悲心行願，實行六度，創造自己之道心堅固及向外施展拔苦與樂的工作。終日修行而無修行想，起五蘊之用終日度生而不作度生想，這是菩薩乘之修行法門。梵語名叫做「阿哩也嚩路枳帝冒提薩埵三摩地法門」。

以布施、持戒、忍辱、精進、禪定、智慧為修行工具，身心與宇宙法性「入我我入」，色即空、空即色之中道上起妙用，由六根收來之色法為道場，依此五蘊之苦樂化為悲心來生活的，五蘊之理是五智，住於智即偏真，住於蘊即偏假，雖在修行活動起了心，依凡夫邊是五蘊，依佛邊是五智之妙用。以五蘊空義之上的活動故名菩提心。

啓發自己的智德方面屬消極，施行利他發揮智用方面屬積極。持戒、忍辱、禪定，屬於消極地檢討自己，布施、精進、智慧，是積極。持戒度毀禁，不會去妨礙他人，使自己身心清淨，忍辱雖是苦具俱能消災免厄，菩薩了悟無所得後，遇到不利自己之事亦看做無所得，成為無生法忍。禪定是摒去惡覺攪心，不是一無所知的死漢，精神不會散亂，就能做事有規則，能分是非作為，就是智慧，智慧者智體所發之妙用。有了智慧故，內能了悟諸法自性本空，外能發起大慈悲心。悲是拔苦，慈是與樂，內能度自己之慳貪，外能救濟眾生。雖言消極與積極，完全是自他兩利的工作，歸根到底即是智慧之活動，這就是般若。依五度來創啓智慧，依智慧去行五度。這種修行就是菩薩門。

(廿二)智慧與愚癡

智慧與智識完全是心，但是程度不同，這裡所云智慧就是空慧，能透視空理之功能，智識是後天所集的經驗學問。這兩者都有批判力、反省力、結論力，是有理則的。

愚癡即沒有智者所擁有的功能，外來之經驗無法消化，所謂腦筋鈍，其實人類之智能是平等的。這智就是精神，精神就是心，心有心王與心數，心王心數過剎塵，是無量無數的，好像國家一樣，組成一個國會，這院會的院長即心王，其他委員即心所。這心王是選舉制的，心王雖有發令權，但決議是心數的多數決的，其中擁有多數精練的心數即判決事理比較正確而有公益性，擁有自私的心數者，即決策往往在現實上自利。自利的人以自利為聰明，依整個看來即是愚癡。大公無私而是非分明就是智慧。人若無智慧任你怎樣口說慈悲，根本屬於口頭禪，無法發出真正的菩提心，叫人布施造功，自己卻慳吝一毛不拔，變成偽善人，被人唾棄，不利於自己，這就是愚癡。一般出生以來神經障礙不知好歹，就叫愚癡，這是阻礙被迫所致，卻不會陷害別人，可以說是近似植物人而已。世間上往往被稱謂知識分子，卻常常犯罪。以他的智識去設計騙人詐取人家的金錢財產，終被人發覺報官捉入牢獄，這不是愚癡是什麼？大智若愚者，不加計較勘忍而已。

對於探索宇宙真理而言，雖言知識分子卻不一定有把握，宿世之基因業力是有關係的，如顯微鏡、望遠鏡，度數各不同，淺度的鏡頭何能窺見甚深廣大的時空呢！依佛教而言這高度的鏡頭即是般若，智慧、人格化之即是文殊。它的標幟是利劍，有深窺遠見，判斷是非，決定取捨的斷德。凡事馬馬虎虎，沒有客觀審察功能，終是迷昧中打滾則成愚癡了。

聽說古時排水系統不好，時常大雨來臨的時候，村莊被洪水沖走，人民生命財產損失釀成大災害，有人發明祭祀河伯，請他息怒，就用活活的處女致祭投入河中，給河伯做夫人，為此選擇女子而人人痛哭悲哀，創造此說的人以為他是有智慧的明眼人捧他為聖賢。後來有人出來發明，不用人而用犬，到了文明昌盛的時代，即被視為一種極其愚癡的作為，這都是沒有了悟宇宙真理的假聰明，愚癡莫過於此。

菩薩是以智慧來行自利利他的，智慧是佛母，佛從智慧生，佛之為佛即是此智慧之實行者，菩薩以智慧為因而成佛果的。有此智慧就能作無代價的工作，亦未有自傲智慧之念，以大地萬物為我身，沒有絲毫的執著，故云無智亦無得。

（廿三）盡大地一隻眼

我們用「般若眼」去觀照色與空的實相之後，諸法與法相，精神物質的五蘊都皆空，本來就是真空實相之大靈體。

所謂現象萬物以及精神上之迷悟，修證之過程都是假定名稱，是虛幻不存在的。依實相上而言亦無佛與眾生之別。但這個無限大之靈體好像一隻眼睛，放著大光明燦爛之光，無所不照，所照之處沒有十方之別，其中有幻現本然具足之理德之力與精神智德之覺性，這種活現之力，我們假名叫做「生其物」。「生其物」是絕對力。萬物雖然基因德性不同，但推動之力是一。萬物各不同之基因德性雖多如機器，動轉之力的電氣是一。物理之理德與精神之智德完全是一。換言之，一之絕對力之中有無量的基因德性，一中有多，多納為一。用般若的一隻眼去看，現象是戲論性，其本來的理智冥合之德是無戲論性。能觀及所觀根本是實相之當體。凡夫之眼看現象，聲聞、緣覺看空理，偏有偏空都是執，菩薩不用上述的二隻眼去看，以無我、無相、無願的水平線起用，依諸法當體是佛性的一隻眼去活動，即是正法眼藏之端的。

(廿四)天上天下唯我獨尊

我即是心、三界唯心，萬法唯識。眾生之心有欲界、色界、無色界，這是心的感受狀態。三界六道完全是心之境界，欲情橫流的苦樂感受的幻境，開始抗制欲念使其平靜，然對於現象色法有住著，名色界。連這些色法都加以泯絕內視，就成為無色界。還是心之動相未泯，這是想界。任你工夫做到非想、非非想、無想界，這是偏真的行為。

一般坐禪，坐到非想非非想，亦不及西方一去來。天竺達磨到中國來傳心法，恐怕學道的人被文字所著成為所知障，即以直指見性成佛為目的而開創機鋒，為禪宗之特色，他證悟了釋迦的本意，模仿釋迦在靈鷲山的傳心法，相承到現在禪德門的獨創技倆。

釋迦為度大迦葉等五百羅漢的正確認識當相即道，即在當場手執一支畢婆羅花，旋轉示眾，偏真的五百弟子及在場的聽眾都無一人悟此端的。其中只有金色頭陀的大迦葉破顏微笑，表示領會佛之心意。

一般解釋：佛做動作卻無開口，大眾為莫名其妙而一時念頭停止，進入無念無想的境界，只有覺體默然存在，亦就是入於正位。這當然對於聲聞、緣覺、羅漢之見性是直截了當的，但對於菩薩或佛本身而言尚屬於初機。因為人人都住於一念不生的正位是凝然不作一法的。成佛像這樣寂滅為樂而自利，佛陀成道後為何不做死漢，還是出來活動說教，是不是還俗？佛陀之意是當相即道的提示，無論樹枝或手動、目視都是佛性當體，即是本性之活現。

萬物與了知之心，都是本性，本性之活現即心，此心不是我之心，是名色合一的宇宙心，理智冥合之體，其活現之力名心。故天上天下唯我獨尊，我即大我佛性也。

（廿五）以無所得故

這句是分別諸乘分的結論，所得是凡夫邊看的，為了破析心之動作及迷昧的生死過程而說的，普通以為有此東西，認為有五蘊、十二入、十八界之實物，這就是得，研究觀察之後證實沒有此物，一切之諸法與法相都是因緣和合所起的無自性之法，無一法是常住的。比如說：見了火圈認為火圈是有的，火圈因有人拿一支火炬加以旋轉，所以看來有火圈，依火炬為因加人之操縱為緣，成了火圈之相，操縱停止時火圈沒有了。火炬喻本性，火圈喻法諸相。

我人依深般若的觀察，火圈是火炬點點的連續，火炬好像無明為火圈之起點，火圈失只存火炬如五蘊，火炬終亦失，即沒有火之相，還歸烏有。但法性是有的，在空無之中有火之基因德性，此外地水風皆具有基因德性，此物質原因之中具有精神原因。苦樂生死之感受是精神，所以對於精神的開悟是重要的。我們悟此道理以後，就肯定其一切的現象是無所得了。

那麼到了無所得的境界時，十法界皆如，天堂地獄皆殞，鬼畜邪神都沒有定相，都是各自的基因德性變化出來的。基因德性不是單一個，是很多好壞參雜的，所以可用教育宗教去加以改換，使它變化對大眾有利的諸法來，上面已經談過這些是世間法。依真理上而言根本無善無惡一切無所得。以無所得故，接來證道之果。

(廿六) 善惡因果

上面說過，因果有物理因果及道德因果之報應，但是往往誤會善惡因果原則，善惡因果之報應是不止於表面的，我們修行尚未入正位的悟是一種概念而已，不是真正的體證，所以一切之行為還在五蘊之中，入了正位以後從真空實相之中重現江湖之時，五蘊就變成五智。這時的心王心所是純真的如來德性。在因果中而駕因果，未體證之人是在法性中被因果駕的。這善惡之念是五蘊之產品，善念出現時是善之基因德性為主宰，惡念出現時是惡之基因為主宰。但善惡念之基因德性，在未起念之前的真如本性中是沒有善惡標準的。因世間之法，各有不同之準則，依地方風俗、法律等之不同下，分出善惡等等標準來。如中東地方男人可娶幾位妻妾，我國只能一夫一婦，多娶一位就成重婚罪。老早高山族被漢人侵佔趕到高山去，為報仇起見定個公約，每位男子須下山殺最少一位漢人以表英雄，那麼他們的殺人是善的。很多國家派出的政治工作人員，專門檢舉與他思想不和的人，抓去鎗殺，他對於其國家而言是善的，並且有記大功之獎，若依人類的平等上而言就是惡。秦始皇統一六國，自創法律制御百姓，恐人叛亂爭他的地位，勞動了無數百姓之金錢苦力，依他而言是善，但旁邊的反對者，如劉邦、項羽看來是惡。秦皇看劉邦、項羽是罪人，後來劉邦起義打倒秦皇，這時劉邦就是善，秦皇就成為罪人了。這是世間相，不是修道人的心相。作惡以為善的人，到了最後被人推倒，那個時候就會反悔，但已經晚了。這種一生不悔的人，即是基因德性強幹所致，一旦臨終時的一念之悔，造成心境的不安，在死後之世界，繼續著他的苦境，這境界就是地獄。作惡多了，住地獄的時間亦長。不斷作惡故地獄亦無間。這種人怨氣煩惱凝結，找無相等的頻律之人可以投胎，變成惡鬼，不但生前遺害蒼生，死後還來攪亂人間。

有的在世不諳真理，可是樂善好施，因為生前未入正位止於善念，還是五蘊範圍之念，此念堅固死後不能自主入於正位，靈識凝聚，成為善神。有的執大惡，有的執大善，二者都不容易投胎轉世，看它的凝固力多久，其力消盡才去轉世，但善的光就轉投善人的波長相類之家，惡的光就投於貧窮或惡基因波長相同之家。世上所指的惡人不一定是大惡不赦的人，有時亦會呈出善良惻隱之心，偶而作了好事，當日心情大快，於夫妻交合之時發出其善良之光，善良的靈識一觸即入其胎，後日出生一個善良的好孩子。有人懷疑，惡人為什麼會生出好子女，就是這因緣的結果。

有的一生為善，但都是有代價之善，為令人捧他的場起見而為善，其心不是純善，是種偽善，一面作善一面奸詐，心所已有惡基因，相同地夫妻交配時發出灰色之光，當時遇到惡靈之光有相同的因緣投入，後日出生一個無惡不作的孩子來，有人還是疑問，為什麼那個人是好人，會生出這樣的敗家奴？所以天網恢恢疏而不漏，自作自受。

很多人遇到子女不良或身體多病，事業不振，自說我一生都沒有做過壞事，為什麼這樣受苦報。他根本不知前世事，連現在都不知自己之心理，怨嘆是惡業當體的呼聲！

有的要出來競選民意代表，到各處寺廟去下願，寄附金錢，應該問自己平素為社會做幾多好事，而且是心無代價的慈善。選舉不中了，怨嘆神佛無靈，遇有勸募救濟的人士來訪，他都藉機逃到後面去了。不但如此還是念念不忘地怨嘆作善無功德。

善惡之標準是心之內涵，不是外容之作為。唯物論者對於唯心論的說法，不盡贊同，但對此的無形理則，已經漸漸為科學家證實了。文明的發達已進入精神科學的裡面。

有人被人暗殺，雖殺人犯已逃離現場。但還可以用紅內線的克里安照相機，於二小時內照出嫌犯的形貌，亦也可以在被害人的眼睛照出其相像。原理是萬物皆悉光之聚合體，心作用故氣凝聚，氣體是真如理體現象，氣凝光出，光之色彩由心幻成。有道行深高的法師，可以看到人之光而分別人之心理動態。這是事實的。大概禪堂的師家都有這種能力。

（廿七）生死之意義

生死是宇宙實相活動，整個法界體性而言，是永恒不生不滅的，但其本體的內容是一動一靜循環不斷的，這動靜就是成化、隱顯、生滅，這當體之力叫做德，造化名功，理智當體名如來，萬物之造化名如來功德。

生死當然是如來功德。萬物之個性雖各異，但其成住壞滅之相及過程完全相同。客觀而言，生不生生，滅不滅滅。

植物、礦物與動物，各各基因德性不同，其推動造化之絕對力還是一。植物、礦物因其基因本身之心感受比較動物低劣，看來似乎無情，其實不然。如箸籠草或羞花即有顯著的表現，它的心活動比動物少，心之念起念落亦是生死生滅。所以植物、礦物的生存期間，比較沒有煩惱。人是萬物之靈長，心之生滅極烈，推動生理之力強，比較煩惱多、疾病多。絕對力的無常內容是一動一靜，動靜就是生殺。合為生，離為殺，這大自然之動靜生殺是有理則的。萬物各各是個小宇宙，很多的小宇宙即大宇宙之內容，故大宇宙之動靜成一個大磁場，我們各各是個小磁場，磁場的一動一靜如鐘錘一樣順逆往來，推動錶針一刻一刻地前進，一刻一刻就是生殺生殺，其中成為生命線與死亡線，大地山河皆如此。人是一棵無根樹，活動無方，故受生殺之機激烈，不但念頭出沒多，物理的生殺亦多。生死的意義不止於全身老衰死亡而再投胎出生的生死，在日常中之心生滅亦是生死，物質之代謝去舊換新亦是生死。生死是宇宙的道理，亦即是天理，怕生死的凡夫是逆天的心理。了解此即了生死也。聲聞、緣覺乘人為怕生死而偏真，住於真空抗制基因之發芽，這時亦沒有什麼乘可言了。

《秘鍵》云：「觀蓮知自淨，見果覺心德，一道泯能所，三車即歸默。」

三、行人得益分

經文：菩提薩埵，依般若波羅蜜多故，心無罣礙，無罣礙故，無有恐怖，遠離一切顛倒夢想，究竟涅槃。三世諸佛，依般若波羅蜜多故，得阿耨多羅三藐三菩提。

上面從般若眼的觀照到了無所得，這般若所有者菩薩即得到大利益。這利益是了解實相的結果，心就沒有煩惱罣礙。不生恐怖生死，一切的顛倒夢想的不正確觀念沒有了，最後了悟不生不滅之境地，身心與道合一，證入道體，得到自由自在的生活了。從來的無明執著已離開就沒有罣礙在心頭的障礙。天魔外道都無法打攪他，成為覺者之身。

過去現在未來，已成佛與未成佛都是依這種般若力量去度過這藩籬，才得到最高無上的正等正覺之道理的。

上之經文總括四種行程：因、行、證、入。菩提薩埵是人，依般若是「能因」，波羅蜜多是「能行」，心無罣礙是「離障」，至遠離顛倒夢想是「得益」，究竟涅槃是「能證」，至三菩提是「證入」。這是無所得的結果，凡夫是做了善事就有所知心誇耀傲慢表示自己的偉大，我執漸漸增長，心為之束縛，成為下流之輩，死後投胎輪迴於六道之中。

(一)斷善執

有一個故事，古早有一位和尚太過執著，出家以後受戒。戒師說：「印度和泰國的出家人，不能觸到女人之身，女人布施之物不可用手與手接受，連往來之間衣服亦不可觸著，一接觸就犯罪，不能成佛。」有一次他的媽媽想念孩子久不見面前往探視，一見母子之情難抑，趕快雙手抱住孩子，流淚哭泣。這位出家和尚，真的沒有絲毫情分，將他的母親推出去，母親年老無力站不住，向後倒地昏迷不醒，旁邊的在家居士們，看到這情形大罵這出家人，但他氣憤地入內去，外人就將其母親送到病院去急救，終於撿了一條老命，自此有兒子要出家就極力反對了。變成被社會誤會，出家不認家的無情漢，老一輩的說，若早知兒子會出家就馬上殺及豬母食掉，這觀念至現在還流傳著呢！佛是棄除了執著，將感情擴大化為慈悲的，這位出家人還是不了悟執著之意義，繼續迷下去，不能成道。觀音菩薩果位一位女菩薩，為化度其執著，前往其身邊，使其不注意之中吻他的左面頰，他大驚失色入到廚房拉起菜刀，將被吻之肉割掉，血流如注；此後還是令他不覺中再吻其右頰，他再割棄右頰；後再乘機摸其左手，他就砍斷其左手；再乘機摸其左腳，他就砍斷其左腳；終於變成殘廢。觀音菩薩對他說：「你這身軀不是你的母親給你的嗎？這身不是你之所有物，是你母親之物啊！你未生以前你在哪裡，你死後全身腐爛變成土糞，那個時候你在哪裡？」這位和尚忽然有省，深感無般若之智，擬將頭撞壁自殺賠罪。觀音菩薩說：「請慢！這頭還是你母親之物！父母所生身不可毀，否則獲罪難赦。」這時向這位菩薩表示懺悔之意，觀音菩薩說：「對了！人能懺悔就能滅罪。」觀音菩薩就用神通力使他回復原狀，自此他就深究佛理，變成偉大的成就者了。

這雖然是個故事，但是值得我們修行人，或在家居士做為參考的。

又有一位和尚將他的大殿之佛像當做神，對於道理一竅不通，每日執著東執著西，虔誠之心是很可取的，但作事必定佛前擲筶問吉凶。有一位悟道的和尚前來欲點破他的固執，當時剛是寒冷的冬天，這位執著和尚在庭間昇火烤溫，來者就問：「大殿上的是不是佛？」他答：「是啊！連佛亦不知，又不行禮拜叩頭，做什麼和尚。」來者云：「聽說佛有舍利是嗎？」他說：「當然啦！聽說得到舍利會令人開悟成佛。」「我因沒有舍利，才這樣愚癡，我需要舍利。」就跑入大殿將佛像拿來用刀擬破開佛像取舍利。執著和尚忙去制止，說：「這是木頭塑的豈有舍利。」「那麼你每天在佛像前問卜幹什麼？」自此這位執著和尚就不再執著了。這是丹霞砍佛的典故，的確有這樣的和尚很多。

又有一位和尚執著更甚，早晨上殿誦經的時間內，不可將便桶拉出去倒掉，因為經過大殿邊是會污穢著佛，他是誦經給佛的，佛領受他念的經就會賜功德給他，誦經時佛是來在殿上的，他一誦就誦三個小時，裡面的人眾為此大感為難無法清掃。觀音菩薩為指點這位和尚，來寺中掛單，在他誦經的時候，就挑著便桶從大殿中經過，並且在他的身邊停留看他誦經，這和尚氣得無法控制，欲罵而休，觀音化現的女眾問：「你誦這經幹什麼？這經是佛說的，你這麼偉大在向佛開示嗎？」和尚開口大聲說：「你挑這污穢趕快出去。」這位女眾說：「那麼你可以將肚子裡這便溺拿來這裡，為什麼我不成？我這便桶是每日洗淨的，你的便桶自出生以來可能未曾洗過呢！」這位執著和尚自此亦不再執著了。經是給我們讀，了解其中之道理的。有人為喪家做功德，在佛前誦經給佛，換來的功德為亡者贖罪，誦了後到亡靈牌位前交卷，表示我們為你已經誦幾卷了。是嗎？

誦經是給亡靈開示實相的，請靈識淨化，放下生前一切之妄覺，空盡五蘊，免受執著所造成的煩惱之束縛，感受苦痛為目的。

(二)斷惡執

善執即是不明白真理的擇善固執還是要斷，況乎惡執？舉例來說，殺生是五戒頭條的毀禁，如廁所、廚房之蟑螂亦不能殺，下水溝之蚊蟲亦不能殺，稻禾之蟲亦不能殺，一切農牧場之蝗蟲毒蠍亦不能殺，屋簷上之毒蜂亦不能殺，小兒肚子中之壞蟲亦不能殺，那麼這世界變成怎樣？豈不成野蠻世間。有益之蟲，如蛙類、蜻蜓都不會妨礙我們生活應該保護不可加害，稻禾之蟲發生出來，禾穗枯死不結米粟，人類要吃什麼？

蟑螂蚊蟲等繁殖，貽害人類健康等等，我們有般若智慧去觀察，殺生而維生即是文明社會之作為。一般佛教法師主張放生，放生是人之美德，遇到殺生之場合，惻隱之心與以放生，才是放生之基準心理。大作佛教秀某時要放生，叫信徒買來活物雀鳥去放生，你捉而捉，困在籠桶中好幾天才拉去寺廟請法師放生，一批活物經放生後，與牠原來之環境不習慣，死得很多。本來牠們可以多活幾年，反來殺牠早夭。有的溪中之魚是悠遊自在的，經捉來放於放生池，變成拘留池，池水小，熱氣盛，終於死亡。殺生最多的人是屠夫及環保人員，他們是否落地獄？沙場之戰爭死了無數人，這主帥將軍是不是會落地獄？這是值得商榷的。對現在開始，全國或全世界放生，不得殺生，現在所有之「活動物」自然繁殖，未來的十年間，是不是變成動物野獸的世界，連你人類都吃掉，牠要殺你，你不殺牠，這樣一來要命名什麼極樂世界。佛教徒禁殺了往生極樂世界，那麼外教的信徒不能往生極樂世界，你為什麼不勸他信佛教，他們佔世界人口那麼多，豈無理智可以信佛教。甘願墮落地獄。一言故之，放生是提倡慈悲心為目的，盲目的信仰是會敗國之行為。佛教是極理智之宗教，佛陀之本意豈是如此。好殺亦是心，好食亦是心，看得到的殺生有罪，看不到的殺生無罪，一杯水八萬四千蟲，一口氣吞下沒有罪，吃一隻牛、一隻豬、一隻魚，只是一條命但有罪。慈悲心旺盛了，看見水中之魚終年浸在水裡太可憐了，撈起來放於乾淨的地面上曬日取暖，這魚可以活下去嗎？廁池的蟲浸在臭污堀中永無出期，將牠一切撈起，用清水洗淨曬日光，是不是可以活下去？這種叫做愛見悲，不是智慧悲。這是簡單的例子，是非是智慧判斷的。

次之盜戒，不與而取就是「偷取」是犯戒的，當然法律所不容。人各有欲，為貪欲而偷取，不但令人煩惱而自己之貪欲德性出現自苦其身。為什麼要偷？因為對方不給與，故成立盜取行為，若果一切人類如一家人，物質金錢都不必計較，誰欠誰就能取用，即沒有盜賊之出現。依理而言，立了盜賊罪是獎勵自私行為。自私故物不施與人，貪欲者取之變成盜賊罪。佛教叫人布施，人能布施盜賊就無了。宇宙之人類是一家人，我人沒有般若眼悟此道理，個個變成自私，天下何能治！

廿幾年前我到台北去辦公事，我的單房非常簡陋，隨便可以進出，有一位體格非常魁梧的青年男子，乘機入內取去了一領被、一支熨衣機、一隻自行車、一些零錢。我於十幾天後才回來，一看翻箱倒櫃一片淩亂，衣服他不能出賣故放在地下，是夜我都無被可蓋了，到常住去借來暫用，其他之東西算來也不值錢，我都沒有去報警，根本報警亦無用。經過八個多月後，在岡山施展故技失敗，被人抓到警局，一位刑警帶他到我的地方來證實他的口供。刑警問我：「你有沒有被賊偷取東西？」我答：「沒有。」刑警說：「他承認口供偷取過你的棉被、熨衣機、自行車、金錢，為什麼你說沒有？」我問這位偷取的人：「那些物件現在哪？」他說：「被是典當在北港方面蒜頭地方的旅社，自行車賣去了，熨衣機典在台南東門，金錢都吃飯去了。」「那好啊！我的物件還在沒有給失。」刑警問：「怎樣說？」「是啊，在我這裡使用或他人使用，物都還在嗎！金錢還是在社會上流轉，那有損失！」

這位刑警罵我：「怪人！」我說：「是你怪不是我怪。」問我：「要贖回不要，要贖回的話拿錢一起去討回。」我說：「不要，我的物還有人愛用，還算榮譽呢！」我對這位刑警開玩笑地說：「賊是假名詞，只是取物不曾對主人說而已，根本沒有賊的存在。」我叫這位男子說：「你以後不得不與而取，要人家的東西一定要主人承諾才成。」他倆無奈地離開了。

第三是「淫」，是指男女之做愛，這是萬物生命之根源，萬物以食、性、自由，為生命觀念。一切諸佛眾生皆從此出。但是人類文明設了禮樂，自私益加分明，保護自私之利益還好，進而侵佔別人的範圍卻不能認同。夫婦正當之行為佛陀是許可的，如道家練氣即固執極端的禁慾主義，為此很多家庭夫婦失去感情，惹出家庭風波者有所耳聞。

出家人因為全心修道起見，即完全禁慾，但出家未久，悟道尚淺的人，往往想入非非，以不擇手段滿足慾性者有之，有的自然之生理變化而洩漏者很多。依理而言是一種逆待自然之行為，這些事情人皆有之。你的師父一定會教你一套運功消滅其念頭或化消生理關係的方法。這大概都在睡眠中發生。

這方法是陽動的時候馬上坐起，觀想丹田一點氣，昇至肚臍為中心，變成一線的火，昇到頭頂中心，由小而大由右而左畫三十六個環如環香形。次即由大而小由左而右畫二十四個環收集於中心，觀想化為軟酥浸透全身而下到足底。如是一次做完不止昂揚的話，再做一次，一定消失無恙。淫心一發山嶽皆崩，淫身、淫心、意淫不絕必入魔道，順其縱慾生人生物，逆其慾火者成仙成佛，這是千古不易的道理。

其次是「妄語」、「綺語」、「兩舌惡口」皆是戮害人格之利器。口無遮攔説人是非，不但難得社會之信任，亦會招來殺身之禍。

不知怎樣設了一天的愚人節，這天説謊聽説是無罪的，這天有人打電話到消防組，妄説某處火災，消防隊出馬前往救劫，但到了目的地卻一無異狀，才知被人所騙。自這事情發生了後，這天消防隊就不聽電話了，真的火災發生電話打不通，打到隔壁的鄰居轉達，消防人員都以為是謊説不加理會，演成莫大的悲劇。

綺語引人落陷井，兩舌製造仇視，好友變仇人，終於相殺紛亂社會。惡口罵人令人生氣，人一生氣血液變形氧化，毒死細胞，亦是自殺殺人的無刀殺手。豈不招來禍端，所以佛陀嚴禁此行為。

其次是「飲酒」，飲酒本來不例入戒條，老早佛陀有一位新出家的比丘，鄰鄉有一位莫逆之交，久未謀面思念殷切，見到一位要經過佛陀居住地方的人，託其轉達口信，請他一定找個時間，請假來訪。果然這位經路人遇到了，就老實的轉達傳意。這位比丘向大家請假往訪好友，好友極盡地主之誼大宴佳賓，酒已過三巡，這位比丘要告辭回去，但好友更加勸酒，飲了過量昏昏欲醉，好友留他暫住隔天才回，但他堅持請假之信，朋友亦無法挽留，他就搖搖擺擺回去，到了半途酒鬼出現昏倒在地，衣服不整現出羞態，呼呼睡去了。有一位外道的修士經過此地，看到這情景，回到城內大加毀謗佛陀。他說佛陀誇耀教徒嚴格，威儀無等，像那樣可以見證，是種偽君子，極其侮辱之能事，佛陀的弟子聽了這些雜音了後就去報告佛陀，佛陀叫人去召他來到面前，問個究竟，這位比丘坦白承認事實，佛陀就此禁酒，為最後的條款。但是佛陀許可為藥者不在此限，有一位中酒毒為社會遺棄的人，佛陀慈悲允他出家，但一日無酒不能動彈如病人，佛陀亦憐愍，許可他飲限定的酒。真言宗將此戒作不邪見戒，有正見的飲酒是許可的。

佛教是理智的教訓，有些由某角度而說的禁酒戒中設，若取酒給人家飲，即會五百世無手。自己的家人被蛇咬著了，藥方要調配酒，但因不能取酒，白白看他的家人中毒死亡，這樣無理智的死戒條，絕對不是佛陀之本意。

善執惡執悉皆以般若的力量排除，才是智慧具足的人。執善還會害人，執惡更加害人。不是不善不惡的白癡，是非明白擇其善而從之方為上乘。

惡執即是凡夫沒有公德心之執著心理，有的見人財物就起了不與而取的固性。被人發覺終於以偷賊論處。這種惡性只有自己之存在，沒有他人的觀念，沒有朋友之情，沒有親叔之誼，黑白通吃。以前報刊上曾報導，一位外甥綁架他的舅父之孩子，為恐嚇金錢不到而加以撕票，像這樣的惡種豈不令人扼腕！

不久以前我看過一位賭博為常業的惡棍，看他的救命恩人有錢，就招來幾位設計，用詐術騙賭恩人的錢，這位恩人不知有它，終於傾家盪產。這個惡棍原來住於這位恩人的鄰居，惡棍貧窮又不孝，他的母是他還在幼小時死去，一切之喪葬費都由這位恩人布施的，又由他扶養至十五、六歲時離開獨立去生活的，這時結交不良的子弟，無惡不作，終近四十歲時的中間入獄多次，最後在某一天的晚上，被車輾死，五臟頭顱四肢變成肉醬，結束他的罪惡一生。依宗教的推測一定是墮入無間地獄永無出期的。他一生之中做過很多惡事，未曾看過他有一點悔意，所作所為全是顛倒夢想。一般凡夫雖非大惡，但心理上夢想的都是名利的自私。其中雖迷昧做過惡事，有朝反悔自新的人亦不少。

(三)顛倒

佛陀叫我人凡夫用般若之明智去觀察現象之一切無常性進到無所得的境地，去遠離顛倒夢想。這顛倒有八顛倒的觀察法，依凡夫邊而言，執著現象是有，財產金錢是有，名利權勢是有，一切享受認為有，生命的現象認為有，可以常住的，這就是常顛倒。

求來嬌妻美妾，豐衣足食，不知樂極成悲，美人死去，財產一遇天災人禍喪失，年紀漸長，娛樂不節所帶來疾病纏身終歸受苦，其樂何在？執著樂境就是樂顛倒。

執著身是我，擁有之物是我的，甚實凡所有相皆是虛妄，到底我不可得，執此我見就是我顛倒。

執著容貌嬌艷認是清淨，其實一肚糞便，討厭現象看到污穢，經過廁所就掩鼻禁息，其實肉眼看不到的自己肚中亦是一肚糞便，這種執著就是淨顛倒。

佛陀為我人凡夫教示，勿起常住之見，五欲之境決非可樂，一切受皆苦，諸法本來無我，此身亦非清淨，是不淨之身。

凡夫不了解真空實相之理，昨日騎竹馬，今日白頭翁。人間一世恰似南柯一夢，了解之後就對於人世感到無味，進入真理的體悟。很多不知此觀是悟道的前提，過執於偏真，往往變成厭世主義，對於社會無所作用是不對的。

常、樂、我、淨，是對治凡夫的四種顛倒法。至於小乘人，因為從凡夫去除常樂我淨之後，執著於無常、苦、無我、不淨的觀念。是真理上的執著顛倒。前者是眾生顛倒，後者是成佛顛倒，凡夫四顛倒，小乘四顛倒合起來成為十顛倒，其實是凡夫與小乘八顛倒罷了。

小乘人偏真，執著無常，無常是真理的當相，若沒有無常則萬物不生，有無常之恩賜故，迷會轉悟，愚會轉賢，無常是生命之意義，若沒有無常那有時間與空間，大地死寂，成為豁達空。這就是無常顛倒。

很多學佛人，不斷地怨嘆無常之鬼，日日將她的美貌面上刻痕，使她漸漸化成鬼臉，尋求不老之術去整容，到頭還是老死，在這當中只添加了無常的煩惱而已。

這無常的煩惱就是苦，假設是個盲眼人，根本看不到自己的容貌之美醜，就不生此苦，但還有求不得，怨憎會等苦，對於真正之無罣礙的真理不懂，於人生觀上起了極端之禁欲主義與隱遁主義。如老子所說：我所有大患者有此身，執著苦相，這是苦顛倒。

一些人研究的佛教之諸法無我了後，過於偏空，不知真空中有未萌之基因德性，誤解什麼都空了，撥無因果論，任意作惡，致成社會紛亂，解釋為極端之無我，所謂假平等的妄念。這是無我顛倒。

佛陀為凡夫執著常樂我淨而教我們觀無常、苦、無我、不淨，這對治凡夫執著之病的，對於不淨觀如果一直偏執下去，不知諸法之真諦，世間一切皆歸於不淨，眾生都不淨所以不敢親近眾生，那麼慈悲之心、愛人愛世之心情就不會發生，灰心滅智，身如枯木，這就是不淨顛倒。

八顛倒是不明真理的心態，是凡夫與小乘人的對治法。對於執常顛倒者說無常之理；對於執著貪欲者說受是苦本之理；對執著我見者說無我之理；對於貪著肉體之假相者說不淨之理；對於小乘等學者偏出世法、沒有入世思想者說實相微妙的淨理；對於偏執無常者說常住之理；對於苦相現前者說現象即實在的寂光淨土之理；對於偏執無我者說大我之真理。我即佛，一切皆如來德相之真諦。

真理上而言，天地間沒有什麼淨與不淨，對於不淨觀之人，教示唯心淨土，趨於大法之當體，解脫一切迷執。

其實真空實相是不增不減的，以般若之妙用照見真空妙理，從此大肯定起來轉大法輪。不執有不執空，不執中的不二法門是心經之大綱，離一切顛倒之方法。

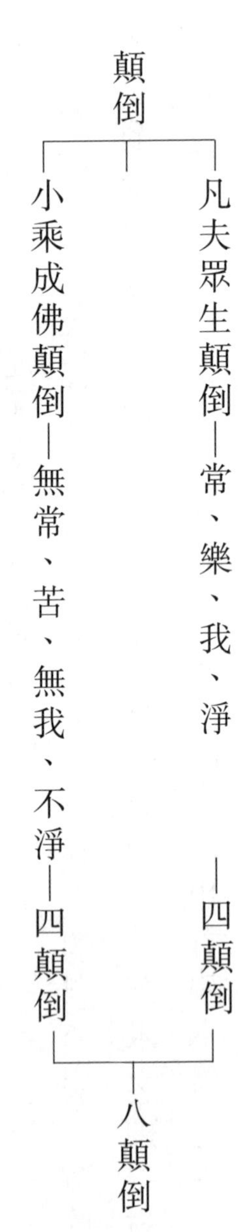

（四）四句偈

四句偈即「諸行無常，是生滅法。生滅滅已、寂滅為樂。」這是佛陀教示眾生脱離顛倒夢想迷著的偈語。

我們執迷於顛倒的妄想，在夢中潛意識所交錯出來的種種境界。這夢想是記憶重現，感覺誤認，時空交錯，理智喪失所織出來的，這些思想沒有根據。睡眠時腳在被外，遇有滴水，就感覺在履水，聽到火車就感覺地震，其他誤認的境界，依時依人而各有不同。一一感受都會影響物質肉體，年青人的夢洩夢遺悉皆如此。因為物質精神是二而一的，精神影響物質，物質影響精神，如果是靈魂論的話，靈魂還要睡覺嗎？

肉體疲勞而入了深睡眠時是沒有夢的，等到淺睡眠之時才會做夢。因為深睡眠時血液下降，腦橋離隙，後腦之記憶潛意識不能輸送大腦消化。半睡眠時因血液漸昇，腦橋好像生殖器一樣澎漲相接小許，這時就輸送意識入大腦運化成為夢，這是理智還沒有完全清醒狀態，若果完全清醒了，就知一場空夢。夢亦是心之行動，佛陀教我們應觀一切動性之法都是無常的。

因為諸法是動性沒有常住不變，是種組織所成的因緣法沒有實體，故云諸法無我，不斷地代謝，萬物悉皆是生滅之法。

生出來之法就有礙界，精神而言就有受，有受就有苦樂、苦樂是相對物，到底皆是苦根，最好不要生滅，這次的生滅完了，就停住於真如本性，寂滅是無苦無樂之處，無苦無樂即絕對樂，所以希望寂滅為樂。

對於修行人而言，這是遠離一切顛倒夢想之不可缺的方法。佛陀過去在雪山修行的雪山童子時代，為求此半句偈而獻身命，都是象徵此意。

（五）寂滅為樂

寂滅是滅盡煩惱妄想，不再被其迷著束縛發生苦受之意，對於諸法的實相，依般若之力而了解，根本上煩惱夢想、一切顛倒看法都是假的。本來能生諸法之德性是清淨無垢，沒有世間認識的淨穢之對待，了解到這境地謂之寂滅。並不是將身心都粉碎成為烏有才是寂滅為樂。身體本來都是肉眼看到的粉碎物組成的，表面看來似乎堅固，其實好像泡綿一樣不實。若果是堅實之物，即血氣如何流通？如何呼吸？怎能代謝由小而長大，終歸陳舊，業力推動而破害死亡？由六大元素聚集而成形，一期之業盡，分散歸元，有形無形當體沒有增減差別，為什麼怕其生滅法起執著煩惱呢！我人若以為寂滅是心行處滅，什麼都沒有了，那就等於植物人，什麼是萬物之靈長。這種觀念是死羅漢的做法，變成世間的寄生蟲。自古以來這種修行人最多，隱遁山林不幹世事的消極行為，怎能救世？可是很多人視此為最高的修行，大加崇拜。聽說某深山有一個頭陀行的人物，就爭先恐後前往膜拜，看做是神仙。果是這樣才是修行，為何釋迦看見婆羅門行者，在山林中或倒吊，或立一足，或坐到全身枯如殭屍，他也本身體驗過，最後發覺不是正法沒有究竟，不是真正悟到究竟的涅槃理。

（六）涅槃

一般認為修行人死了，身是苦具沒有了，就叫做涅槃，和尚涅槃了，成佛了，或往生西方阿彌陀佛國了，那麼是不是未死之前不成佛，一定肉體要死才是成佛。死了後才能往生西方，是什麼去西方？諸法無我，靈魂都沒有了，用哪個去？能去當然有我，有靈魂，是不是變成靈魂論呢？若是靈魂論即已經背了佛教的真理。佛教是業力論的，五蘊都是空的，這種涅槃觀念顯然錯誤。有相無相空有不二的宇宙當體即是涅槃體，生亦是涅槃體，死亦是涅槃體，我人的透視感度若能體證此，一切無不涅槃的境界。

比如我們看天空的雲，不斷地千變萬化，世間之萬法亦像雲一樣不斷地變化。這雲看慣了就沒有什麼實體的執著，萬物諸法亦以如似地看下去，慢慢就成習慣不再執著，這無執著的當體證驗就是涅槃境。宇宙萬物諸法是涅槃性，我們是涅槃境，彼此合一不二，生滅不二，生死不二，有什麼話可說？古人云：「道法本來無，南辰貫北河，本來無一字，卻盡世間魔」。無之一字是無自性，世間之病魔、死魔、天魔、五蘊煩惱魔都是本來無的。有亦是暫時因緣法無自性可言。

(七)漸悟

學佛是希望開悟得到解脫為目的，凡夫因過去之基因德性低劣，不容易一時的開悟。釋迦尚且在苦行林六年的漫長歲月未曾開悟，況乎業障深重的眾生！釋迦當時是無師自悟的。算是過去多劫修行，到了最後機緣成熟開啓了心扉，發現了收藏在心塔裡面的宇宙真理之經。取出來啓示來者，這宇宙真經像網一樣，由一個網結之頭分出無數之網絡，展開網羅森羅萬象，重重如帝網地互相交映，幻出無量無邊的光明之理德與智德。理德就是組織物質之原因，智德就是發用精神之原因。創造的旋轉律即是天之樞機，這動力就是法性、或名本性、本然之性。理智二德都是本性之內容，智德藏於理德之中，這法界體性名大遍照如來，即是清淨法身毘盧遮那佛。這個無限生命的不老不死人，祂是天上天下唯我獨尊的孤單老人，祂是一個勤勉者，祂將其所有的無量寶藏中的基因種子，搬出來佈種、沃水、施肥，放光加持，令其各各生長、欣賞，然後陳舊者毀滅。創造萬物是祂無聊中的遊戲，祂好像攝麵人，萬物是祂攝造的產品，攝出之人物形像不同，有的做馬、有的做將軍騎在馬上，看來貴賤懸殊，根本都是麵粉之化形，一切平等，我人凡夫執著貴賤之幻相，見到毀滅時都會感覺惋惜。佛陀已經看出這道理，説示這過程給我們聽，以創造過程之十二因緣觀及起了認識者是誰的道理，一一有系統性地整理出來。我們由此漸次去了解體會，世間與出世間的情形，這就是漸悟的註腳。凡夫因迷著故，如塵蒙蓋鏡面，所謂：「時時勤拂拭，勿使惹塵埃。」心鏡明了照見萬法就會清楚了。

(八)頓悟

頓是由漸來的，釋迦六年苦行雖非證道，但都是台階，最後登於台頂，到了台頂俯瞰八方盡在眼底一目了然。

如人行路，一步一步前進，最後到了目的地。到了目的地的時，即名頓，頓覺過去的行徑都是多餘的，但是若無一番寒徹骨，那有梅花撲鼻香！這種境界像吾人未到的人任你怎麼説到天花亂墜，根本止於臆測而已，如人飲水冷暖自知，他不是我，我不是他，他人吃飯不能充我飢。

佛陀說此悟境是留給我們做為後日之證據的。是一種假說，不是當體。《金剛般若經》說，不要著相，才能見到真實的境界。禪宗中國的六祖惠能，聽到人家誦《金剛經》，誦到「應無所住而生其心」，就此開悟，因為早期是以析空觀去探索真空實相，都停於偏真中，聽到此句即頓時開悟了。開悟什麼？他所悟的是中道實相，不是偏空不是偏有，不去制止心的活動，於處事中生心無所住的，有所住著之心就是妄心，無所住的心即真心。即所謂：「事來即應，事去勿留」，如船過水不留痕，歸於零。所作所為皆成流水三昧，當體之心境即真境了。這是羅漢之悟，悟即境時就是頓悟。但是這些境界，似乎缺少大慈悲心，依羅漢看來起慈悲心亦是住執。菩薩的看法不同，菩薩已經見性的過來人，看到眾生未悟，迷著成煩惱苦受，要一切眾生離苦得到生活中的自在安心，這種所起的大感情之心即是大慈悲心，當然菩薩已是頓悟的行者了。

(九)三世諸佛之證道

上述悟道的過程是漸次進步的，經文所說，「究竟涅槃」之後，就是「三世諸佛，依般若波羅蜜多故，得阿耨多羅三藐三菩提」。亦就是說，過去成佛的，現在成佛的，未來成佛的必需用這般若去將凡夫度到成佛。未來不一定是死後或來者，可以是現在未成佛、不久的將來的成佛，所以未來是無數人可以成佛的。成佛過程因各人根機不同，但其智德行願是一如不二的。證悟宇宙實相之理，即是究竟涅槃之道。這運載之車乘，大小不同，根本還是般若的大智慧。三世諸佛之究竟涅槃體亦就是法身如來的光明體，世間之賢愚，乃至萬物，依理體看來，都是法身佛之光明體的一分光明。學佛人有信心、有毅力，不斷地精進就有一分之悟，有一分之悟就發一分光明。光明本來是具足無缺的，凡夫因被無明的基因所發的迷妄所覆蓋。所以完全不能像佛一樣明亮，由此漸次的磨練後會證到達圓滿，只是迷悟的差別，根本沒有不變之惡人，若悟此即將開顯基因德性的光明聚，發揮絕對的隱力，與宇宙大光明之母光會合，證入佛體之境地。此人人具備，以漸悟以至頓悟成佛。

(十)阿耨多羅三藐三菩提

我們生來業障深重，就以小悟漸到大徹大悟，步步昇進，有朝昇至目的地。此中必需理事兼運，理方面即依般若智慧去觀照道理，事方面觀照眾生是法身佛之分身，是我人之同胞，看眾生苦痛迷執就佈施救濟，發出悲心，以此悲智雙運的前提下，如車之兩輪，才能運載本身到究竟之目的地的成佛。

「阿耨多羅三藐三菩提」是翻做「無上正等正覺」。依般若智慧之深觀，內外雙修方為正當的覺悟，亦就是圓證的佛智。

這道理是宇宙本體之當相，我人萬物是宇宙之縮寫，故道是與我同在的。迷者違背道之理去行事，悟者順道之理去行事。道是大公的，凡夫迷情是自私的，要將自私化為大公，這是極其困難之事。口是心非當然不是善道，心是身不作亦非至善之道。證無上大道是行為與精神渾然為一的當體，實行其理念的。

（十一）道是無常性

我們要證道，當然要了解道之無常性，一切事物在遷變，智者亦要順其演變去接受時代之不同潮流。如現在的婚姻禮俗亦趨維新，古代的親事是父母强制決定的，現在已是自由選擇了，還有些父母固執其意見，使子女非常難為，娶來不同意見沒有感情的對象，都夜以繼日地淚灑胸襟，終歸離婚的結果。有的已有子女出生了後離婚，使其子女失去怙恃，變成世間的悲劇，甚至自殺者大有人在。

如宗教而言，守著幾千年前的舊戒條，食古不化，這不能視為悟道。如佛教而言，釋迦是出生於印度的，所以披印度服，東洋各國衣服不同，如中國是穿長袖漢服的，有些人要在海青上披印度服，才是學佛，表示精進用功提高身價，披衣到了中國已經改制了，披起來非常莊嚴，現在印度人還是存古不變地披著，但印度已無佛教了。是否披印度衣的印度人，個個都已成佛！當時釋迦若果降生在中國，一定是穿漢服的。

到了滿清政府時代叫我們漢人要換滿清服，長衫大袖變夾袖，袖口作馬蹄形，欺負漢人當作牛馬穿馬褂，頭戴蘆笠豎起二支鳥毛，當馬耳，頭髮將漢人髮形變成馬尾形，現在的老一輩，死時要穿此服，敬天要穿此服，做為大禮服，以恥辱拉來當禮數。很多教授、學者、出家人都穿此長衫表示榮譽，真不知所以然。

風俗、禮俗是依時代而變易的，如果不明時代，縱雖滿腹文章亦是時代的古董，要順時代，以般若妙用來把握自在無礙的生活，應該是智者超群拔萃之處。

(十二)出世而入世

對於心經的理論如何地爛熟舌燦蓮花，亦不是真正了解心經之奧義，任何人都可以背誦或講解，應以心經成為自己之精神，從行住坐臥中發揮般若之光明，應用於人際、社會、國家，一切人類的生活準則。自己開悟了後在世而出世，蓮出泥中清淨無染無著鶴立雞群，在這出世的精神入於荒草之中教化同胞，使令離苦得樂，自他得到大安心之境地，天下法界平等利益的得到解脫妙境之樂趣，這才是真正佛法的大光明活動，佛法滿人間，同唱光明之歌。

《般若心經》之目的即此活佛法為眼目的，並非獨善其身的神秘主義，即所謂「阿耨多羅三藐三菩提」。

四、總歸持明分

經文：故知般若波羅蜜多，是大神咒，是大明咒，是無上咒，是無等等咒，能除一切苦，真實不虛。

總歸是總結論，持命是持陀羅尼，又曰持明，明是光明不昧，道理了然，一般叫做總持，意為一字含千理，一句無量義，能包容保持一切，諸法悉皆佛性真理所總持。

森羅萬象中取一物收盡諸法理智之全體，一切法皆有總持之意。一粒芥子藏須彌，一毛端納四大海，每一事一物都具足總持之妙德，一物一世界，一微塵現十方國土。

佛教中之陀羅尼，所謂真言，或云明咒，就是真理的濃縮語言，充滿法界所有之理則，所以名總持，或云持命，持明也。

(一)真空實相之縮寫

《般若波羅蜜多經》即《大般若經》六百卷之總稱，裡面之旨趣即真空妙有，真空妙有即大般若陀羅尼。

真空妙有即是森羅萬象共同之心的別名，我們的心都有具足甚深微妙的智慧光明，這心是宇宙真理的活動。這活動就是陀羅尼，心念一起八萬四千法門開，所以八萬四千法門悉皆陀羅尼之內容。

陀羅尼比喻一匹布，布是橫直五色線，依設計織成各不同花紋之物。

宇宙諸法悉皆橫直時空五大五色，依基因種性的念頭織出來的現象。布若將其分解即布形及花紋盡失，宇宙諸法亦相同，緣盡離散即歸於本性。布分散歸五色線，法相諸法離散歸五大五智，這五智即心，心即陀羅尼。

這道理在吾人之真心中，用濃縮的語言表此真理名真言，普通叫做咒，佛之真言咒語與神道家之咒有所不同，他的咒是詛咒或請神、禁壓所用的。佛說之真言是說宇宙真理的，誦之能啟發光明之效力，為佛教人士所不可缺之特殊語言。

所有的修行人，要開悟正等正覺，必需依般若波羅蜜多成就菩提，所以般若波羅蜜多是成佛之總持，這總持具有真理與道德，真理是生成，道德是養育。十界聖凡均不出此。經中所說之「大神咒，是大明咒，是無上咒，是無等等咒」皆是分述般若之功德，由凡入聖、自淺至深、從麤而細，說示漸次證入過程的。

起先依般若去破相顯性。破相是打破迷執的盲目煩惱，顯性是發揮本有的智慧光明，顯現本來之性德。說示真空是破相門，了悟真空實相之道理，就能滅卻迷執，迷悟是一物之表裡，就是迷反為悟，迷是暗昧，悟是光明。

吾人不知真理，貪著其事，遇了色聲香味觸生法而執迷不能反觀自性，若果了悟此法原是如來真空妙理之功德，即立於光明之邊，於六塵中作六功德。

所謂：煩惱即菩提，即事而真，當相即道。革凡成聖不改其面，化魚為龍不易其鱗。

本來是佛，何須頭上安頭。但各人之根機宿業不同，不是大根大器的人，是無法一時頓悟的。

有些人聽了佛理雖有改惡從善的念頭，如好賭博，明知賭博是壞事，一旦被人引誘仍是賭下去，以前之悟的念頭已消失無蹤了。了知感受諸法，根本是空，卻遇了感受又變成非空而貪著。故分出階段來加以「破相」，漸顯本性之理。

破相
- 破外相—大神咒—聲聞真言。
- 破內相—大明咒—緣覺真言。

眼耳等所收來的色聲等是有聲有色的，這屬外來之外相，依般若力去觀照，了解是因緣所生法的假相，原來是空沒有的，這就是破外相，這種般若之無言之言即大神咒，因為屬於心之內容，看不到聽不到之心真言，亦名密咒。

打破外相回歸於空，即歸於本性根源，即是正等正覺之基礎。

(二)大神咒之功能

這大神咒是心神之密語，一遇外來之境界諸法，將要侵入我人之心的時候，就馬上心中念起般若波羅蜜多，智慧光明真言，去照破其魔術變幻，摒去其迷人的魔音穿腦之聲，通通收納於真空之中。這種警覺性之真言是會滅除一切世間外相侵攪之魔的。這偉大的力量之心神故名大神，這心念曰大神咒。

(三)大明咒、無上咒之功能

外相雖能破，卻心有能破之心，以為偉大而自傲貢高，即其人為內相所囚，仍是無法解脫，心中固執之妄相作祟，會生起微細妄想。所以必需打破內相之迷想。這種內觀之般若力即是大明咒，照破妄想變成大光明之謂。

其次是無上咒，最後即是無等等咒，漸次開顯性德。

顯性
- 顯自性—無上咒—大乘真言
- 顯佛性—無等等咒—秘密真言

顯現自性是將自己內心中潛存著的美麗佛德，顯出來成為日常生活之精神，這種心般若的密言叫做無上咒。

因為顯現出來之佛德自性是高尚慈悲之道德性，能叫出這種力量之咒語是超越一切的。我人之心中有無量無數之與現實社會不吻合的基因德性，這種製造苦受的不良基因必須全部打破，顯出與眾生有利的高尚德性才能自他兩利的，要打倒這些不良的業種是非常困難的。所以能打勝仗的人就是佛，故佛為大雄，所向無敵，是隨處作主的，統理自心國土之眾生，三界悉為自己之國土，眾生悉是自己之眷屬，成為宇宙一人，天下獨步的大遍照如來，放無量光明活躍於無始無終，身量等法界，日月是我的眼睛，草木國土是我的皮肉，河川大海是我的腸肚，心成活動的舞台。獨運法輪創造萬物，自受法樂。觀音彌勒文殊普賢悉皆自己之思想，展現大肆遊戲三昧了。

(四)無等等咒

「無等」是已經登峰造極了，這「無等」之下有「等」字是平等，回顧我法身中之眷屬，給與平等看待，沒有我與眾生二者的看待，眾生與我平等沒有高下，就無自他可比了，是種正等，眾之「多」即成「全」之我，眾生是自己我之細胞。如一個人，手足或五臟六腑某部份有病，即我是不完全的，要將其缺陷給與完整無虞方為自己之完全。故菩薩到了「無等」見自受法樂之境界時，還要去救度眾生的，眾生一人未度即我未成佛。有此自心之真言的，大慈大悲大願，即是無等等咒。這種密言深般若的力量是要了解的。

彌陀四十八願啦、觀音三十二願啦、藥師十二大願啦、地藏之大願啦，很多佛菩薩之行願就是這個「無等等咒」的內容。要知道無願是不能成佛的。你要信此才能解脫，你要發此願才有資格成菩薩，你要行此願才能成佛。眾生這麼多，信教不同，他都不接受你的教訓，老實說無法度盡眾生的。你此世之生命有限，眾生來者無限，這個大願應是無止境的，要生生世世乘願再來，繼續實行未完成之願，那麼永遠都無法成佛呢！不，本來是佛，行此願即佛之工作，即事而真，當相即道。

《秘鍵》云：「總持有文義，忍咒悉持明，聲字與人法，實相具此名。」

陀羅尼即總持，是萬德總持之真言，偉大的威力能感應神人，能感動天地萬物，有光明，有改換基因德性之功能。這種真之言在我心中，真之言是般若玄旨，宇宙一切之總匯。《般若經》六百卷之文義即是真言也、忍咒也、持明也，萬物實相即聲字，人類諸法悉皆是真空實相之妙有，說此道理之心語言即真言，能說即般若，所說即實相與諸法皆是自持自說之總持。

五、秘藏真言分

經文：故說般若波羅蜜多咒。即說咒曰，羯諦羯諦，波羅羯諦，波羅僧羯諦，菩提薩婆訶。

這部《般若心經》分為五段，秘藏真言分是最後之一段，即是最高的秘密之藏，即一般凡夫不能窺見了解之謂。藏即是寶藏，藏有甚深微妙之法寶妙義，即是學佛法之至寶。

具有理與智，物理原因與精神原因之真理的法寶。秘密是指凡夫盲目不能了解，如藏而隱沒不能見，其實顯露明明在眼前。凡夫以為佛與我相對，隔岸觀佛，智者即證悟此佛即是我，萬物本體即如來理智之現成，《大涅槃經》云：「一切眾生悉有佛性」，我們要將此文加以標點，所謂：「一切、眾生、悉有、佛性」。「一切」即所有眾多之物，「眾生」即眾多發生出來之物，「悉有」即悉現的有形之物，三句相同意義，指諸法與法相。諸法是心所法，法相是法性顯現之相。佛性就是真空妙理，為容易了解起見，要在「悉有」之下加「即」字，文句念出來就成：「一切眾生悉有即佛性」。換言之，即一切之萬物即是佛性。這是真實之語，即是真言。

(一)咒文之義

咒文屬於心之自悟的心語，凡夫看的是冰，智者看的是水；凡夫看的是水，智者看的是氣體；凡夫看的是氣，智者看的是基因德性。依未悟與悟的層次各異，其心真言即異。

聽說有一位行者，入山修行，起初看的山是山、水是水，依觀照之力從析空觀而進步，看山不是山、看水不是水了。到了最後了悟色即是空、空即是色之後，下山時眼中所盡見，山是山、水是水了。禪者看到山不是山，水不是水的時即見本性，但住此正位是無法活動的死漢。這是修行之行程，不是目的。下山去活動教化眾生才是佛之主要目的。

佛陀自悟之境地的自心真言即秘密真言教，因為佛陀已經證入法身佛，故說此真言即屬法身佛所說。所以真言宗以法身大日如來為教主。

佛陀將證入法身以前之方法，以應機逗教開說文字言詞，為之顯教，顯教就以釋迦為教主。為對機應眾生故經教為法寶。密教是自證法故以真言為法寶。追根到底顯屬行徑，密屬到達之境地。顯教最後還是到密，密之前提還是由顯而來。

但是遲速有差別，愚鈍的凡夫如行路，一步一步前進漸次終於到達目的地。根機犀利的人，即選擇師資，認為是真理之時，信師不疑，受師一指點真認直作，如乘飛機一樣不久到達，開始應作而作，直證法身之法樂。自受用法樂與他受用法樂一味平等。救人為事業，事業成就即同自受用法樂。

真言宗之法當然不是真言宗之專用品，淨土宗、禪宗、或其外各宗亦都不是其宗之獨佔物。都是給與他受用法樂為自己之自受用法樂，即是佛心之真言的。

這種自證之法門即是秘密法門，是一種心中內堂之奧，未到達之人是不能享受的。直接喚起內心深處之微妙德性的方法即是咒。能快速地脫去無始劫之妄執，煥出本來之光明的威力。使本來之真面目，明明地顯露出來。

所以真言即是真實之心語言，是宇宙萬古不易之事實，故即事而真，當相即道。這大日法身之理智之德都呈現在世間萬事萬物之上地活動，這是極為高尚的理想世界。

在我人之舉手投足顯現佛性而實踐，即身成佛之秘法。一般一言密教，就以為像道教或神教一樣，想要發神通預知過去未來，或像魔術師一樣變化顯異，極其排斥密教為一種邪教，這是極其愚蠢無知的。佛教中之戒壇亦是密教，早晚課誦咒亦是密教，給人撥度、放焰口施食亦是密教，使用密教而謗密教，真是可恥無過了。每個人無論念真言與否，其人若果真心顯露，開口發聲皆是真言滅罪。一切動作悉皆結印，心意之活動皆是佛心之流露的實相。

(二)羯諦之意義

「羯諦羯諦，波羅羯諦，波羅僧羯諦，菩提薩婆訶」，即是聲聞緣覺與菩薩之修行過程之方法的總持。結束心經一卷的意義。初之「羯諦」即聲聞行果，次之「羯諦」即緣覺行果，「波羅羯諦」即大乘最勝行果，「波羅僧羯諦」即真言曼荼羅具足輪圓行果，「菩提薩婆訶」即究竟證入菩提。

這咒之「羯諦」的羯即是行，諦即理。是從凡夫修行自煩惱至悟道理，由迷到悟，由生死到涅槃之轉凡成聖之行徑，這亦名波羅蜜多(度)，度一切苦厄的修行法。

「羯諦」自度，「羯諦」度他，不止於自度就是佛法之本意，還要度他，如車兩輪方為自在。比喻我人經營事業賺了很多錢，收在自己身中隱藏起來，沒有將其所有之錢拉出來做社會救濟事業，有什麼用處，根本等於無。到頭還會被錢所累，死後帶不去，使子孫爭奪財產相殺成仇，其靈若有知，當時的感想如何？有的不肖子孫不久就將其財產賭掉，做出不法行為被法律制裁。生時若能用於救濟事業，即名留青史，豈不是子孫亦榮譽。

初句咒語是叫人先自度，然後去度人做到完整無缺的人格。能自他兩利，法界平等利益，就是道心，道心即佛心，佛心即大慈悲心也。

利益他人不可有偏廢，認為利益他，他卻不會捧我的場就不施與利益，這些觀念是很普遍的。因為不知後之利益而施後發生懊悔之心，這是極其笨劣的行為。

古早麗姬要嫁晉獻公，以為他是異國之人，可能會對自己不利，哭到昏來死去，但嫁後得到獻公之溺愛無微不至，被人稱頌得樂不可言，這時才反悔當時應該不要哭，這是麗姬悔哭的故事。我人如此暗昧，此生不布施，後日悔哭也晚了。

利他之心不是有目的，大道之心如日曬天，如雨普灑，不擇好壞美醜之上，如大地普養萬物，穢淨不論，如海納百川大小同容，體天之道行天之法，外面看來似乎大愚癡，宇宙真理是平等的。聖人不死大盜不止，聖人是個大盜而大貪，貪一切眾生為我有，一人不受教訓即現出不動明王之形以嗔罵，內含慈悲外顯忿怒而大嗔。一視同仁而普施成個大癡。通達了道理的人，是依般若以改小貪小嗔小癡之自私變成大貪大嗔大癡的。應該以道理上看來貪嗔癡不是消滅，是加以擴大的。貪嗔癡本來亦是法性所變。

(三)波羅羯諦

「波羅羯諦」之波羅是波羅蜜多之濃縮句，即是彼岸。羯諦是度，即是度彼岸。凡夫為此岸，佛之境地為彼岸。

我人成了佛德了就是到彼岸，但佛德是具有「智、斷、惠」的德性，成佛若無具顯此德性不名為佛。自凡夫地起，有智慧的般若透視力，才能證悟宇宙實相。有勇猛的果斷力之意志活動，才能斷出是非，且能將惡性斷除，這都是斷德。有如天道普施萬物，養育群生才是惠德。有此智斷惠三德才能圓滿佛德，是種天人合一的真實智，是種宇宙法身佛的大光明。這種智慧之光是人人具備的。凡夫以智德變成貪欲之知，以勇氣變成搶奪的勇氣，以惠變成惠我之自利，都是沒有般若之力，不能從此岸度過彼岸了。

(四)波羅僧羯諦

這「波羅僧羯諦」是真言行人的「曼荼羅輪圓具足行果」。以前說過「波羅」是彼岸，僧是眾，羯諦，行真理，譯成「彼岸眾度」，我人自初至今已經自度而能度眾了。但此度眾才是困難重重。因為眾生迷執根性各不同，依苦集滅道至十二因緣、六度等法門，度眾生了悟到空理。可是不能見機施教，真言行人即以方便去引度。以發心為因，大悲為根，方便為究意去實踐。不是以出家自居去施教就可以的，要自己立於真空實相上去入世作為，方可為力。譬如，要度一位屠宰業者，要與屠夫相處；要度一位娼妓，要與娼婦同處；要度一位賭博者，要與賭博者相處為友；視為自己人與於種種方便度其出苦輪，像這樣的做法，出家的死守戒條的比丘比丘尼是無法做到的。又一般社會人士不知菩薩的用心是犧牲自己去利益他人之悲心，都加以毀謗，使出家人無法施展方便法門，出家人在弘法場所只能講說道理，無法改正極惡之愚夫。一般能度的都是不善不惡之徒，不善不惡本體如此，好人本來好的，說到天花亂墜亦是好的。大惡的人不但不去聽說法，若果去聽亦馬耳東風，還說不切實際。

真言乘人即是神通乘人，一變成萬變，辯才無礙，縱橫自在。如小兒妄昧不知不吃藥，真言行人即像母親，以藥塗於乳頭上，小兒愛吃乳，在吃乳的當中吃食藥餌，不知不覺之中其病就痊癒了。

不諳道理而希求神通者，教他修習神通法；貪著愛財者，教修發財之法；要求美容者，教修美容法。修到他們以前的壞基因換成良基因的時候，以前之迷執就沒有了，變成慈悲的基因德性，終於不久直證真理。這是上醫以毒攻毒的手段。將要轉變之時，就端看師父之絕招了。若不有特殊之教示即往往變成反作用的後遺症。所以修真言雖是最快的法門，師父若是偷來之法，只知事相不諳真理，像作生意般地販賣佛教，都會妨礙修學者的精神健康。這最高的宇宙真理，在真言教而言，全部都隱藏在曼荼羅圖中，只看做一種崇拜物是很庸愚的。不但如此，一般以真言為密語不可翻，根本是不知道的人之推辭。一字含千里，一句無量義。若要知此，請讀了十二年的顯教，有所體悟才來，否則會流落迷信，豈可忽視！

（五）菩提薩婆訶

菩提是道，宇宙之真理。薩婆訶是成就。真言中有很多尾句之結論語辭。如吽發吒，即意謂，發生效力避除；薩婆訶是一切成就如願之意。

自頭至尾所説之般若觀照了世間一切萬物諸法，徹底了悟去除迷執，到了無所得之後，證入正位就見性，自見性的真空中起妙用，再入世施行佛之度生工作。這就是悟道而證道，證道而行道，徹底的梵我合一，才算成就了。

這種佛行之成就叫做「薩婆訶」。知理的成就不能實踐即不名為道成就。道是天下萬物一體之全的大活動，極限的活動即屬小成就。體合乾坤的小我融入大我之活動，即可謂菩提薩婆訶。

《秘鍵》云：

我依秘密真言義，略讚心經五分文，
一字一文遍法界，無始無終我心分，
翳眼眾生盲不見，曼儒般若能解紛，
灑斯甘露霑迷者，同斷無明破魔軍。

後跋

後跋

以上《般若心經思想蠡測》到此為止，宇宙之真理是深奧莫測的。最後之秘密真言是《大般若經》的真空實相妙理與實踐得益之功德聚，完全網羅無餘，我們能將其咒語不斷地口念心惟，必能得到不可思議的妙悟，成就自他法界平等利益的。為容易了解起見，文中重述之處也很多，有感畫蛇添足之嫌。大道無言，道可道非常道，應在「柳染觀音微妙相」去見佛姿，以「風吹說法度生聲」去聞法，方為適當。

附錄一：

《一真法句淺說》

悟光上師《證道歌》

一真法句淺說

嗡乃曠劫獨稱尊，今大毘盧即我身，時窮三際壽無量，體合乾坤唯一人。文

嗡又作唵，音讀嗡，嗡即皈命句，即是皈依命根大日如來的法報化三身之意，法身是体、報身是相，化身是用，法身的体是無形之体性，報身之相是無形之相，即功能或云功德聚，化身即体性中之功德所顯現之現象，現象是体性功德所現，其源即是法界体性，這体性亦名如來德性、佛性，如來即理体、佛即精神，理体之德用即精神，精神即智，根本理智是一綜合体，有体必有用。現象萬物是法界体性所幻出，所以現象即実在，當相即道。宇宙萬象無一能越此，此法性自曠劫以來獨一無二的尊実，故云曠劫

独稱之。此体性的一中有六种不同的性質，有堅固性即地、地並非一味，其中還有無量無边屬堅固性的原子，綜合其堅固性假名為地。是遍法界無所不至的，故云地大。其次屬於濕性的無量無边德性名水大，屬於煖性的無量無边德性名火大，屬於动性的無量無边德性曰風大，屬於容納無礙性的曰空大。森羅万象，一草一木，無論动物植物礦物完全具足此六大。此六大之總和相涉無礙的德性遍滿法界，名摩訶毘盧遮那，即是好像日光遍照宇宙一樣，翻謂大日如來。吾們的身体精神都是祂幻化出來，故云六大毘盧即我身。這毘盧即是道，道即是創造万物的原理，當然万物即是道体。道体是無始無終之灵体，沒有時間空間之分界，是沒有过去現在未來，沒有東西南北，故云時窮三陈的无量寿命者，因祂是整個宇宙為身，一切万物的新陳代谢為命，永遠在創造為祂的事業，祂是獨单的不死人，祂以无量時空為身，没有第二者同居，是個绝对孤单的老人，故曰体合乾坤唯一人。

虚空法界我独步，森羅万象造化根，宇宙性命元灵祖，光被十方無故新。

祂在这无量无边的虚空中自由活動，我是祂的大御法身位，祂容有无量无边的六大体性，祂有无量无边的心王心所，祂有无量无边的万象種子，祂以蒔種，以各不同的种子與以滋潤，普照光明，使其現象所濃縮之种性與以展現成為不同的万物，用祂擁有的六大為其物体，用祂擁有的叡智精神（生其物）令各不同的万物自由生活，是祂的大慈大悲之力，祂是万象的造化之根源，是宇宙性命的大元灵之祖，万物生從何来？即從此来，死從何去？死即歸於彼處，祂的本身是光，万物依此光而有，但此光是窮三际的無量寿光，这光常住而遍照十方，没有新舊的差别。凡夫因執於時方，故有过去現在未来的三际、有東西南北上下的十方观念，吾人若住於虚空中，即三际十方都没有了。物质在新陳代谢中凡夫看来有新舊交替，这好像機械的水箱依其循環，進入来為新，排出去為舊，根本其水都沒有新舊可言。依代谢而有時空，有時空而有寿命長短的观念，人們因有人法之執，故不能窺其全体，故迷於現象而常沉苦海無有出期。

隐顕莫测神最妙、璇転日月貫古今、貪瞋煩惱我密号、

生殺職權我自與呅

毘盧遮那法身如來的作業名羯磨力，祂從其所有的種子注而生命力，使其各類各各需要的職分發揮其職各具的德性呈現各其本誓的形体及色彩，味道，將其遺伝基因寓於種子之中，使其繁愆子孫，這源動力還是元靈祖所賜。故在一期一定的过程後而隱沒，種子由代替前代而再出現，這種推動力完全是大我靈体之羯磨力，凡夫看來的確太神奇了，太微妙了。不但造化万物，連太空中的日月星宿亦是祂的力量所支配而機転不休息，祂這樣施与大慈悲心造宇宙万象沒有代價，真是父母心，吾們是祂的子孫，卻不能荷負祂的使命施与大慈悲心，違途的衆生真是辜負祂老人家的本誓的大不孝之罪。祂的大慈悲心是大貪，衆生欲負祂的本誓、祂會生氣、這是祂的大瞋、但眾生還在不知不覺的行為中、如有怨嘆、祂都不理而致之、這是賜我們眾生好好地生活着、這是祂的大痴、這貪瞋痴是祂的心理祂本有的德性、本來具有的、是祂的密號。祂在創造中不斷地成就眾生的成熟。如菓子初生的時只有發育、不到成熟不能食、故未成熟的菓子是苦澀的、到了長大時必須使其成熟、故應用殺氣才能成熟、有生就應有殺、加了殺氣之後成熟了、菓子就掉下來、以世間看來是死、故有生必有死、這種生殺的權柄是祂獨有、萬物皆然、是祂自然興起的、故云生殺威權我自興。祂恐怕其創造落空、不斷地動祂的腦筋使其創造不空成就、這些都是祂為眾生的煩惱這煩惱還是祂老人家的本誓云密號、本有功德也。

六道輪迴戲三昧，三界唯約在一心，魑魅魍魎邪精怪，妄為執着意生身。」文

大我佛性的創造中有動物植物礦物，動物有人類、禽獸、水族、蟲類等具有感情性欲之類，植物乃草木具有繁衍子孫之類、礦物即礦物之類。其中人類的各種機能組織特別靈敏，感情愛欲思考經驗特別發達，故為萬物之靈長、原始時代大概相安無事的，到了文明發達就創了禮教，有了禮教抑將教化使其反樸歸真，創了教條束縛其不致出規守其本分，卻成其反造成越規了，這禮教包括一切之法律。法律無非道之造化法律，故百密一漏之處在所難免，有的法律是保護帝王萬世千秋不被他人違背而設的，不一定对於人類自由思考有幫助，所以越嚴格越出規，所以古人

設社出有大偽、人類越文明越不守本分，欲望橫飛要衝出自由，自由是萬物之特權之性，因此犯了法律就成犯罪，罪是法沒有自性的，看所犯之輕重論處，或罰款或勞役或坐牢，期間屆滿就無罪了。但犯了公約之法律或逃出法網不被發現、其人必會悔而自責、甚至不復犯、那麼此人的心意識就有洗滌潛意識的某程度，此人必定還會死後再生為人、若不知懺悔但心中還常感苦煩、死後一定墮地獄、若犯罪畏罪而逃不敢面對現實、心中恐懼怕人發見，這种心意識死後會墮於畜生道。若人欲望熾盛欲火沖冠、死後必定墮入餓鬼道。若人作善意欲求福報死後會生於天道。人心是不定性的，所以在六道中出沒沒有了時，因為它是凡夫不悟真理才會感受苦境。苦樂感受是三界中事、若果修行悟了道之本體、即道合一入我我入、我為乾坤一人的境界、向下觀此大道即是建出發的現像、都是大我的三昧遊戲吧了。能感受所感受的三界都是心、不但三界、十界亦是心。故三界匯納在一心。魑魅魍魎邪精怪是山川木石等乃孕育天地之靈氣、然後受了動物之精液幻成、受了人之精液即能變為人形、受了猴之精液變猴、其他類推、這種怪物即是魔鬼、它不會因過失而懊悔、任意胡為、它的心是是一種執著意識、以其意而幻形、此名意成身。幻形有三條件、一是幽質、二是念朔材質、三是物質、比如說我們要畫圖、在紙上先想所畫之物、這是幽質、未動筆時紙上先有其形了。其次提起鉛筆繪個形記稿、此即念朔材質、次取來顏色塗上、就變成立體之相、都可亂真了。

喑啞瞎聾殘廢疾、痲痺纏縛自迷困，心生覺了生是佛，、心佛未覺佛是生。文

人們自出生時或出生了後，罹了喑啞、或眼盲、或耳聾或殘廢疾病、都由前生所作的心識有關，過去世做了令人憤怒而被打了咽喉、或眼目、或殘廢，或致了痛入膏肓而死、自己還不能懺悔、心中常存怨恨、這種潛意識帶來輪生，其遺伝基因被其破壞，或在胎內或出生後会現其相。前生若能以般若來觀照五蘊皆空、即可洗滌前愆甚至解縛證道、衆生因迷[不解]於宇宙真理、執着人法故此也。人們的造惡業亦是心、心生執着而不自覺即迷沉苦海，若承了悟此心本來是佛性、心生迷境而能自覺了、心即回歸本來面目、那個時候迷的衆生就是佛了。這心就是佛、因衆生迷而

不覺故佛爾要眾生，是迷悟之一念間，人們應該在心之起念間要反觀自照以免隨波着流。

羅福本空無自性，原來性空無所憑，我道一覺超生死，慧光朗照病除根」文

罪是違背公約的代價，福是善行的人們代價，這都是人我之間的現象界之法，在佛性之中都沒有此物，六道輪迴之中的諸心所法是人生舞台的法，人們只迷於舞台之法，未透視演戲之人，戲是假的演員是真的，任你演什麼好忠角色，對於演員本身是毫不相關的，現像無論怎麼演變，其本來佛性是如如不動的，所以世間之罪福無自性，原來其性本空，沒有什麼法可憑依。戲劇中之盛衰生死貪富根本由佛性的演員都沒有一回事。法華經中的譬喻品有長者

子的寓意故事，有位長者之子本來是無量財富，因出去玩要被其他的孩子帶走，以致迷失不知回家，成為流浪兒，到了長大還不知其家，亦不認得其父母，父母還是思念，但迷兒流浪了終於受傭於其家為奴，雙方都不知是父子關係，有一天來了一位和尚，是有神通的大德，對其父子說你們原來是父子，那個時候當場互為相認，即時回復父子關係，子就可以繼承父親的財產了，未知之前其子還是貧窮的，了知之後就成富家兒了。故喻迷沉生死苦海的眾生若能被了悟的大德指導，一覺大我之道就超生死迷境了。了生死是了解生死之法本來迷境，迷了惱就是智慧，智慧之光朗照，即業力的幻化迷境就消失，病魔之根就根除了

阿字門中本不生，吽開不二絕思陳，五蘊非真業非有，

能所俱泯解主賓」文

阿字門即是涅槃體、是不生不滅的佛性本體、了知諸法自性本空沒有實體，眾生迷於人法，金剛般若經中說的四相、我相、人相、眾生相、壽者相、凡夫迷着以為實有，四相完全是戲論、佛陀教吾們要反觀內照，了知現象即實在，要將現象融入真理、我與道同在、我與法身佛入我我入成為不二的境界，這不二的境界是絕了思考的起沒，滅了言語念頭、靈明獨耀之境界，所有的五蘊是假的，這五蘊堅固就是世間所云之靈魂，有這靈魂就要輪迴六趣了。有五蘊就有能思與所思的主賓對位、變成心所諸法而執着、能所主賓斷了、心如虛空、心如虛空故與道合一、即時回歸不生不滅的阿字門，不然的話、迷着於色聲香味觸之法而認為真，故生起貪愛、瞋恚、愚痴等眾蓋佛性，起了生死苦乐感受。諸法是戲論，佛性不是戲論，佛陀教吾們不可認賊為父。

了知三世一切佛，应观法界性一真，一念不生三三昧，我法二空佛印心。文

应该知道三世一切的觉者是怎樣成佛的，要了知一個端的，应观这法界森羅万象是一真实的涅槃性所现，这是过去佛现在佛未来佛共同所修观的方法，一念生万法现，一念若不生就是包括了無我、無相、無願三种三昧，这种三昧是心空，不是無知觉，是視之不見、聽之不聞的灵觉境界，此乃一真法性當体之狀態，我執法執俱空即是入我我入，佛心印我心、我心印佛心，達到这境界即入禪定，禪是体

定是心不起、二印一、衆生即佛。釋迦拈花迦葉微笑印此端的。因為迦葉等五百羅漢，均是不發大心的外道思想意識潛在，故開了方便手拈畢波羅花輾動，大衆均不知用意，但都啞然一念不生注視着，這端的當体印佛性本來面目。可惜錯过機会，只有迦葉微笑表示領悟，自此別開一河的無字法門禪宗，見惜了缘不能發大心都是独善其身的自了漢。

菩薩金剛眷屬、三缘無住起悲心，天龍八部隨心所、神通變化攝鬼神。

羅漢在高山打蓋睡，菩薩在荒草，佛在世間不離世間覺。羅漢入定不管世事衆生死如在高山睡覺，定力到極限的時候就醒来，会起了念頭，就隨陸下來了。菩薩是了悟衆生本質即佛德，已知迷是苦海，覺悟即極樂，菩薩已徹底了悟了，它就不怕生死，演惑潤生，拯救沉沒海中的眾生，如人已知水性了，入於水中會游泳，苦海變成泳池，眾生是不知水性故會沉溺，菩薩入於眾生群中，猶如一支好花入於蔓草之中，鶴立雞群，一支獨秀，佛世間、眾生世間、器世間，都是法界體性所現，出世間覺悟道理了，就是佛，所以佛出世間並無離開世間，佛是世間眾生的覺悟者菩薩為度眾生而開方便法門，但有頑固的眾生不受教訓，菩薩就起了忿怒相責罰，這就是金剛，這是大慈大悲的佛心所流露之心所，其總即佛，心王心所是佛之眷屬，這種大慈大悲的教化眾生之心所，是沒有能度所度及功勞的心無住生心，歸納起來菩薩金剛都是大悲毘盧遮那之心。

此心印佛心，要度天或鬼神就變化同其趣。如天要降雨露的諸法界衆生就要天龍，要守護法界衆生就要八部神將，都是大日如來心所所流出的。祂的神通變化是莫測的，不但能度的菩薩金剛、連鬼神之類亦是毘盧遮那普門之一德，普門之多的總和即總持，入了總持即普門之德具備，這總持即是心。

無限色声鄉炭相，文覽加持無之身，融我法句認諦理、一輯譯精立歸真文

心是宇宙心，心包太虛，太虛之中有無量基因德性、無量基因法性印普門、色即現前之法、声即法相之語、語即道之本体、有其声必有其物、有其物即有其色相、無限的基因德性、顯現無限不同法相、觸認識之本体即佛性智德

、顯現法相之理即理德、智法曰文殊、理德曰普賢、法界之森羅萬象即此理智冥加之法、無量無邊之理德及無量無邊之智德、無論一草一木都是此妙諦至之冥加的總和、只是基因德性之不同、顯現之物或法都是各各完成其使命之相、若不如是萬物即呈現清一色、一味、一相、都沒有各各之使命標幟了。這無限無量的基因德性曰功德、這功德都藏於一心之如來藏中、凡夫不知故認後天收入的塵法為真、將真而假合體、成為阿賴耶識、自此沉迷三界苦海了。人們若果醒了這道理而覺悟、即不起于座立地成佛了。

附錄一：《一真法句淺說》悟光上師《證道歌》

【全文】

嗡乃曠劫獨稱真，六大毘盧即我身，時窮三際壽無量，體合乾坤唯一人。
虛空法界我獨步，森羅萬象造化根，宇宙性命元靈祖，光被十方無故新。
隱顯莫測神最妙，璿轉日月貫古今，貪瞋煩惱我密號，生殺威權我自興。
六道輪回戲三昧，三界匯納在一心，魑魅魍魎邪精怪，妄為執著意生身。
喑啞蒙聾殘廢疾，病魔纏縛自迷因，心生覺了生是佛，心佛未覺佛是生。
罪福本空無自性，原來性空無所憑，我道一覺超生死，慧光朗照病除根。
阿字門中本不生，吽開不二絕思陳，五蘊非真業非有，能所俱泯斷主賓。
了知三世一切佛，應觀法界性一真，一念不生三三昧，我法二空佛印心。
菩薩金剛我眷屬，三緣無住起悲心，天龍八部隨心所，神通變化攝鬼神。
無限色聲我實相，文賢加持重重身，聽我法句認諦理，一轉彈指立歸真。

【釋義】

嗡乃曠劫獨稱真，六大毘盧即我身，時窮三際壽無量，體合乾坤唯一人。

嗡又作唵，音讀嗡，嗡即皈命句，即是皈依命根大日如來的法報化三身之意，法身是體，報身是相，化身是用，法身的體是無形之體性，報身之相是無形之相，即功能或云功德聚，化身即體性中之功德所顯現之現象，現象是體性功德所現，其源即是法界體性，這體性亦名如來德性、佛性，如來即理體，佛即精神，理體之德用即精神，精神即智，根本理智是一綜合體，有體必有用。現象萬物是法界體性所幻出，所以現象即實在，當相即道。宇宙萬象無一能越此，此法性自曠劫以來獨一無二的真實，故云曠劫獨稱真。此體性的一中有六種不同的性質，有堅固性即地，地並非一味，其中還有無量無邊屬堅固性的原子，綜合其堅固性假名為地，是遍法界無所不至的，故云地大。其次屬於濕性的無量無邊德性名水大，屬於煖性的無量無邊德性名火大，屬於動性的無量無邊德性曰風大，屬於容納無礙性的曰空大。森羅萬象，一草一木，無論動物植物礦物完全具足此六大。此六大之總和相涉無礙的德性遍滿法界，名摩訶毘盧遮那，即是好像日光遍照宇宙一樣，翻謂大日如來。吾們的身體精神都是祂幻化出來，故云六大毘盧即我身，這毘盧即是道，道即是創造萬物的原理，當然萬物即是道體。道體是無始無終之靈體，沒有時間空間之分界，是沒有過去現在未來，沒有東西南北，故云時窮三際的無量壽命者，因祂是整個宇宙為身，一切萬物的新陳代謝為命，永遠在創造為祂的事業，祂是孤單的不死人，祂以無量時空為身，沒有與第二者同居，是個絕對孤單的老人，故曰體合乾坤唯一人。

虛空法界我獨步，森羅萬象造化根，宇宙性命元靈祖，光被十方無故新。

祂在這無量無邊的虛空中自由活動，我是祂的大我法身位，祂容有無量無邊的六大體性，祂有無量無邊的心王心所，祂有無量無邊的萬象種子，祂以蒔種，以各不同的種子與以滋潤，普照光明，使其現象所濃縮之種性與以展現成為不同的萬物，用祂擁有的六大為其物體，用祂擁有的睿智精神（生其物）令各不同的萬物自由生活，是祂的大慈大悲之力，祂是萬象的造化之根源，是宇宙性命的大元靈之祖，萬物生從何來？即從此來，死從何去？死即歸於彼處，祂的本身是光，萬物依此光而有，但此光是窮三際的無量壽光，這光常住而遍照十方，沒有新舊的差別。凡夫因執於時方，故有過去現在未來的三際，有東西南北上下的十方觀念，吾人若住於虛空中，即三際十方都沒有了。物質在新陳代謝中凡夫看來有新舊交替，這好像機械的水箱依其循環，進入來為新，排出去為舊，根本其水都沒有新舊可言。依代謝而有時空，有時空而有壽命長短的觀念，人們因有人法之執，故不能窺其全體，故迷於現象而常沉苦海無有出期。

隱顯莫測神最妙，璿轉日月貫古今，貪瞋煩惱我密號，生殺威權我自興。

毘盧遮那法身如來的作業名羯磨力，祂從其所有的種子注予生命力，使其各類各各需要的成分發揮變成各具的德性呈現各其本誓的形體及色彩、味道，將其遺傳基因寓於種子之中，使其繁慜子孫，這源動力還是元靈祖所賜。故在一期一定的過程後而隱沒，種子由代替前代而再出現，這種推動力完全是大我靈體之羯磨力，凡夫看來的確太神奇了、太微妙了。不但造化萬物，連太空中的日月星宿亦是祂的力量所支配而璿轉不休息，祂這樣施與大慈悲心造宇宙萬象沒有代價，真是父母心，吾們是祂的子孫，卻不能荷負祂的使命施與大慈悲心，迷途的眾生真是辜負祂老人家的本誓的大不孝之罪。祂的大慈悲心是大貪，眾生負祂的本誓，祂會生氣，這是祂的大瞋，但眾生還在不知不覺的行為中，如有怨嘆，祂都不理而致之，還是賜我們眾生好好地生活著，這是祂的大癡，這貪瞋癡是祂的心理、祂本有的德性，本來具有的、是祂的密號。祂在創造中不斷地成就眾生的成熟。如菓子初生的時只有發育，不到成熟不能食，故未成熟的菓子是苦澀的，到了長大時必須使其成熟故應與以殺氣才能成熟，有生就應有殺，加了殺氣之後成熟了，菓子就掉下來，以世間看來是死，故有生必有死，這種生殺的權柄是祂獨有，萬物皆然，是祂自然興起的，故云生殺威權我自興。祂恐怕其創造落空，不斷地動祂的腦筋使其創造不空成就，這些都是祂為眾生的煩惱。這煩惱還是祂老人家的本誓云密號，本有功德也。

六道輪回戲三昧，三界匯納在一心，魑魅魍魎邪精怪，妄為執著意生身。

大我體性的創造中有動物植物礦物，動物有人類，禽獸，水族，蟲類等具有感情性欲之類，植物乃草木具有繁衍子孫之類，礦物即礦物之類。其中人類的各種機能組織特別靈敏，感情愛欲思考經驗特別發達，故為萬物之靈長，原始時代大概相安無事的，到了文明發達就創了禮教，有了禮教擬將教化使其反璞歸真，創了教條束縛其不致出規守其本分，卻反造成越規了，這禮教包括一切之法律，法律並非道之造化法律，故百密一漏之處在所難免，有的法律是保護帝王萬世千秋不被他人違背而設的，不一定對於人類自由思考有幫助，所以越嚴格越出規，所以古人設禮出有大偽，人類越文明越不守本分，欲望橫飛要衝出自由，自由是萬物之特權之性，因此犯了法律就成犯罪。罪是法沒有自性的，看所犯之輕重論處，或罰款或勞役或坐牢，期間屆滿就無罪了。但犯了公約之法律或逃出法網不被發現，其人必會悔而自責，誓不復犯，那麼此人的心意識就有洗滌潛意識的某程度，此人必定還會死後再生為人，若不知懺悔但心中還常感苦煩，死後一定墮地獄，若犯罪畏罪而逃不敢面對現實，心中恐懼怕人發現，這種心意識死後會墮於畜生道。若人欲望熾盛欲火衝冠，死後必定墮入餓鬼道。若人作善意欲求福報死後會生於天道，人心是不定性的，所以在六道中出歿沒有了時，因為它是凡夫不悟真理才會感受苦境。苦樂感受是三界中事，若果修行悟了道之本體，與道合一入我我入，成為乾坤一人的境界，向下觀此大道即是虛出歿的現象，都是大我的三昧遊戲罷了，能感受所感受的三界都是心，不但三界，十界亦是心，故三界匯納在一心。魑魅魍魎邪精怪是山川木石等孕育天地之靈氣，然後受了動物之精液幻成，受了人之精液即能變為人形，受了猴之精液變猴，其他類推，這種怪物即是魔鬼，它不會因過失而懺悔，任意胡為，它的心是一種執著意識，以其意而幻形，此名意成身，幻形有三條件，一是幽質，二是念朔材質，三是物質，比如說我們要畫圖，在紙上先想所畫之物，這是幽質，未動筆時紙上先有其形了，其次提起鉛筆繪個形起稿，此即念朔材質，次取來彩色塗上，就變成立體之相，幾可亂真了。

喑啞蒙聾殘廢疾，病魔纏縛自迷因，心生覺了生是佛，心佛未覺佛是生。

人們自出生時或出生了後，罹了喑啞、或眼盲、或耳聾或殘廢疾病，都與前生所作的心識有關，過去世做了令人憤怒而被打了咽喉、或眼目、或殘廢、或致了病入膏肓而死，自己還不能懺悔，心中常存怨恨，這種潛意識帶來轉生，其遺傳基因被其破壞，或在胎內或出生後會現其相。前生若能以般若來觀照五蘊皆空，即可洗滌前愆甚至解縛證道，眾生因不解宇宙真理，執著人法故此也。人們的造惡業亦是心，心生執著而不自覺即迷沉苦海，若果了悟此心本來是佛性，心生迷境而能自覺了，心即回歸本來面目，那個時候迷的眾生就是佛了。這心就是佛，因眾生迷而不覺故佛亦變眾生，是迷悟之一念間，人們應該在心之起念間要反觀自照以免隨波著流。

罪福本空無自性，原來性空無所憑，我道一覺超生死，慧光朗照病除根。

罪是違背公約的代價，福是善行的人間代價，這都是人我之間的現象界之法，在佛性之中都沒有此物，六道輪迴之中的諸心所法是人生舞台的法，人們只迷於舞台之法，未透視演戲之人，戲是假的演員是真的，任你演什麼奸忠角色，對於演員本身是毫不相關的，現象無論怎麼演變，其本來佛性是如如不動的，所以世間之罪福無自性，原來其性本空，沒有什麼法可憑依。戲劇中之盛衰生死貧富根本與佛性的演員都沒有一回事。《法華經》中的〈譬喻品〉有長者子的寓意故事，有位長者之子本來是無量財富，因出去玩要被其他的孩子帶走，以致迷失不知回家，成為流浪兒，到了長大還不知其家，亦不認得其父母，父母還是思念，但迷兒流浪了終於受傭於其家為奴，雙方都不知是父子關係，有一天來了一位和尚，是有神通的大德，對其父子說你們原來是父子，那個時候當場互為相認，即時回復父子關係，子就可以繼承父親的財產了。未知之前其子還是貧窮的，了知之後就成富家兒了，故喻迷沉生死苦海的眾生若能被了悟的大德指導，一覺大我之道就超生死迷境了。了生死是瞭解生死之法本來迷境，這了悟就是智慧，智慧之光朗照，即業力的幻化迷境就消失，病魔之根就根除了。

阿字門中本不生，吽開不二絕思陳，五蘊非真業非有，能所俱泯斷主賓。

阿字門即是涅盤體，是不生不滅的佛性本體，了知諸法自性本空沒有實體，眾生迷於人法，《金剛般若經》中說的四相，我相、人相、眾生相、壽者相，凡夫迷著以為實有，四相完全是戲論，佛陀教吾們要反觀內照，了知現象即實在，要將現象融入真理，我與道同在，我與法身佛入我我入成為不二的境界，這不二的境界是絕了思考的起沒，滅了言語念頭，靈明獨耀之境界，所有的五蘊是假的，這五蘊堅固就是世間所云之靈魂，有這靈魂就要輪迴六趣了，有五蘊就有能思與所思的主賓關係，變成心所諸法而執著，能所主賓斷了，心如虛空，心如虛空故與道合一，即時回歸不生不滅的阿字門。不然的話，迷著於色聲香味觸之法而認為真，故生起貪愛、瞋恚、愚癡等眾蓋佛性，起了生死苦樂感受。諸法是戲論，佛性不是戲論，佛陀教吾們不可認賊為父。

了知三世一切佛，應觀法界性一真，一念不生三三昧，我法二空佛印心。

應該知道三世一切的覺者是怎樣成佛的。要了知一個端的應觀這法界森羅萬象是一真實的涅盤性所現，這是過去佛現在佛未來佛共同所修觀的方法，一念生萬法現，一念若不生就是包括了無我、無相、無願三種三昧，這種三昧是心空，不是無知覺，是視之不見、聽之不聞的靈覺境界，此乃一真法性當體之狀態，我執法執俱空即是入我我入，佛心即我心，我心即佛心，達到這境界即入禪定，禪是體，定是心不起，二而一，眾生成佛。釋迦拈花迦葉微笑即此端的，因為迦葉等五百羅漢，均是不發大心的外道思想意識潛在，故開了方便手拈畢波羅花輾動，大眾均不知用意，但都啞然一念不生注視著，這端的當體即佛性本來面目，可惜錯過機會，只有迦葉微笑表示領悟，自此別開一門的無字法門禪宗，見了性後不能發大心都是獨善其身的自了漢。

菩薩金剛我眷屬，三緣無住起悲心，天龍八部隨心所，神通變化攝鬼神。

羅漢在高山打蓋睡，菩薩落荒草，佛在世間不離世間覺，羅漢入定不管世事眾生宛如在高山睡覺，定力到極限的時候就醒來，會起了念頭，就墮下來了，菩薩是了悟眾生本質即佛德，已知迷是苦海，覺悟即極樂，菩薩已徹底了悟了，它就不怕生死，留惑潤生，拯救沉沒海中的眾生，如人已知水性了，入於水中會游泳，苦海變成泳池，眾生是不知水性故會沉溺，菩薩入於眾生群中，猶如一支好花入於蔓草之中，鶴立雞群，一支獨秀。佛世間、眾生世間、器世間，都是法界體性所現，在世間覺悟道理了，就是佛，所以佛在世間並無離開世間。佛是世間眾生的覺悟者，菩薩為度眾生而開方便法門，但有頑固的眾生不受教訓，菩薩就起了忿怒相責罰，這就是金剛，這是大慈大悲的佛心所流露之心所，其體即佛，心王心所是佛之眷屬，這種大慈大悲的教化眾生之心所，是沒有能度所度及功勞的心，無住生心，歸納起來菩薩金剛都是大悲毘盧遮那之心。此心即佛心，要度天或鬼神就變化同其趣。如天要降雨露均沾法界眾生就變天龍，要守護法界眾生就變八部神將，都是大日如來心所所流出的。祂的神通變化是莫測的，不但能度的菩薩金剛，連鬼神之類亦是毘盧遮那普門之一德，普門之多的總和即總持，入了總持即普門之德具備，這總持即是心。

無限色聲我實相，文賢加持重重身，聽我法句認諦理，一轉彈指立歸真。

心是宇宙心，心包太虛，太虛之中有無量基因德性，無量基因德性即普門，色即現前之法，聲即法相之語，語即道之本體，有其聲必有其物，有其物即有其色相，無限的基因德性，顯現無限不同法相，能認識之本體即佛性智德，顯現法相之理即理德，智德曰文殊，理德曰普賢，法界之森羅萬象即此理智冥加之德，無量無邊之理德及無量無邊之智德，無論一草一木都是此妙諦重重冥加的總和，只是基因德性之不同，顯現之物或法都是各各完成其任務之相。若不如是萬物即呈現清一色、一味、一相，都沒有各各之使命標幟了。這無限無量的基因德性曰功德，這功德都藏於一心之如來藏中，凡夫不知故認後天收入的塵法為真，將真與假合璧，成為阿賴耶識，自此沉迷三界苦海了，人們若果聽了這道理而覺悟，即不起於座立地成佛了。

—完—

附錄二：般若心經的思想蠡測手稿

佛說摩訶般若波羅蜜多心經講話

般若心經的思想蠡測

前言

此經在佛教諸經中的地位是相當高超的，所謂大般若經六百卷的精髓，也就是智慧之經，佛從智慧生，故智慧名佛母。智慧在心眼，故名佛眼。如人無兩眼寸走難行，天無兩眼（日月）天下暗黑，要成佛若沒有佛眼母就無法成佛了。此經是三乘根器通用的必要經典，雖各乘証道高低不同，但此經都是重要眼目。此經有大乘、小乘、顯、密之得益分，顯中有声聞、緣覺之小乘分、有大乘之菩薩分。密乘有上大乘之菩薩分，結果都是証道分。除小乘之自利外顯密菩薩都是大乘佛教。大乘是好像大船、或大車，可運載很多人的乘物一樣，從此方運送到彼方到達目的地，也就是能運度迷界的眾生到覺悟的心理生活世界，脫離煩惱苦厄的自由世界的大乘工具。因為佛是救度一切眾生苦難的一大事因緣，才出現世間的。所以佛教是与一切眾生有不可分離的絕对関係。一般大多誤解佛教是一种高深莫測的哲学，若非最上根機的人是不能理解或去修習之学問，其实不然，有眾生故必有宗教，佛教亦不能例外。但宗教在世界上是很多，大概可分為，多神教、一神教、無神教、人文教，唯心教、無心教、泛神教，等不同的角度來施行教化。佛教都以無神，唯心、無心、泛神來对各种不同根機施教，此中分出宗派，各樹旗幟分頭揚鑣，其实結果都歸納於佛性的開展，一切、眾生、悉有、佛性的原則下，眾生都在佛教中生活、生活即佛教、生活就是佛性之教使、佛性之活動即生活。不是唯一的万能之神在支配吾人衆生的生活、吾人衆生因為不諳這些生活是佛性本体的活動、執着了物質上短暫的享受，因為求不得而起了煩惱，卻不知法相現像的実相是無常的：一切都是佛性之無常代謝的影射，現像比如冰，佛性比如水，水以寒冷為緣凝成冰、冰以煖為緣而還水，水冰原是一物，所以佛陀教吾們了悟冰即水、一切、衆生、悉有，即佛性。不知此中真理，起了恐怖煩惱將会老病死亡，以是迷昧心理上發生煩惱苦痛，身心本是不二的，心煩影响物質，心病故身病，一人之心病影响一人之身体，衆人之心病影响家庭、社会、國家、世界，就変成苦海。每個之身心是一、家庭亦是一、社会亦是一、國家亦是一、世界亦是一。這一是多之

一、世界不安個人亦不安，故需要整個得安個々才得安，個々是多的，所以必須大乘才能度整個，為求自己之平安必須學大乘的精神，大眾得度自己當然得度，這是佛陀親自体証出來的道理。佛陀雖然有說了小乘的自我解脫法，但佛陀是体証大道的，其教化之目的還是以大乘為目的。此心經也就是以大乘為中心，以吾們的生活中去体悟，以佛法生活來度人度己，舉手投足皆從道場來的堅固心來証入實相，圓成菩提正果。

般若心經的翻譯與心經的地位

般若波羅蜜多心經是唐朝玄奘法師所翻的經題，現在吾們研究的是姚秦時代的鳩摩羅什法師所翻的心經，經題是，「佛說摩訶般若波羅蜜多心經」、經題有「佛說摩訶」四字，經中「遠離一切顛倒夢想」多二字「一切」，經後多四字「般若心經」功能向上。

心經在印度之原典也有很多種、有人說：是佛親口說的、但經中沒有六成就；有人說：觀音菩薩說的觀音法門、但觀音是德號、不是歷史人物，況且經所說：觀自在菩薩是能觀之人、「行深般若波羅蜜多時照見五蘊皆空」是所觀之法、很多人不能認同本經的確是大乘般若思想的結晶品，無論誰說此經，都是釋迦一代言教精髓，在中國翻譯的心經多至十一部，吾們真言宗所用的即是羅什法師所翻之

「佛說摩訶般若波罗蜜多心经」。罗什法師翻譯的经典亦不少、他的身世及行履，大家都聽了很多法師說过了、在此不必多言。

中國所翻譯的心经十[illegible]种中已经散失，僅存有七种、而是現在只有五种。十种经名各有不同字眼！

一、鳩摩罗什譯：名「佛說摩訶般若波罗蜜多心经」、（大明咒经）

二、唐遍覺三藏譯：名「般若波罗蜜多心经」、（五蘊下加等字、除「一切」二字。無功能句。

三大周義淨譯：名「佛說般若波罗蜜多心经」加功能句。

四、法月譯：名「普遍智藏般若波罗蜜多心经」

五、唐天竺三藏不空譯：名「梵本般若波罗蜜多心经」

六、唐玄奘譯：名「般若波罗蜜多心经」

七、罽賓沙門般若共利言等譯之名「般若波羅蜜心經」（新疆喀什米爾）

八、宋慈賢譯之名「同不空」

九、宋天竺三藏施護譯之名「佛說聖佛母般若波羅蜜多心經」

十、西藏貢噶禪師譯之名「薄伽梵母智慧到彼岸心經」

釋迦牟尼佛悟了真理以後，說了將近五十年的法，歷代諸師將佛陀說法都加以分為五個階段，第一段是「華嚴時」，是在佛成道後的廿一日內，這是自受法樂向內看屬說的，都是宇宙深奧的理智之學，其代表經典即是華嚴經。

道理甚深一般凡夫是不能了解的，以後就說了十二年比較淺顯的道理。這時期叫做「阿含時」。其代表經典是阿含經。屬於第二段時期。第二段時期是方等時，總共說了八年時期，所說的是身心不二、事理不二等真理，如維摩經、勝曼經等不二法門之經典。第四時間最長、前後有廿二年之久，說了各種般若經，這段叫做般若時、最後是法華、涅槃時、佛將入滅之前的八年時間、說了法華經、最後的一日一夜之間、說了涅槃經、在教義上看來大概是同一性質的法。故叫做法華、涅槃時。

以時間上看來，般若教義的時間最長、約佔了整個說法時間的半數，經典之多也佔了大部分。大正新修大藏經的經藏部分共有二十二大冊。就中小乘阿含部、本緣部、密教部也佔了八大冊，其餘大乘顯教經典僅有十三大冊。這十三大冊之中般若部有四大冊、而其中一部大般若波羅蜜經即「大般若經」，共有六百卷、裝成三大冊、除「仁王般若經」及般若心經以外的一切般若教義經典都收在此這部大般若經中、般若部一共有四大冊、除大般若經三大冊外、剩下的一冊是收藏什麼經？一般地說、是大般若經第四百零一卷至最後第六〇〇卷經義的畧釋，加上仁王般若經及般若心經兩部。所以大般若經是攝盡了般若時的所說之般若教義。

由此可見般若經是大乘佛法的重要經典、而此心經乃是般若經的濃縮品、佛教各宗都非常重視而採用。

龍樹菩薩所造的大智度論、都說般若波羅蜜、是諸佛母、諸佛以法為師、法者、即是般若波羅蜜、佛教是以法為主要中心、法是具有本然性、安定性、和普遍性的真理、即本來存在不變的法則、凡夫若證悟了這真理、就可以成為佛、佛由法生、所以法是佛母、又以法為師、法即是佛之師、能為佛之母、佛之師、即是般若波羅蜜、也即是般若教義。大般若經云：「摩訶般若波羅蜜、是菩薩摩訶薩母、般若能生諸佛、攝持菩薩。」金剛經云：「一切諸佛、及諸佛阿耨多羅三藐三菩提法、皆從此經出。」諸佛能證之人及所證之法、都是從此般若中出。般若心經中說：「三世諸佛、依般若波羅蜜多故、得阿耨多羅三藐三菩提」，肯定地指出般若波羅蜜是成佛的條件。若不依般若波羅蜜就不能成佛。由此可以了知般若教義是佛法之心髓、成佛之正因。難怪佛陀要費了二十二年的時間說此教義、並作了大品經的那麼多的經冊。

经题之探讨

．佛说摩诃般若波罗蜜多心经

经题是该经的浓缩句．如明咒就是一篇文章的浓缩、或句诸言就统御了整个内容，像吾们的名字或公司店名、都是代表某人某公司的整体，这部经其中之玄妙奥义都包括在这经题当中，如这部心经包括了般若经六百卷的思想。

佛说：这二字，当然是指佛陀说过，无论佛陀曾在某些地方说此经、或后来佛的弟子将佛所说的六百卷大般若经加以综合浓缩，都是佛陀所说的道理，大概是后来统合整理出来之经，所以有人在翻译上、不加盖佛说二字为经首、亦没有时间地点．请说或当说、或常随众与结缘众的标示，但还有人列有六成就、其所列之时间地点等皆是一种象徵寓意、查無根據可稽。當然大般經有與成就，與此心經淵緣。

摩訶：是大、多、勝之意，有最大、最多、最勝、多義所以稱之摩訶。不翻，用梵音讀之。

佛的開悟是與眾不同，是世界上所有宗教中，最圓滿具足絕對的悟，在佛教中稱佛的悟，叫做摩訶。是宇宙全体的悟，並非部份或止於人文的悟，是普遍通達世間、出世間、平等無差別的絕對之正知的徹底之悟。凡夫所知的道理有深淺廣狹多小並不是絕對平等，人智都不能超越界限，佛因為其智慧超越世間，所以是殊勝，此方名大般若是意識，故稱摩訶般若，不名大般若。

般若一般都翻做智慧，是以定慧來樹名的，為使大眾普

遠容易了解，就認識殊勝廣大無限的智慧，这就是佛智，

凡夫的智慧是出生以後，受父母兄弟、学校的老師、社会朋友人際關係中得來收藏品，都不合正確性，很多学者的論說，一時被認为正確，到了後來也有被推翻認为不正確，如宗教中部分認为万物是唯一的神所創造，其神好像歷史人物，这都是錯覺，其實該唯一的神是象徵人物，是宇宙大靈，真如法性的人格化，这就是佛陀的心眼所見，是一種透視宇宙基因動態的智慧，这種智慧能將現象的法相，透視到甚深微妙處，見到其代謝的無常活動，了解其諸法無法相的無自性，性空的實有，顯現的妙有，究明了万物之實相，排除了誤認的執著，体会了現象即實在，即事而真，當相即道的道理，在現象中入於正位的不生不滅

之涅槃体，未活現出其物佛性，大作夢中佛事，這种佛智叫做般若。

吾們凡夫因為佛智未顯露之前，多為假相所迷，被其所具之生命機能，食、性、自由所驅使，迷着現像之七情六欲，取捨美醜，喚起了貪恚的基因种性，造諸惡業行為起了不同的煩惱。若果了悟諸心法也是無自性的幻起法，即當下就消散無蹤，這是觀照般若。

一切之現像之認識与執着取捨都是心的作用，如一棟房屋，是由聚集了很多材料，石頭、磚塊、鉄筋、木材、砂、水泥、玻璃等々，經人工加以砌成，變成房屋，命名别莊，吾們認為别莊是實有，但為某些條件下拆除，即房子都沒有了，别莊的名称沒有了，故房子之法相是無自性的」這些心之認識亦是無自性的、無自性是無常住無不變的道理。房子蓋起來有美醜、但其原料本來沒有美醜、即是平等。將原料移動另蓋個寶塔、原料不變、即平等實相、但塔形與屋形都變、名亦隨之而變、其實此塔相與名字亦是無自性。不但如此、吾人的身心都無自性、自出生到現在吸取身外之物來變為身体、原來之舊物排出去、不斷地新陳代謝、成為現在、過去已了不可得、現在剎那變動止不住、未來是還未到、三際都是無自性不可得、故名性空、是一種假存在、體不斷地聚合成為一個相之力量、即是業力、這業力是絕對力、離散也是此力、名強性羯磨力的諸相之原料是佛性真如中之六大理德、理德有原素、如核子、原子、電子、最本原是光、亦名佛光。由無形而積聚、成了

法住法位

微塵元素、依因緣而成立世界。如一棵大樹、由其因种子
依其引發力而緣四大物質原素、由小而大、到了現在這麼
大的体積、樹是緣生物、種類有空間、經時間聚緣力而成
、種類都空无自性、雖然四大相涉无礙成為樹、樹是假名
、譬見之水分是水分、若种纖維、及其香味都各自立、如
建物一体積、種類之砂石是砂石、鐵筋是鐵筋、其他各項
都各自立、鐵不涉入砂、石不涉入鐵、到了緣盡分散也是
各自立、這是物質不滅論、緣成之物相即假立无不變之物
、在這時空中之万物皆然。法无定相、美醜是心所法、也
不是定相、依凡夫眼看來物之遷變是時間、物之現象是空
間。這就是世界。深一層看、物之遷變当相即停於該當的
時間：昨日之事停於昨日的時間、不能拉來現在。嘆言之

現象表現　諸法實諦　物不遷流精神

現像神遷流，點迷

法住法位，諸法無去來、依時遷流看是無常、依法之生起與時間而言諸法常住，也是物不遷論的看法●

人在船中看岸、即岸流水與船都不流、人在岸即看到船水都在流。遷流與不遷流是自我的定位之迷着，依大宇宙全体而言是一實相的活動現象。遷流生滅的過程中就生出時空間的分別、構成一期生命現象。其實這种生滅遷變是幻覺、宇宙体性本然不生不滅、了解此理趣即涅槃、涅槃是宇宙當体、宇宙當体即道、道是佛性真如本性之別名。

万物未出現之本体實相是万物基因緣之隱態、都沒有淨穢美醜，故名清淨平等、万物從此平等上起了差別、差別觀念是心之認知、依宇宙本体而言、只是諸法性基因作業沒有什麼淨與不淨、美醜的差別，基因不同故平等中有差

男女分之論

別、原來差別也是平等。人心的基因業力不同、取捨力強、依着某物是很美、別人看不一定認同，在平等中起差別是自業，乃差別是共業，如花是紅色的、大家都認同是共業、我看來很美、你看着來不美是自業，取捨各不同。

人人有貪心是共業、所好之貪不同即自業，自業惱自己共業惱眾人。人人製造自私的業影響自己的命運、大眾製造共業影響社会，小我在大我中生存、共業也会影響自己、自己各人製造自業也都会破壞共存的細胞，執着這世界是惡濁穢土、希祈脫離這穢土往別的淨土，這是一種妄想的影，了解宇宙的實相，創造好的共業，觀照這法界是一味平等而各自努力，与佛性理體入我我入、融合為一來生活即是佛，佛性是絕對平等森羅萬物之幻變的，吾們若能

正信和前人之误

得到这种佛眼智慧、立於正位的大慈大悲大光明、对心物不二而即身成为佛、现世即生於常寂光土。

佛陀他自体验出来的真理教示吾们、依观照的般若去看实相般若、佛陀已成为古人、留下来的就是现在的文字般若、吾们从文字般若去作观照实相。佛陀是大慈悲无私的、他已证入正位、他看万物众生是佛体、法身大日如来之内容、故教吾们要启发般若、般若心眼若开启、即无不是光明世界。他是不妄语者、不是要骗人的愚民政策、吾们若先入为主、信仰不正确的神话、执着己见不信真理、到了临终的时候就来不及了。很多人信仰将要临终去世的时、冀神会来带吾们去到不老长生的国土成了仙、这都是心意识的范畴。

仅前同乙

天庭地獄唯心造、信仰之力確實偉大、信仰錯誤鑄成惡從幻影之錯覺。信仰帶來的苦樂殊別、信仰佛土是光明、死後就見到佛之光明、懷疑來決的信仰、臨終時無法證驗到實相。淨土教的經典原是密教之一部分、是一種意識改造的方法。信者得救、帶業往生淨土。進一步是了觀照般若、了解凡所有相即是虛妄、即見實相、實相無相是為相、為相即實相、不必撥波覓水、當下以入正信，解冰為水是一種多勞的工夫，執於偏空即會沉寂不起大用、執於現象即是妄見會墮於凡夫、理論歸理論、實踐歸實踐、應以深般若來觀察事理、深入佛說的常住不滅之真理、以融合佛心來生活、以大慈悲之佛德來為社會開展服務、這就是功德、就是成佛資糧、見苦不救、一毛不拔、出言傷口道

二、智慧具足

德」、聯歸社会，這些心理是偽君子、面如菩薩心如羅刹、心中一点般若都沒有、可在靜中成種覺時、同々境界如何、，這是不能聯歸自己的、妄想成佛是終不可期的。

智慧者，智能內觀透視宇宙實相、慧可展開看一切众生是那們理解律法身中的同胞、施与拔苦与樂、智如火、慧如光、有火而無光是不是死火、有火而有光才是智慧、只有光而不知火原可沒有透視真理的功能，止於世上之善人、善人不悟真理還可以生天福、還在生死的幻想中不能成佛、佛是雙足尊、智慧圓滿、無所缺陷。都与众生同在、佛不離眾生、眾生亦不離佛。若無般若雖如佛國都是呈現地獄的境界。故智慧是學佛人的重要眼目。

運用三種般若与中道

用三種般若心經說明

般若如前所說有三種的運作，吾們不值佛世已經離佛陀在世二千餘年了，不能直接親聞佛陀面授，祇在佛陀所說的道理與修証方法的記載之經典上，去研究和實踐來体証成佛大道、這些經典就是文字，依這文字來透視道理就是文字般若。道理是實相、實相是胎藏理德、是真如本性，真如本，法會幻出萬物諸法、亦各法性、法性中有諸法與法相基因，各種性、種性如在胎內來出生之時，都是平等的，但被理修的絕對之鍛磨力推動時，惡基因出現即呈惡之法，善之基因德性出現時，即呈善之法。雖言一切眾生本來平等，但不能善與惡混為一談。生命的內容是食、性、自由，沒有般若之始覺即任其自由所欲而妨礙大眾，沒有般若之故名無明，有般若之判斷故名明、這些道理佛陀

已經說到此綱、歷代記錄留下的就是文字般若，

依文字般若去思惟、觀察心之起動，由起動而透視心、宇宙之實相、實相一般而言即止於真如法性一味的平等狀態。若從現像的差別中去見到本來清淨的實相，即所謂見性、禪宗多為此立名見性成佛、亦就是覺到無念無作的端的、如已經解冰歸水。在初機的修行中，就如下面要說的十二因緣之順逆觀、去剖析心的狀態、與諸法的流轉，這叫做析空觀。還有根機犀利的人，直覺到法性之動態，悟了諸法無常而在常地創造、這叫做體空觀。析空觀與體空觀是遲速轉變的時間上來說的，結果都是般若之力量，這名觀照般若、觀照般若當然由般若經典而來，見諸時之道理是實相、實相就是佛性、法性、理德、智德。証明此道

真空智慧之理

理的智慧就是實相般若。

實相亦名道，是宇宙萬物諸法之源，永恒而不生不滅之理智德性，此德性沒有止境地活動着！為何一味平等而無色聲香味觸諸法的不知名、不知始終、超越思慮的，莫名其妙的怪物，能幻出諸法與法相呢！這是要悟道的人所追求的目的。無不能生有，若是有就不能成無，若是一味怎能生出千千萬萬味、千千萬萬不同形態、不同聲、不同嗅千千萬萬心理諸法都不同耶，此中之原因甚深微妙，真是言語不能形容，佛陀坐菩提樹下金剛座上已經証見体悟了，這些道理的經典就是華嚴經，這還是言語所能表達的範圍，其真底根本不能說出來，從來的祖師們，如龍樹菩薩等亦都闡悟証實，但無法以言語表達，然後繪於圓面來暗示

曼荼羅解釋

其中之理趣、這叫做曼荼羅、曼荼羅又名壇城、有以尊形、有以標幟、有以種字來表達宇宙道理。

壇城即宇宙、亦即是吾人、万物、個之內容，本來心身不二的道理、為容易了解起見、分為理與智來說明、身心不二故、物能生心、心能移物，理方面理德名胎藏曼荼羅，精神的智方面名金剛曼荼羅、繪有城內與城外之人物或種字標幟、城外部分表一般世間、外再有鐵圍山、鐵圍山外的是三惡道、刚强难调的众生、被鐵圍山圍着，表示一重重障礙不能進入善道，城內有佛菩薩、表一般世間進入的城內就成為菩薩眾、修行證悟即成佛、成佛是轉識成智，將五識轉成五智、識是迷界之心理、智是達道正確的本有智德。凡夫本來就具足五智、因為被惡的基因德性所支使、以致迷於現像、智慧成了識、普賢文殊般若去做观照般若、以观照般若去证实相般若、即成佛。曼荼罗中所有之人物、动物、矿物、皆是佛性中之基因德性、城内是悟、城外是迷、迷悟都是佛性。是属於心精神而言的，精神智德是物质理体之功德，此功德力是一味的绝对力，如大地普遍养育万物，如天降雨普润万物之德没有分好与坏的差别，这就是法性，是无分别的大慈大悲德性。離理德無量無边、都是一味平等，故名大悲胎藏，此图谓胎藏曼荼罗。一旦堕因被魔力推动、就千差万别万物各不同心法与形像的显现。智者心一發动就馬上判断抑恶扬善，迷の佛菩萨的楼阁城内，要入此门是非常困难的、这门名心扉，開此心扉之鑰匙是般若。

分析到六大集生 不怕煩惱

以觀照般若來判斷分析、一般凡夫的心眼是迷眛朦朧的、由出生以來被迷的世間所蒙騙不知實相、迷朦的眼睛看到麻繩以為是蛇、听人說蛇會咬人、心理發生恐惶、若將般若心眼去分析真偽、就不會繩認為蛇。又以為繩是實有的迷情、若將繩加以拆開、即變成三股麻絲所構成、又將每股分開來看、就發現全是多數的麻絲、每條麻絲再折開、即變成棉絲、又折開即變成小棉絲、一直分碎下去終成微塵、最後化成無形、這無形就是空、但不是無物、只是肉眼看不見而已、這看不見的物理原素就是物理基因、無形之物理基因無量無邊、每個都具足六大、我們的身體以及萬物皆如此、有是假合、由基因德性緣六大而成物、由物而發用、此用則精神、都是心物不二的。

物質性之比較

理智……細說

一般神教都說心物各別，以身体為臭皮囊，主張靈魂的說法，佛陀已經訶斥非正見，不是靈魂論。吾們能用般若去觀照斷絕情此端的。

理体之基因德性無量，智体之基因德性也是無量，理体歸納為地水火風四大，加空間空大為五大，智体歸納為四智，即大圓鏡智（第八阿賴耶）、平等性智（第七末那識）、妙觀察智（第六意識）、成所作智（前五識），加法界藏之法界体性智（第九庵摩羅識），為五智。物之基因德性是物之种性，精神之基因德性是心所諸法之原因。萬物以至微塵皆一具此理智之德，如植物礦物為其基因德性之所限，精神比不上人類、下等動物亦一樣，具有食、性、自由的生命能力之構造現象生命的生存欲基因是共同的，每一物都有欲觸覺慢之德性，在植物中最顯著的蓋花，被一觸即能收縮其葉

永遠、價值、堅實、創造性

比例精神、物質理法。

、都是它的生命機能，這是五智中之妙觀察智，這不是肉眼、是屬於它的心眼、它能吸陽光水分、土壤肥料、代謝開花結果等即是成所作智，普遍吸收生存是平等性智，它能與万物相處、在之中互不侵害即是大圓鏡智。四智根本都是法界体性智的內容。

如前面所說，苧麻能成為繩子。都是由基因來緣他之象多互伴組成，苧麻是苧麻之基因、緣聚四大成了苧麻，苧麻之現象是組織法、是空的假体、但基因即是常恒之法性中的一個單位，這是屬於理，苧麻製成麻繩是人的創作、由人的成所作智與法相之功能緣之用途結合、製成繩子、再由成所作智與繩子結合來造出用途。用來綑縛東西、或用來作井繩等等、這些用途及物品都是暫時性的顯現、根

体用之功德

本找不出永遠滅之實体。其實体即是宇宙理智之德。
而是現象都是實在的法性所変，雖無常但此無常即是生
活。生活之好壞与環境無干、好壞是人類的共同生存上来
論斷的。如用刀殺人是人群中的公約所不許的，而刀毫無
関係，用来找木架屋就成為功德了。在人類的同共生活中
去擇善而為之，這些選擇之功能即妙觀察智在用於現象的
特徵。但妙觀察智是一種行為主使者。一物四相，水在天
人看来是瑠璃，鬼看血河，魚看宮殿，人看是水。不会游
泳的人看来是苦海，会游泳的人看来是樂園。這個世間情
的人看来是淨土，迷的人看来是苦海。
看成苦海的智德功能与看成淨土的智能基因不同。看深
般若的基因智能出来做主之時，就透視了宇宙真理、苦海

就要成淨土了。佛陀叫吾們親近善知識，於見聞中喚起善觀的基因德性，這就了真理才能成佛。

如家庭，社会、國家，都慎重選出善經營的人才來運營才能發達、大家才能善生安樂。這選擇方法請參閱抄着上帝之選拿。這選擇深觀就是般若。

佛教是生活技術的心地法門。選擇改造是一種反省，擇善而行之的切身行為，不是理論加理論，做一種理論文学是不能實現理想的。深觀一切万物，是同一如來体性之顯現物，深一層看万物一氣，天地同根，是同胞兄弟姐妹、如吾人之身体，都是眾多之散胞所組成，有其一機能缺陷就是全身之缺陷，有這种般若智才能發起本有之慈悲理体本有之大悲，這大悲是如來德性，不發大悲不能成佛。

實行佛證

大悲是愛的擴大，如大地，如虛空，容納万物而無礙，沒有真正的大悲，無論如何雄辯飾詞來論理、講道德，都不是道德的實行家。有人看幾本佛書大談道理，出口專門批評，寫文章互為留難，以為自己是聖人，提高自我身價。他已找不到自己的心了。這那裡有般若、言教，身教是愛的表露，將小我即入大我如來德性、而起如來大悲、就是愛的極致。是即身成佛之端的。看人不對，不順眼，是自私心之現形。將自私擴大為宇宙心，愛万物、愛眾生、就是愛自己，世界上的万物都死滅了，自己亦不能生存。排他思想是最大惡極的基因德性，毀滅自己的行為。令人歡喜是功德，令人討厭是殺生。天道好生之德，沒有般若是無法與道合一的，亦是理論是實踐。

波羅蜜多的實踐

波羅蜜多、說做到彼岸。就是到了真善美的生活境界、一切的迷情都滅了、煩惱沒有了。從自己実踐体悟了真理、教給家中的眷屬、再由眷屬普及社会、如水面投入石塊、水波之影圈從小而大一樣。社会國家人人真善美了、就是淨土世界、從惡濁的世界化為極樂世界是人人有责的、如你的週圍都是臭氣紛々、你的家灑了香水、外表的臭氣還是進來、有什麼用！！自宅隣居都是盗賊群、你的門扉是鉄的亦沒有办法保障、你的隣居都是善良人群、那麼你要外出都不必鎖門、煩惱沒有了、安心了、到彼岸就是大安心、無煩惱罣礙就是解脫心結、亦就是到達理想的美好彼岸了。凡夫是不明道理自私心理的人、迷於自私之利益劫奪他人之權利，被人排擠發生煩惱不如意，有事無人幫忙，欢喜的心情没有了，就是苦海此岸，苦海与淨土是在我們面前，在日日的生活中出現，不可隔岸观佛，是遥不可期的。劝人念佛，人人念佛，創造和睦親善的社会氣氛，眼前的惡濁社会就變成淨土。若指方立相，希求往生西方，那麼西方人要往何方？淨土是心之境界，果有其國土，你自己要去，謂何你的眷屬不給他先去，你生後再去，是不是自私？你会尊重出家師父，五体投地去膜拜，那麼出家人是何等尊貴，為什麼你的子女要出家，你都拼死不肯，要他始终做牛做馬去受罪，是不是矛盾呢！這是自私心的表露。以前有一位台北来的大居士，来拜訪我，問他来由，他說接过了很多法師，都叫他去山中坐枯禪，他坐了很多年，意欲見性成佛，請問你成佛，你的妻子不成佛留在苦海，你过得去嗎！社会這樣紛亂，你沒有責任嗎！他默然無語，停了一会，他問那麼要怎樣才能成佛！我說：打破自私就是成佛，他沉思良久，起身然後五体投地頂礼三拜，說！師父非常多謝你的開示，使我茅塞頓開，就回去了。大多數的人都佛理講得天花亂墜，其實未能付諸實踐，自私打不破，夢想神仙了！開悟了也是人，凡夫亦是人，都是共住在這世間居士，一切唯心造，了悟而實踐才能到彼岸的，到彼岸肉体不死成仙，亦不是靈魂成了永遠不變的什麼東西，是心意識之淨化，煩惱心變成菩提心而已。

吾國自周朝以下，有人創造了神仙說，煉丹服食了後就会長生不死。武王的第四代孫，穆王喜愛旅遊而不理國事，當時諸國進貢了四匹駿馬，日行千里不疲，穆王選了駿馬走遍天下，並到過邊疆之天山，天山中有一山潭叫做天池，古時名瑤池，天山亦出有雪蓮，亦有水蜜桃，這地方天氣很冷，是一小數民族區，有一位女領袖，人稱瑤池金母，亦有人稱謂西王母，此女領袖從此寒冷地帶，因沒有受強烈的太陽紫外線所刺激，皮膚潔白保持了青年容貌，傳說她是神仙，不老長生的秘方是吃了仙桃所賜，穆王偶上山接見西王母，愛她招待吃了仙桃，穆王問王母，我已吃了仙桃了，大概可以長生不死吧！西王母說：不斷七情六欲之心是沒法長壽的，穆王說我可以斷七情六欲，王母說那麼可以長生了，穆王回來還是如故縱欲不斷，雖吃了仙桃，但都七十歲就死了。

歷代帝王享受了無限的人生，但恐怕不能長生不死而苦煩想盡辦法，求取不老長生藥，最顯著的是秦始皇，和唐太宗與武宗。秦始皇廿八年聽方士徐福奏說，東方海中有三座神山，名叫蓬萊、方丈、瀛洲，上有仙人居住，並出有長生不死之藥。據說這是日本群島，日本又名芙蓉島，或云東瀛，台灣叫名南瀛。秦始皇然後命徐福帶領男女三千名，乘船前往蓬萊，徐福終於到了日本現在之新宮市地方，都一去而忘返，當了日本第一代天皇，名神武天皇。新宮地方的山上聽說出有一種長生藥，即天台烏藥，徐福遂吃了長生藥，但徐福到底還是死去。秦始皇非常失望，他自營墓以後就建造墳墓，聽方士之言，死時放進水銀棺，用銅符秘鑄蓋於水銀棺，到了一段時期就會甦生，繼續統理万里江山的，利用陳勝、吳廣、等人便用愚民政策、焚書坑儒，以免偉人出現來霸佔江山，但秦始皇的妄想神仙長生不死、都没法實現、结果還是死亡、他的陵墓之大、陪葬之物的數量之多是天下無與倫比的、但都被掘那，項羽所滅。于今何在！他的墳墓之花費、勞動人工，埋藏的物品都被掘那項羽搬走、至今變為万世罪人、听說他是見到劉邦起義要討伐他的暴政，起了煩惱而病死的。

漢武帝信李少君方士的話、以為李少君是已經活到幾百歲的人。李少君對武帝說，他曾見過蓬萊山的神仙安期生，安期生請他吃了大仙棗、所以活到幾百歲、本來想騙取武帝的信任從中取利、後來李少君病死、武帝都以為他是變化脫凡胎成仙。武帝求神仙到彼岸的念頭不減、更加旺盛命朝臣探問靈人、有一位方士少翁應徵、進宮中設起神壇、請神人下降、賜不死藥、但經好久不靈、然後少翁想了一箇辦法欺騙武王、用一塊極柔軟的綢、上面寫了奇奇怪怪的字、讓一隻牛吃落肚中、對武帝說此牛腹中有天書、有不死法、是神難得的奇書。請將此牛殺死取腹中之書、武帝即刻令殺此牛取出、武帝認出少翁之筆跡、一怒之下殺死少翁。武帝求不死之心不減再請來一位方士、問他長生不死之法、方士說、在宮中建一座三十丈的銅製承露盤、即是鑄造一個銅人、双手高擎托一面銅盆、夜間接受北斗降落的仙露、以此來配製美玉碎屑、要服食後就能長生不死。事不知銅在暴露潮濕的空間下、生出有毒的銅綠、武帝吃後、雖中毒不深、還是生了一場大病。少翁這時發現不妙就從洞中流走了。武帝看少翁走後留下的字條說、這是要脫胎換骨的前兆不必驚恐、我去仙山採藥來幫你成仙。武帝亦以為是真、少翁一去亦就不返了。後來又一位方士欒大、專裝神弄鬼、說培為武帝求不死仙丹、還是不靈、被武帝看破騙術、終亦被殺掉。世上有首詩云：漢武為君欲作仙、石崇巨富苦無錢、嫦娥照鏡嫌貌醜、彭祖燒香祝壽年。中國自古、崇重老莊、但老子道德五千言都未言及長生不死法、莊子書中亦沒有寫着煉不死仙丹之法。

唐武宗會昌六年因吃了道士的藥丹亦中毒死亡。唐朝服丹中毒送命的有五位、一是唐太宗、吃了一位印度僧、是波羅門仙、那羅邇娑婆的長生藥、毒氣大發變命。年才五十二歲。到後來往一百外年後，唐憲宗亦迷信神仙，詔來方士、柳泌及大通和尚，配製長生藥，憲宗服後中毒，從此性情暴戾，終被宦官陳弘志毒死。

穆宗又吃了金丹中毒病死。接着文宗中風，請鄭注配藥，民間傳說，鄭注要命煉長生金丹給皇帝吃，需要小孩的心肝來配藥，使百姓聞得滿城風雨，而文帝終亦病死。

文帝之後，唐武宗和憲宗一樣迷戀長生，命道士配製長生金丹，吃了後，中毒生了重病一命嗚呼！道士云此是脫凡胎換仙骨入仙班，到彼岸！

武宗死後，宣宗還是希求長生藥，拜道士劉元靜為師，授他三洞秘錄，恭請羅浮山的道士軒轅入宮，命其製煉長生藥，吃了長生金丹中毒死亡。

到了明朝的嘉靖皇帝，信仰道士幻想修煉長生，因而不理國事，國家百姓飽受苦難。

又有寧國府的老主人賈敬亦夢想神仙長生不死，最後吃了道士的金丹沒命！。

如韓愈雖然反對宗教，但他最後都吃了長生金丹，在長庆四年五十七歲中毒病死。

世上之生死病亡是古今皆然的，心不到彼岸，只求長生成仙，所謂古仙有誰還活在世間呢，果有長生不死之術，那麼帝王個個都活着。

假定人会不老不死，亦不算到彼岸，如果唐太宗或其他的人可以活到現在不死，又能活到未來無止境，那麼他們已經二千餘歲，他的子孫亦已作古，經過一千餘年的蒼桑

報紙

歲月流転，看他的席位被人取代，看他的子孫一個一個不幸死去，豈不傷心，感覺活得沒有意義，他是長生不死的，服毒自殺都死不掉，大概都煩得發狂，這都不算到彼岸了。

波羅蜜多是從煩惱的感受世界，到了知一切無常，不被欲望的束縛認悟涅槃為体，空有不二之境地的大安心為指歸的。此雖為解脫，還是自利自私之行為，未認到宇宙一体、衆生一人之大悲境界。

佛是双足尊，自利利他的，以人溺己溺，人飢我飢，人成我成，才算成佛。人家飢寒，使與飽煖，人家患病，令他健康，人家煩惱，使令安心，拔苦與樂，才是佛心菩薩心。

係如果看到一個學生，家境貧寒，父母缺一或全無，上學時沒有辦法帶便當去，午餐時候將空飯盒拉到無人看到的樹下，假裝喫飯，其實都是挨餓，你自己吃得美饌豐多，人家痛淚，你能不動於衷嗎？我相信人人各有一片紅而美的良心，不是木頭、果是鋼鑄的心，亦會被其惻隱熱情所燒溶，發生大悲心想辦法起幫助他，希望他能與我們一樣過着順境的生活。這就是從此岸度過彼岸。心物是不二的，若能將物質的缺陷中給與救濟，令其安心，這就是淨化社会，化悲哀為喜氣，自他都安心，眼前就變成釋迦淨土。

成佛的前提是菩薩行。菩薩以六波羅蜜為武器去打天下。布施、忍辱，是利他、持戒、禪定、智慧是自利、精進是實踐，所以波羅蜜應該是要度過彼岸的工具。

㈥波罗蜜多的實踐

上、波罗蜜的實踐中，智慧（般若）是最重要的。以智慧来觀照世間、出世間，了悟宇宙實相。世間一切是变化虚幻的時空流程，實相是本有法性之永恒性、这种隐顯之常的变化無常涅槃体之常住性，顯为之生、隐为之滅（死）。其實生滅、生死、涅槃，皆是假名。不知此理者迷，迷着有会变無、得会变失、生会变死，起了煩惱。依佛经記載的方法去觀照，就悟出：生死即涅槃，生滅即實相當体了。覺悟時迷掉一掃而開，如雲散月現當空。我未悟時是此岸，悟時就是彼岸。我已脱離煩惱了，但很多同胞都還是在煩惱的此岸，悟了的人要趕快去教化他們，使人人得到悟境的彼岸。自己到彼岸，其他都無人到彼岸，係是孤單無聊的。待異日大家都到彼岸了、係会被人認為自私的人、擠到無人之境、跳到高山打瞌睡不可。這种雖說羅漢果、是佛陀最排斥的人物。所謂羅漢在高山打瞌睡、菩薩在荒草、佛在世間不離世間覺。菩薩在人間的荒草中救度同胞、得到心靈物質的濟助、同舟共濟、患難相救，度過安心的境地。众生度盡就是證了菩提。佛是在世間成就的，若沒有世間、就沒有佛、也不需佛教、世間与出世間不二、佛与世間众生不二。係有了这智慧、就即時開始工作活動、內度自己之心中的迷昧众生、外度大地所有的众生、立下誓願，度尽煩惱的地獄众生，就是發菩提心、要堅固不可中途退転、絕對成佛。佛是覺醒迷惑的世間工作者、故佛在世間不離世間覺。

度众生有言教与身教，要身莊嚴与心莊嚴。五戒中之不殺生是身莊嚴、不惡口、不妄語、不綺語、不兩舌是口莊嚴、不貪、不慎、不癡、是心意莊嚴，根本身口意都是一体、身口意莊嚴，都会令人信敬、即身教。教人清淨身口意都是言教。身教言教要一致、否則变成偽善人、口是心非是最大罪惡。所以持戒是必要的。佛說依戒為師。此是戒波羅蜜

看到人家物資困難、或精神上困惑、都与以資濟、这是布施波羅蜜。人能布施自然胸量会寬廣、心如虛空福如虛空，虛空会出万宝，人心慷慨就会得到福德資糧。布施能度慳貪、喜施与人会得到众人的尊重敬愛、自己会覺得愉快，功德就生長了。所以六度万行布施第一。

在人群中心抱有救度众生，即什麼事都会忍耐、被人所

學、亦看他是在迷的眾生，如幼稚的小弟々、想办法矯正令他澈悟、如為有其事、即是無生法忍。普通的忍是極其苦煩的、心上揷了一支刀、真是苦矣、但能忍一時之氣、可免百日之災。忍是会消災解厄的心咒。忍能耐苦、經得苦中苦、才能成為人上人。所以忍到無生法忍、就成為佛菩薩了。禪定是平定心之什亂煩惱、用智慧觀察事相、平定心意、這思惟修即是禪那。不斷地用功不息、即是精進。禪定不是一無所知的自我麻醉、如同木石即是灰心滅智之行為。定中出神遊彼太空或某些境界、這是心意識作用、還不離五蘊之範疇（領域界限）。這种境界与淨土的指方立相、帶業往生相當、還是好的、並非心物不二的境界。但比灰心滅智還好、經云：任你非想非非想、不及西方一去来。

轉迷開悟

六波羅蜜之實踐，是轉迷開悟的道具，性命双修之技術，以般若為眼目來引迷入悟，凡夫世間的苦海與極樂淨土是一念之分。迷時如在夢中生活，覺悟時如在醒時的生活，夢中的生活六神無主，全被六欲七情的潛意識支配，心神不定，時空的交錯、記憶的重現、感覺的誤認，理智的衰失，由此縱橫的交織，幻成世間美醜的繪畫，迷界凡夫貪着甚事，引起潛在的善惡基因種性，作種種不同事業，自苦身心。法界体性之基因種性未萌芽之前是清淨如明月的境界，依吾人之根塵交合下，出現不同的世界，然後引出不同之善惡好壞作業，作業是心的行為，身之作業是心之基因種性所支配的結果。

如天空的月亮是沒有悲喜之情，由人之環境而有不同的差別，有人失志或衰老者她，見到此月格外悽涼悲哀，引起流淚哭泣；有人得到意外的收穫，或親朋好友來訪，在此月下舉杯暢酌，即感特別美麗，月亮本體並無改變。這是世間相，迷情的人生。

如牢犯人的監獄，犯罪被監禁的人是度日如年苦不堪言，裡面的官員即視如天庭要而無憂。犯人不希望住下去，官員卻不肯離開，若累上司命他離開，他的生活就無着，反而要常住下去，地方相同，心境不同，以若觀而言，根本沒有好壞差別，世間萬事萬物無不由心而生差別的。

喜怒哀樂之情止於智者，智者即吾們本來具有的四智中之妙觀察智基因德性顯露的人。持妙觀察之般若智去看一切事物，即不被自私的情欲蒙蔽本来的清净世界，这是转迷开悟之方法。妙观察智不現前，就像雲蔽天空不見月亮、不是沒有月亮，月亮是常住的，雲是迷情，根本雲無自性，若是像飛機一樣越出雲頂，即就沒有明暗之分了。

人被迷情掩蓋認假為真，執着世间事相自苦身心，这些人生之迷情的潛意識凝固，这就是五根集来之意識，凡夫不知叫做灵魂，即經所說的五蘊。

人死後理体分解化為空性，但此五蘊因未經般若灵藥淨化，還是一個死後的活人，沒有肉体感根將此亦不能增加經驗，在世十歲就死亡的人，他的經驗記憶止限於十歲期间，活了五十歲，他的記憶止於五十歲中所收，人人如此經驗不同、意識中之記憶不同。

在世迷着而苦，死後亦與生前一樣，意識活動呈現苦想，這苦受名地獄，喚言之即心的境界。在世惡業做多了，在世時心裡不間斷地自責成了苦果，死後還是無間斷地重演這受苦痛，這名無間地獄。在世有緣听了佛法，在世時的苦受中憶起佛說，諸法自性本空，暫時亦会放下身心得到暫時的平靜，死後苦相現前時，相同会憶起諸法自性本空的理論，地獄的苦受就一時清滅，有時生起苦受，有時清滅平靜，這亦名分段，一念在地獄，一念在淨國，所以地獄天堂唯心造，三界唯心，萬法唯識，念佛憶佛亦是較速消惱的方法。

人的潛意識非常固執，在生被人欺負無法抵敵，怨氣意識不斷演起，重演故事，這是像如電台的波長一樣，放送，與他有惡緣或善緣的人，都会被其侵擾，冤仇人還有話可說，沒有冤仇的善緣人亦被其影响，被他的波長（念波）侵入，重演生前不幸的故技。

如被車禍死亡之靈，会重現當時之地点、重演过程，被他之靈認侵佔的人，变成亡者本人，会在其當地車禍。這是無辜的，但不是亡者有心害人，他是固執地演其經驗而已。有亡靈在世時怨恨某人，意識中常念懷該人，念波常在对方的傍边，对方若氣勢衰弱時，就被其侵入，實行報仇的作業，对方不是病就是事業不順，有的罹難，大病而不能癒，被其責磨，無藥可治。現在科学不信這套理論與事實，以為科学万能，卻無法診治。請牧師來祈禱亦無效。

佛教於此理趣的原則下，以真言密教的入我我入之瑜伽法，將其亡靈之識蘊吸入同化，患者亡靈與上師，融為一体，依上師之強烈意識，將其化為空性，不但患者遠離亡靈，亡靈亦化為法界体性，這叫做超度，依患者而言即是加持，依上師而言自他不二，迷情滯補之后，脫離自他兩利了。這种亡者的救度方式有多种，上述所說的是最高法門。亦是轉迷開悟的方法。

我有一位信徒，他的妻舅是卡車司機，有一次不慎，開倒車要駛向的時，輾死一個約六歲的小孩，這位小孩被輾急送到病院，因流血過多死亡。在病院將要死亡的當兒，常指着那位司機，對他的爸說，他！他！說不出話也死去。據实令人鼻酸。司機亦賠償了一足錢，亦請來出家人給念經々、以後這位司機事業就不能順利、這個小孩的神很常隨在這位司機的週圍、於三年中發生了很多事故、並強家庭不安々、就去問給他念經的師父。他說我常々看見、那時輾死小孩的一幕。這位師父說、這是你的疑心、根本沒有事、不要執着好了。但一直不能改善。後來事被我的那位信徒介紹來找我、說起此事、請我幫他的忙。我想了一会、就建議他、再加以超度如何、他就請他來設法、擇了一個星期天、此堂中的師父們給他超度。到了召請後、我就下樓去壇場、我拈起五股杵、專注觀想、用金剛杵在亡靈的牌位及預先備妥的紙人上、加以接骨及放光治療、給於他為健美可愛的小弟弟、我給他說、小弟弟你要跟在師父身邊不要亂跑、師父會很痛愛你的、要記着啊！、他的爸媽都說師父很好啊、你要聽師父的話啊！、法事做完了、將魂帛紙人都焚化。自此這位可憐真的改善。這個小弟是否還在我的身邊、根本我沒有鬼眼、看不到究竟。但事情確實如此。灵界的執着、只有佛法的般若灵藥才能治。這種例子我幾十年來、看了很多。

所謂灵魂不是自有天地的開始、一直像一件物品一樣、不變地流轉，有時是甲方所有、一時是乙方所有，物品都是会變異的無自性之物、况乎五蘊和合之意識。

執着迷惑的蘊識，雖實苦受境界無法自解，依其生前之苦樂意識繼續開來、有恩思報恩、有仇思報仇、有嚴重的死灵，還有一万年都未轉生、不善不惡的大概一七、或至七七之中、就依其心識光波之不同，投於有緣之處去轉生，再創造其一期生命流。大惡、大善之靈不容易在短期間內転生。因為它之執善執惡的意識堅固，念波所發之光波頑固而特殊，善者雖善，但未學过佛法執其常有，継續他的意志意欲呈其欲望活動，遇有波長相同之凡人，他就付着其身，被付着的人就變成双重人格，発揮思想的時，被付着的人就变成乩童，該靈欲望大，要求塑造神像令人崇拜，有人塑造佛像或菩薩像，以為是佛菩薩慈悲要來救世都奉為聖者之靈。事不知是低級靈，後來被其遺害，鬧得鷄犬不寧。有人塑裝神像，往山間或水邊迎靈，終被拖水自殺，或吊死鬼靈付着，將害鄉村，演戲燒紙錢要花掉莫大的浪費，可是遇到罹患疾病却無法医治。

有人塑了神像，每日祈求明牌中大家樂、發大財，但出來的明牌都不準、輸得傾家蕩產。最後發怒將神像破成碎片或投入溪中放水流走。我看過有一位善心的人看此、測隱之心將其神像拾回供養、一年之中拾了幾十尊，但對這個人絲毫沒有報酬、反成禍害，不知怎樣不久發生精神散亂，時而擅、時而昏、語無倫次，全家無一日之寧、亦不敢毀滅其眾多的神像。後來有人介紹來訪我、我亦沒有辦法，然後建議他做護摩，連續做了三壇、終於回復正常。請我解決他的神壇，就此修了一座昇天接遣法，將所有神像於誦念般若心經中化火焚燒，觀想將祂們送往淨土，從此息了事。

三年前即一九八八年，有一位被八個冤魂討命的人、（現在已出家故隱其名），前去離現在已有將近一千年前，他有家眷卅七名、他的妻身有一個胎兒。此人好賭，家庭父親遺下的財產被他輸光、生活將至絕路、一日在外賭博輸了身中如洗、回來不但沒有三步。大家都啼哭、他不但不懺悔、拗悍他的孩子要帶去出賣、他的太太不肯、就吵鬧起來、他一怒之下往廚房拉來一支菜刀、將家人全部殺掉、他的妻子胎中的胎兒亦難脫死亡之災。他殺人了後被隣居報官逮捕、他走到斷崖的絕處、跳落深谷死亡。待人家趕到之時、發見他被谷底一塊三角形的石頭穿入腹中、臟腑皆碎腸肚流出血染流水變成血河。這人後來出生在台灣的台南縣某村。自出生以來身体就多病、腹中生了肉瘤、後經医生手術、但一直沒有改善。他的家母就請神問卜、愈問愈嚴重、不久冤靈付身、一天之中身如刀割、忽然而昏倒在地、如此責磨將來沒有一月之安。最後冤靈開口說話、說出的話大家都听不懂，好似大陸腔。三年前有人介紹來我處請我代為拯救，來到我的面前，亡靈就付託他跳窗不慎當場昏倒不省人事。我就用手按住他的頭，念了光明真言，不久甦醒過來。繼續講話，這時講話的不是冤靈，是一位低級神，說的話完是台灣話。我問：有什麼指教，祂說，此人前世非常殘忍，殺死的親人卌八名，這批冤魂不放他干休，一直要責磨到死為止，現在不給他死，他們的怨恨未消。我就勸祂們，听我的說法，我就說一篇般若心經的道理，請不要自苦其心。勸祂們皈依作我的弟子，這位居士亦請他出家，大家好好修行，祈能一齊往生淨土，這班亡靈答應了。就馬上給他皈依三寶，將祂們八位的亡靈寄在功德堂。以後這位居士亦出家了，身体亦暫暫康復。这种因果真是無法逃脫，但這般若心经之功德亦是不可思議，能度苦厄煩惱到彼岸，轉迷開悟之要義。

人之轉迷開悟與亡灵之轉迷開悟，有密切關係。如為亡灵超度時念金刚经般若经、能化之此方对於此经理趣已有證悟，所化之彼方才能感受其能化之證量。

能化之方若止於口念不悟经中理趣，所化之彼方亦即不能感受理趣之悟境。因為亡灵已無肉根，不能聽聞，它是勝義根，此方如物，彼方如鏡，此方有物彼方才能有像，亦即是此方之悟境影現於彼方灵識，此方悟彼方亦悟，此方一念妄想苦受，彼方更感苦受了。愛人供養不能迴向，顛倒道是歸子，這是我們出家人要慎重的。

聽說早前有一位法師並沒有授阿闍梨灌頂、自稱金剛上師給人放饒口，前往之時洗了一双鞋，置於高処晒日。他上座作法事到半途，忽然下陣大雨，他在座上忽而想起他的鞋，一定濕透了；這時的心想即在諸多亡灵餓鬼的灵識，感受天空中下了很多的鞋打下來，亡灵鬼魂深責此師，不給美食不要緊，反用鞋打得片甲難留，就一齊上台把法師拖下來，大打損傷；遂見此師並無証量許可灌頂，當場拖死。度亡普施非常重要証量与觀想，這就是自他不二的瑜伽密法。

平常講經演講佛法都是相同，現世的所影外週圍都有天或鬼灵前往聽經，自他都是利害相関的；目的是轉迷開悟，不能空中生有，最好化空，空是万能藥。

以前聽說有位出家人，金碧峯，每月為人做經懺，不做二交、一般都喚為經仍鬼。一日做經仍回歸時遇到大雨、途中有一所神廟、裡面只有一對老夫婦当廟祝、這時天已入夜、廟門関閉、金碧峯就在廟的簷下避雨、裡面在睡覺的老婆細声向老翁問、外頭好似有人、是不是盜賊、老翁說、不是！我們貧窮沒有東西可盜、賊是不会來的、大概是經仍鬼吧！、不要怕。金碧峯聽了一番話大感慚愧。自此決定不做經仍鬼了。後來精進用功坐禪、一日夜間見到二個鬼來現形、說要捉他。他對鬼說互相諒解一下、讓我処理一些事、七天後的此時才來好々好、你們可在這附近遊玩、到時一定實行諾言的。鬼就不見了。他在石壁上題了字說：要拿金碧峯、除非鎖虛空。他在此石岩下坐禪觀空入了大定、七日後鬼來遍找不見蹤跡。當然這鬼是他平時做經懺時，常在看看掛在檐內的十殿閻羅、地獄圖中之牛頭馬面鬼卒的潛意識呈現狀態。他入定了，心無起念；諸心皆空，一般鬼神是看不見的；鬼神與人之間的現像是心念交感的結果。

要度人或度鬼神就要心、無心不能作用，我人的心悟了宇宙法性的理趣才能化他是千真万確的。若果不悟道理不但不能化他反被他同化。鬼是在他的意識地獄受尽苦厄，影响人滴之苦厄，人滴就变成地獄了。人與靈界是同一如所的。法性如水，水中放泥即混濁，水中放枯矾或阿膠即水自澄清。枯矾喻空宗、阿膠喻有宗。空宗直接入住法性、有宗要經空出有，雖有色卻是真等之物。我人有家庭社会無法常住於空，而不活動，所以自空中起用，心住於妙有之中為同化眾生、為家庭社會國家去活動，也就是在活性的平等中、發起菩提德性，依般若來轉迷開悟。

宗教信仰是要有理智、有深般若的觀照事理才能轉迷開悟，沒有了悟真相的盲目信仰，如神教者，以為信祂則能受提拔，認為世間是苦具，有身為大患，一死則可免苦痛、抽刀自刎、服毒自殺、或全家都殺盡，一齊脫離苦海、或死盡精神物質為神捧場、或只講迷信，以為功善，對於死後之理趣完全不解、造成信仰上的錯誤死於無辜者，不計其數。有某些宗教叫人集体自殺、有些宗教迷惑信徒作他的政治籌碼，有些宗教專靠神之救助，都是盲目信仰，一點都沒有智慧的決擇。

有一位女人，信仰觀音娘娘、以為他是歷史人物、修行成了道、要来救度众生、这位女人信仰到走火入魔、夜間睡眠中做了箇夢、看見观音現身、如她供養的圖像一樣一樣、来对她説、她信仰有嘉要請她回去天庭、命她明天上午九時往離其住宅不遠的斷崖上、看到一片烏雲遮蓋太陽之時、就是度她的時機。她醒来記憶猶新，就照做不誤，到了斷崖上一見天空清朗無雲、等到九点並無動静、稍等一会看見由斷崖下昇起一道黑煙、她以為真的观音娘々来了。探頭探下究竟、不慎摔落深崖、粉身碎骨一命嗚呼）她的家人看其行状有異外出、到處找尋，找到斷崖上發現掉落當下的一隻鞋、就確定她是跳崖自殺、往到山下找覓却不見踪跡、另見墜落之處有蹤像、詳細見之有箇洞穴、又有吐出煙氣之影、大家議論紛々、後来認定洞中有怪物、就用柴薪昇火燻燒、因為火煙更吐出來、後來用了很多毒殺魚類用的芦藤汁灌進洞裡、但都沒有消息、不得已大家都回去了。過了幾天村人都疑惑不解、亦不能死心才去看個究竟、大家都驚得魂不附体、發見一條大蛇死在洞口、才確定是蛇精作怪。这种盲目信仰很多。凡人皆不知天庭地獄是自心的感受境界、却誤為脫凡脫成神、它的苦惱死後還是存在於神識之中、無法解脫。

上述故事都是缺乏般若心以致無法解迷開悟、走入岐途自苦、般若心經若果通徹、即可隨心所願應用。

般若心經对於祈禱、度亡等等均是不可缺之經典、但祈禱經典還有華嚴經、法華經、阿彌陀經、藥師經都很普遍、最特別的是密教之理趣經、此經是大般若經中之一卷、義理幽玄，非顯教所用，是真言行者自度化他之主要經典。顯教重自力或佛力，密教重三力、所謂、自己功德力、如來加持力以及法界力。以身口意三密加持以會融三力。這种局限於密教行者，此處不多述。

心之意義

般若心經之心，當然是講心之內容，但在這裡，也可以看做大般若經的中心思想為心字。佛教是以心為註腳的，三界唯心，万法唯識，一言破了千古。密教說理德與智德、理德是物質精神不二之法體，智德是將中抽出精神來說的，根本是理智不二、心能影響物質，物質能影響精神，有人以為心物各別，只求解脫精神上之煩惱，物質是臭皮囊、這樣一來就違背不二法門；變成神教的二元論。

譬喻說：有人腦震動不有人事，腦震動是物質障礙，与精神無干，那麼為什麼記憶消沉、不說話、不听到音声，口機能及耳機能都完全無恙，怎会變成白痴！精神或云靈魂還会腦震動嗎！多神教說：靈魂受驚而離開身体，有些人請来巫師為它招魂入體，但都無法清醒說話。

人之記憶是藏蘊於後腦的，腦之某部份障礙，腦神經受傷血氣不能通暢，以致腦橋無法澎漲含接，後腦之潛意識不能傳輸大腦，大腦沒有蘊識可消化，自然沒有意識顯現，去支配六根，如深睡眠狀態不有人事。

我人之活動是意識之支配所使，要思考時必須輸送大量血液入腦，血中之動力是氣，氣血入腦時，腦橋就澎漲、如意識中之蠕欲基因往性支配時，血液就大量輸入生殖器，淫根就澍漲，其他各機能都一樣，所以運氣功須以意導引運行放出光氣。

血液过量輸入腦中即是溢血，腦橋常含接，不斷輸送潛意識入大腦，即記憶重現妄想紛飛，故靜坐的人要觀丹田，令血下行，減少腦部之血液，腦橋自然收縮，潛意識沒有輸入大腦，妄心就沒有了。但腦中血液过度減少会昏睡，靜坐的人若覺昏々欲睡，即觀眉間紅點，血液就上升，不致昏睡。密教行人觀心月輪，使其平衡，專注於心，自然会依識量而發出光波，功力愈深，光長愈強，光波之長短也是依功力之不同，色彩亦異，與虛空同化時，光冲虛空，一切萬物與我不二的境界時，能感知一切动態，時空無三际，故能通達过現未，故名神通。

我們的心本來自法界，因執著現象迷着七情六慾、心就變為五根收入的蘊識，根塵來合之前是無心的、此無心之心是法界之動力，名如來智德，即精神元因。

普通所謂心經的心、是說明心性一切的總稱，佛經把心分做四种來解釋世間出世間的。第一是肉團心、第二是緣慮心、第三是精要心、第四是堅固心。

第一之肉團心是指我們身体的生理組織之器官、是輸送血液的機關。

第二緣慮心是精神作用、我們的五根智德和外界現像事物發生交涉的時候、收來之意識傳給第六意識心由第六意識傳給第七意識時、就分別認識、分別判斷是依自己執着（執法）、審判交織的結果、緣就是交織、慮是判斷，這謂知就是緣慮心。

比方說路上有一包鈔票，若是盲人即看不見，那就不知是有東西、鈔票與我人就不發生關係，可是若果手摸到、就由手之觸識傳入第六意識、經傳入第七識就判斷出來了，這緣慮心有正與不正之判斷抉擇基因德性、善之基因德性發用主宰時，就不會生起貪取。若惡的基因德性主宰時就發出貪取之心。這種種不同之基因種性都在智德之中、在凡夫與聖人都具有的、善的判斷是般若德性、善惡都在一心之中、德性無量基因德性種子、假名第八意識、阿賴耶含藏識。整體靜態之總和是第九菴摩羅識，依般若眼的遠視去看內容、就發見無量無盡的善惡基因種性，這就是第十、一一心識。心識出現的過程即是緣慮心。

緣慮心若經過一念覺知止之，即此心相就化為空，心的相識時保持當下的狀態，即禪定。禪定時心不緣慮就沒有心相即覺心了不可得。凡夫於緣慮時都不知有心，兩者同而不同，迷者覺知時是正念、禪者覺知時是障閉閑。這是一般對於心動態來觀察而言的。真言宗以緣慮心來遍緣眾生作四無量心觀：

一、慈無量心觀

遍緣六道四生一切有情皆具如來藏備三種身口意金剛以我所修三密加持力故、等同普賢菩薩。

二、悲無量心觀

增[illegible]功德福德資糧

遍緣六道四生一切有情沉溺生死海不悟自心妄生分別起種種煩惱及隨煩惱、以我所修三密加持力故、等同

虛空藏菩薩

三、喜無量心觀：

遍緣六道四生一切有情本來清淨如蓮花不染客塵自性清淨，以我所修三密加持力故，等同觀自在菩薩。

四、捨無量心觀：

遍緣六道四生一切有情皆離我我所及能取所取，以法平等，心本不生，性相空故，以我所修三密加持力故，等同虛空庫菩薩。

緣慮心就生出感情，感情之好壞是迷悟，自私與無私之別。人是有情动物，無情即等於木石，沒有感情就沒有慈悲可言。

对於仇人而言，一見惡感激动怨氣冲冠，对於親愛之人即一見悲喜交集，互相擁抱淚濕胸襟而情不自禁。這都是自私之感情的流露、倘若將此擴大普及眾生，一切眾生視如親人，一見其沉溺而悲，見其成就而喜，如同手足，這簡緣慮心流露時，你就是觀音菩薩，又名金剛薩埵，金剛薩埵抱眾生不至菩提不放捨、如母愛子、慾情之生出欲觸愛、眾生成佛時、即是我慢相，自我化他之事業做到圓滿無缺而自傲了。學佛人用緣慮心去作度眾生之工具的，緣慮心不一定是壞的東西。真言行人不滅貪瞋痴、要將貪瞋痴擴大、貪一切眾生為我之眷屬，為調伏難調之人眾生而瞋，被一切眾生之妄憧而不迷作痴而待，菩薩是大貪大瞋大痴者，密教事相中之各種形態之菩薩明王都是表示其理趣的。是度眾生之心理狀態的象徵，不是歷史人物。

攝盡一切法

修法情緒

第三是精要心，這心與普通的心不同，此心是大般若經六百卷的為結精義，它有法律精神之義理，有教育精神之義理，無論如何都由義理之下來出發，也就是存乎義理之心。也就是基因种性之核心，含有各种精神在內，各种基因告訴主人的時之訓令或訓詞，都有它的精神目的。

第四是堅固心，這心是宇宙絕對的智德，所謂的法性、佛心、佛性、本來人、真面目，是常恆之不生不滅的涅槃体。無明動時開始創造諸法與法相，創造即是無常性，故迷變不停不能堅固，幻出來的精神之不可靠之心，知覺之心是依六根六塵的執合体，根塵障礙時就失去功能了。本來之核心佛性是不壞的，故名堅固心。

上述心約分四類型來解釋，其中之精要心就是心經之要

法身、般若、解脫三法攝盡一切功德海

義。一代言教八万四千法门之精髓。

真言密教中有弘法大师的心经秘鍵的心经注釋、这是非常重要的经文。諸宗中大概都重視心经。如淨土、真宗不重視外，其他如禪宗都当為禪经。心经是入空出有的智慧、現象即實在的不二法门、是釋尊開悟的精華、在佛教中是重要之经典。

[illegible]相好海

經之意義

"经"在梵文叫做"修多罗"是貫攝之義、一大堆零々碎々的東西、把它貫串起來，如珠鍊是用線貫穿起來的。

"经"是中國所翻、佛所說之世间事物是千狀万態、在观察它的表面是無法窺見其本体根源、到底都是迷惑、如观察万物的内容也都是千差万物，根本都無法見到。

修出蓮花嚴[illegible]

蓮花大千世界作[illegible]

如用科学哲学去分析一朵红色花、将其花瓣或叶、枝、連根、或其种子、加以粉碎，结果找不出红色的来由、其他万物皆如此。同樣的花有红色的、有绿色的、有紫色的各种颜色。同樣的菓子，有甜的、有酸的、又形態亦不同、怎樣都無法找出来由。佛依般若眼所見、這是种性之不同、千差万别之本源是法性、法性之中有無量無边之不同种性、万物都由此展開、說此根源道理的為結、贯穿起来的就是经。這道理是歷千古而不変的定義。由聚在一起的佛性中各自發揮它的特技。如畢隆是佛性、其中各有各的技術與任務、一旦受令發出、就各自展開它的工作，如受令如心、工作是法、總部即是经。所以中國自古有中心與輔行动的說法。即经者是常是法是徑。经也即是恆常不変的法

悟理路　不違反

則、是一種路徑。換句話說、經是真理、聖人之言教亦叫做經。真理就是道、道是天下萬物之母、萬物之生成所現象之活動、都是由道展現出來的。要賢們依此道之理來設立公約法律、於現象的生活均合於道，道之古今而不謬、施之中外而不悖。人能體道而生活、即身行心發無不合道合一、生活當相即道、道在我人不必他求。我自己也是道、他人大眾也是道、萬物皆道之活動。道不可離、要慈悲博愛及眾、人道存天道全、釋尊教我們身體力行此思想活動、這生活之準則即是經。而心經即是諸經之本源、精要的真理。　古人不見今時月，今月曾經照古人

般若之威力

由般若之甚深內觀可以轉迷開悟成佛、改造自己的運命

、依般若之外用可以救世行天之道、淨化社会普渡彼岸、自古聖賢所說的道、不外是向內激發內心深處之慈悲秉性、向外去施展活動、落入於日常生活之中、創造自他安心立命為目的、沒有內觀之般若、對於听聞佛經、一經入於耳、就能引發慈悲測隱之德性、在日常的生活中都会做出非常感動心絃的事。

听說老早有一位書生、讀了很多聖賢的言教、他的家境清寒、有一位小姐見他心行善良、就自愿嫁給他為內助。因生活困難就留妻守家、自己單身忍受恩愛的溫馨、分手外出去謀求生活、到了遠方的外鄉外里、給一位富豪的家中當私塾老師、住了將近半年的時間、他很受主人的愛戴、好景不常、到近年終的某一天、来了一位相士、是这位主人的常客、相士与客堂與主人喝茶聊天的当儿、这位書生有事去稟報主人、相士一見着出他的命運、问主人、这位是你的什麼人、主人說：是我们请来当私塾老师的。相士当場不客氣地向这位老师說、我給你看々你的前途如何、这位老师本来心中就不太喜欢、但经主人劝說、給这位相士斷其前途了々相士說、你請前進三步看、这位老师如是進三步、相士請他退三步、他就退三步、相士鉄口直斷道：你左帶青龍、右帶白虎、身摇無根、命该廿五、你今年幾歲？老师說：二十五、那麼你要快回去、过年将近了、否則無法見到你的家人。相士向主人說不給他回去、你会惹来麻煩、这書生好像無有其事、经主人劝說了後、就領了一筆薪水（白銀三十兩）、毅然辭別回去了。相士教他途中不要他往恐怕生命不能超过新年々書生就夜以日計、一直向前趕路，到了途中，遇見一位女人背着一個孩子、看来還有懷孕在身，这女人用繩子將孩子要吊死，在此大哭一場、悲哀的声音驚動一位書生、他進去看箇究竟、看到一位婦人淚酒胸襟，書生就問她的緣故，婦人說、她的丈夫不在家當中、来了一位騙子，賣她飼養的一陣豬子，價格超过平常、她的丈夫回来發見是假銀、即被丈夫一怒々毒打得遍身鱗傷纍々，更被趕出叫她去死，她就不得將孩子一齊吊死。感覺活在世間無意義。这位書生馬上生起慈悲々心，忘去了自己的運命，問这位婦人，一共幾多銀，她說三十兩、書生說，我这裡有，就取在包袱中々三十兩銀給她、婦人不肯、書生問為什麼，婦人說、指係这三十兩銀回去、她的丈夫又会误会、更加麻煩、書生説；她可以对他説、買猪的人良心發現、然後拿来真銀要更換假銀的、那麼他就不会生氣息怒、豈不是双全其美、我給你一同回去、我充做那位買猪的人、自些带其母子回家、向她的丈夫説、以前給你他的假銀、我還是被人騙的、我亦一時認不出来、以後發覺了、我就拿来換的、非常抱歉！因此一家夫婦得了救。

这位書生轉头回家、这時正是歲暮的三十日、剛到家的门口、忽然听見裡头、有小兒的哭声、趕快入内一見、原来是他的婦人生了一個可愛的孩子、婦人見到丈夫離別半年喜不自勝、又生了孩子、丈夫决定带了很多錢回来。

夫人生產应煮些東西厭腹充飢、但家貧如洗廚房空々如也。他的錢亦沒有了。有什麼办法?想來想去、心中記了一個主意，往後面的烟中去偷甘藷、這是村中一位勤儉伯的所有、這個人非常慳吝一毛不拔、烟头有一间土地公廟中有一尊土地公像、这勤儉伯的甘藷常被人偷取、勤儉伯就隱藏在土地公像後面待機抓賊，这位書生怕被人發見、就在土地公廟面前跪下，向土地公說：!土地公伯、我因為環境厭迫抄偷取勤儉伯的甘藷回去為夫人搞腹、說了一篇苦經、說土地公伯、祢要幫我、令勤儉伯肚子痛、不能來抓我、或使他下痢無法出外、待我偷过手以後、才給他痊癒，拜託！」勤儉伯在後面听得一清而楚、非常感动，自感惭愧、这樣貧窮的人都有这种善良慈悲博愛、我这一輩子財產这麼多、却慳吝、心想要出來見他一面、請他任

意去取、又恐驚動書生」一直心想，不要再講下去啦、趕快去挖嗎！、

這位書生挖了幾條甘藷回去就下鍋煮湯給夫人止飢、勤儉伯回家了後非常難過、就往什貨店去買了一担的金紙及酒菜、挑訪一位書生、在外面呼叫、這位書生驚得魂不附体、應不出声來、勤儉伯說、我不是來抓你的、不要怕、我听了你對土地公伯所說的話都听得很感動、特来看你的這位書生然後才出來、一見面跪在勤儉伯的面前求饒、勤儉伯馬上扶起來。現出慈悲的笑容、互爲交談、請他做他的義子，不久請書生再去舊主人的家中當教師、家庭一切由勤儉伯看顧，他就再往那位舊主人的家中去了。而這位主人看他沒有死、亦非常歡喜留下來。

諸佛之母

後來這位相士再來拜訪、看到這位書生不死、非常訝異、詢他再給看個究竟、如是經过詳細勘查、發見這位書生發出功德心、有救三條人命的陰德。相士建議主人幫他旅費、助他上京去考。主人就送他金錢、定成他的前途、果然一舉考上進士做官了。這都是改換生命基因的所賜、不但沒有死、還中了官、勤儉伯本來無子息、從此他添做了狀元爺的爸々了。

可見文字般若会引起人的菩提慈悲心、改造人的運命、經典文字般若、研究經典或听法師講經都是很重要的、諸經中佛說的般若經最好、到了現在的科學昌隆時代益被採用与重視。般若經典与科學相吻合、絕对不是迷信的愚民政策思想可以了解的。

甲、心經的組織

大概經文都分為三段，起初先說序文，然後說正宗文、後說流通文。序文是指出說經之場所，說法之對象、聽眾諸人及會場的組織等，正宗文是主要目的之本文，流通文是在說本文後，向大眾勸善的法門，為流傳後世而述說之文詞。

這部心經有略了序文及流通文，與普通之經文不同。

心經的解釋很多，各人的立場和看法各異，其中弘法大師的分段解釋最正確，大小乘之分別，一目了然。

其分類如下

第一、人法總通分

第二、分別諸乘分

第三、行人得益分

第四、总持命分

第五、秘藏真言分

三字皆具人法喻

一、人法总通分

人法总通分是由观自在菩萨至度一切苦厄。观自在菩萨是能观的人，行深般若波罗蜜多时，是所观之法。也即是能行的人，和其人所行之法，心经完全是人法二者。这是全经之主要纲目，故名人法总通分。

二、分别诸乘分

分别诸乘分是多种的修行法，如多种的乘物一样，把此方的迷岸运到悟境的彼岸目的地，这是法门之别号。里头分为大乘、小乘、、如声闻乘、缘觉乘、菩萨乘。

总持

眾生的機根有別、佛陀以同一的教理，依眾生的差別而施予不同的教法。如根機比較低劣者、可從声聞程度聞悟的人們就從声聞乘，有從緣覺見法而聞悟者，或根機優勝者可從菩薩乘而聞悟，如依此方的方便之、所搭乘物不同、都要運載到彼方為目的。好像鄉村道路顛跛，就乘自行車、或機車、道路好些的、就乘汽車，尚有乘飛機的快速法一樣、基於根器而有遲速之別，在心经之中都網罗了諸乘，但最後都会歸入佛法之大海的。这大小、三乘等之空義，稱為分別諸乘分。

这段经文是、「舍利子色不異空」「以無所得故」止歸納此分別諸乘分。

信受能入，初發心時便成正覺

三、行人得益分

「這段經文由菩提薩埵至阿耨多羅三藐三菩提止為行人得益分，稱為實行法門。

佛教不單是研究學術，在其學術上還有目的存在，佛教主張信、願、行。一定要信受，發起到目的之願，然去奉行實踐。終才能得到利益及功德的目的。由研究道理去修習、實地去實行，將此功德去回向，換來甚深開悟之利益」這就是行人得益分。「世相布施……對大眾

四、總歸持命分

「這段經文由故知般若波羅蜜多至真實不虛為止，歸於持命分。持命梵語曰陀羅尼，陀羅尼即是真言，或云咒、明、總持。持是能持一切諸善法之義，是能照破生死煩惱患

暗的光明。念咒亦名持明。包容一切法為總持，真實不虛之言曰真言。

宇宙万物諸法所涉之般若妙理，為根據的關係分了諸乘的說法、歸納起來都是說我們的心。陀羅尼是總佛法、總佛法就是心。万法由道而生終歸於道、道真如總、万物是道道印万物、道者宇宙心也。我亦道同在、我心即宇宙万法也。

至道無言 物我心即法佛說

五、秘密真言分

揭秘密語言之時

秘密真言分即揭諦分了、波羅揭諦、波羅僧揭諦、菩提薩婆訶。這真言包括了般若真理的全部。真言是很多的義理之濃縮語言、它有無量無邊之靈妙功德，真言宗即以三密身口意相應之下轉迷開悟。而必在寂靜坐、於行住坐卧四威儀的生活中，可以自由自在地應用之妙文，經云三密加持速疾顯，只有身口意三業總結起來，就顯出真言的功能。

乙、人法總通分

經文解釋

經文：觀自在菩薩，行深般若波羅蜜多時，照見五蘊皆空，度一切苦厄。

觀自在一般都認為是觀世音菩薩的名字，有人認為此经是觀世音菩薩所說的，弘法大師云，此經是釋迦佛在靈鷲山的時候所說的，依論理上來看，是釋迦佛說其慈悲觀照德性的德號，也即是釋尊之觀念妙用為主体而說的。主体是观音菩薩，不是釋尊本人。亦可說是而釋尊的代表。因為本經之觀自在菩薩是能觀之人，是我人心中五智五佛十六大菩薩之一。東方阿閦佛有四親近：薩、王、愛、喜四菩薩、南方寶生佛有四親近：寶、光、幢、笑四菩薩、西方阿彌陀佛有四親近：法、利、因、語四菩薩、北方不空成就佛有四親近：業、護、牙、拳四菩薩。東方阿閦佛表大圓鏡智、南方寶生佛表平等性智、西方阿彌陀佛表妙觀察智北方不空成就佛表成所作智。西方四親近中之法即是觀音菩薩、換句話說、觀音是彌陀所化、屬蓮花部、亦即自性清淨之德性、屬法部，宇宙諸法萬法相之德、亦是說法部、此處屬於妙觀察的內視外觀之功能。我人每個都具足、隱能如是發揮其證量、係即成為觀音。觀音是彌陀四德之一、是屬於智德妙觀察故是般若、諸佛由般若生故名般若佛母。其源本出處是大悲胎藏理德四菩薩中之一，在胎藏曼荼羅中位於西北方。東北有文殊智慧之母、東南有普賢諸行之母、西南有彌勒大慈之母、西北有觀音大悲之母。觀音等菩薩悉皆佛心之德。一般以觀音為歷史人物，現在所信仰之白衣觀音及千眼千手觀音，中國及日本最普遍。道家寫了一本觀音濟度本願真經，寫意道家之煉丹過程，以觀音為主要人物，小說性地從出生、出家、修道、記錄、一氣到此寫成一本書。說觀音之父親是妙莊王，生有三女，大的名妙元，二的名妙音，三的名妙善，妙善公子就是觀音，分別準出二月十九、六月十九、九月十九為祂的生日、出家成道日，此只於中國而已，其他的國家均無此信仰。這道家的著作，無非佛經根據，攙引信徒是好的、不得傾々大名的法師亦不諳此事，誤為道家的子孫。

道家以觀音為女子，他穿白衣服，為白衣觀音，其實佛經之白衣觀音是指在家的慈悲行者。一般被其道家說法，就將觀音，稱為觀音媽、觀音娘々，觀音老母，視為是一位歷史上的女神。其實觀音菩薩是能觀察而發揮大悲精神之智體，不是男，不是女，是佛之大丈夫相。

有人問那麼觀音菩薩有其人否？有！個々行觀音之行、證觀音之德的人都是觀音，其人死後之神識在靈界還是觀音，人人皆可成觀音菩薩，我人學佛當觀音都是學其大慈悲行儀的。

一、觀自在菩薩

「觀」是觀照、我們以心為鏡、觀照万物、心之認識為見、心見為之觀、普通肉眼所見為之見、肉眼見物不知万物是諸性之幻変，執為実有、貪着迷恋現象、現象是無常迁変故有生滅感、不能常恆故起恐怕煩惱、這煩惱不但在現世、還是帶到死後的世界，這种潜意識就是五蘊。

用甚深的妙觀察心眼去看現象時就不會了。你若一念之心不起，即一切諸法無法相皆殞没。

「自在是自性之常在、普通云自由自在、你若以觀照般若去悟到佛性之面目、什麼都不被迷情所遮、就於時空自由自在了。

菩薩是菩提薩埵、菩提是佛性道之別号、薩埵是覺体、薩埵是有情、当然是有覺性有感情的人。那麼，觀自在菩薩是能觀照佛性的人。普通的凡夫就不名觀自在菩薩。

这观如前面所说过、有析空观与体空观、一般听了佛经就意欲罗服执着烦恼、从析空观去观察现象、如骷髅观等々去分析、结果到头是空性，就暂々进入实相。大根器的人、听经闻法就马上证入实相、这是体会、就是体空观。

我们出生以来後迷执着便很难即时入体空观，就是用分析法的心眼去观察的、、

比如一位美人、外观非常可爱，娇态十足、她倘而生气时其面貌就变成罗刹一样、娇容就没有了。

又将其远视、其人之外皮剥下时、就变成血淋々的肉体、再将剥开来看其脏腑、即非常难堪，若果其人死了、经过几天、肉体腐烂、变成秽物、无人敢近。这样比观照下去、就会发生厌恶、其美丽的执着就没有了。

二、理觀、事觀、實相觀、慈悲觀

觀世音菩薩如前說過，是能觀的行者，以如何的心態去觀照萬物呢！能觀的心與所觀的事物是無量的，大概可分做事與理。

理觀是除去萬象的差別，去觀察本源理体。譬喻說，冰是水依因緣之力變成的，由模具或其他不同的環境，而冰的形体不同，其本來之原料是水所成。冰之用途亦各不同這是差別，其本体即一味平等無差別，這無差別之根本理体來觀看萬物。萬物是法性依因緣而成，法性是沒有形態無差別的，這種觀法為理觀。這法性實体即實相，實相無相而無不相，就是實相觀。

擇簡比例來說

依現象的差別世界上之實相而說，世界上有美醜，男女賢愚、長短方圓、千差万別、由時間來看有生死、榮枯、代謝變異、現出千變万化的狀態。

然而我們用觀照理体之根本來体悟佛性理体、就感見万物原來不生不滅、沒有生死榮枯、貧富之分。我人入於此正位時、就了脫生死了。沒有生死的迷執所縛、遇事都泰然自若的。

修習禪定的人都必需將此開始、由現象的差別世界加以觀察、雖然有生死滅滅之相、但最後會徹認了本体之實相、則一切平等無差別、再不被生滅的迷執所蒙蓋、就開始進到入流忘所之境界。大概武士們都修取禪觀轉到大無畏的精神。

一般凡夫沒有勇氣、為自己之身体的感受而雖然知此道理，因為我執過重，往往不容易覺悟。有人只管打坐而進入無人無我的狀態，沒有觀照般若去觀察事理，而止於自我麻醉的暫時性，如注了麻醉劑一樣，出定時還是被迷情所縛不能自拔。這是一種迷情不是悟證。觀自在菩薩就是運用觀照般若去觀察萬物，明了理體之實相，離開差別相之執着、安住於自他平等之理體的根本，之謂悟的。

又執着於理體而枯寂在空性上，是無法生活和度眾生，還要適緣森羅萬象，一切眾生看自迷着而沉於煩惱苦海，自平等中起了差別，發出了度生悲願。

如我們最初不會游泳常被波浪沖沉沒頂苦不堪言，眾生亦如是沉溺苦海，我已學會游泳了，苦海已經變成泳池了、自由自在會利用水性，看到眾生沉沒就起了悲心去救度一切眾生，這都是大悲觀自在菩薩。一切眾生同是佛性之幻現、是我們的同胞、自己已度，不管他人沉淪、雖然是修行有證，這只是羅漢，說是愛河登彼岸、卻不算是菩薩。一切眾生如己身、自己的部分醫好、他的部分不醫、都是我身有病不算完全。

佛是宇宙全身的、眾生是全身中之各部分、所以眾生有病佛有病、菩薩是成佛的實行者、故要發出大悲心、佛心者大慈悲心也、不具大悲心是不能成佛的。迷着的凡夫、只求自己利益、不但不幫助他人、又來用種種不擇手段去騙取眾生、搶劫掠奪、殺人放火、居心安在？你雖知現在之眷屬、你知道他（她）們是你前生的親人嗎？無論如何人是有感情的、這自私的感情亦以擴大、成為大慈大悲的感情，由平等印差別去處理達事，達成悲智圓滿的佛德。這內觀平等實相即是智，外緣眾生起救濟悲行是慧，就是觀自在菩薩之成佛法門。

菩薩有覺悟的理智，是足慈悲於眾生，悲以拔苦之德，故菩薩會被眾生崇拜，其精神已認定相，就成為長生不死的完人了。

人間的執着是如火焚一樣會違業自他的安心。有一位年輕的男人，他於三十多歲前為一場車禍死於輪下，他的妻子兒女已有四人。死後執着的蘊識凝聚，因為他生時朋友勸其聽聞佛法，但他都說，迷信！只見活人受罪，那見死鬼枉枷，死後執着更加利害，他的神識常在其家中不能離去。他的太太因兒女幼小無法生活，就招來一位男子續結、此男子算來不錯一勉強地賺錢養活一口生存。但此亡妻一直吃醋，以為他還活着，看見愛妻招來男人共住，就起疾妬，作弄其第二及第三男孩，生病，終於變成精神失常、瘋癲亂為，連自己的家都毀史，鬧得雞犬不寧，這种不幸連續至今已經將近十年，二個男孩都不斷地入精神病院、所有金錢都花盡，還不肯放其干休。最後附身着他的二子，發言說話，趕走其招來的男子，此男子自年青就來幫他的家、現在已是年老了、不得不離去，自此含恨流淚離開家門，過着孤獨的生涯，有一次他的妻子不忍令他的三子去看他、却被二子拳刀追殺、以後再也不敢去了。但他的兒子現在還是狂癡未癒、令人見之不覺鼻酸流淚。噢！社会苦痛如此。亡者生時不信佛，請和尚超度都不听，相信其神话是地狱之苦的。人之妄执是地狱的苦具。像上面的执着亡灵，岂不是魔鬼、连自己的儿子都害透了。一家已经遥远、儿子何辜、这都是失去理智没有是非判断能力、这样的苦、各无间地狱。学佛的人对於这执着妄念是断然要排除的。

但执着心是有善与恶之分，执善慈悲是好的，若果一味捨掉，所谓不思善不思恶，无欲无憎、无爱亦无恨、就变成木头人，这种植物人是世间之累赘出家人也不要名不要利，亦没有社会国家的观念、变无用处，出生为人有什么目的，人是万物之灵长，能用佛智来观照世间，将不当的执着化为大悲行愿，出世而入世，发挥所有的潜力，在生存的期间中，做一番的伟大使命，方不辜负此一生为人身。

三、自在的理趣

自在是向上、向下的自由自在、向上即以观照的般若去窮究真理的佛性、見到本性所在的悟境,啟發佛智。向下即是登峰造極的悟境中、再下来實際人間、禅家云:「百尺竿頭坐底進一步」,運用智慧去救度众生的大活动、向光明的大道邁進、帶着一切众生唱着光明之歌、創造未来的人間樂土、才是真正的自在活动。若果一味隱遁在山谷洞穴、作自了漢、即變成动物一樣,这种枯木死灰、何時再能昇起光明的火炬来照耀人間。这不算是自在了。

真言宗的曼荼羅是宇宙万物与心精神的寫生、真言行人在事相的修習中是观照万物和精神之动態的、屬於向上門、在生活当中是宇宙当相即曼荼羅的观念下去活动的。很多人以為曼荼羅之諸尊是神，祈求保祐能夠得到神通，這是錯誤的觀念。人若死後靈識沒有肉體之礙，就有感知事相的功能，若果有了遙視眼，是非常麻煩的，人們在廁所內亦可以看到，人之五臟六腑之糞便亦會看到，鬼神亦會看到，那麼如何生活下去。

其實世間所有的現象即是曼荼羅，其中佛菩薩的藝術活動即我人必需的活動，我人是小宇宙，亦大宇宙相同不可須臾離，宇宙中有這麼多的佛菩薩，我人自心中具足，迷的人們看來世界是苦海的，悟的人看來是工作場所，要在舉手投足之間，自由自在去作佛的活動，活動就是修行，修行是無止境的。處在度眾方入正位，這是佛教一貫的理則。自了漢是孤單無伴侶的，上帝都不堪寂寞，所以創造了物來做它的眷屬。上帝即是道、萬物是道理本然的因緣法。像自己應身識智了、宇宙佛性還是活着。修行人只是迷被法華轉、悟即轉法華，迷悟雖則同是人、迷就不得自在，悟就自在，自在是不被迷惑煩惱所纏縛而已。

四、菩提薩埵的意義

菩薩是菩提薩埵之簡稱，菩提是覺、覺知覺悟之意、薩埵是有情、合起來叫做覺有情，有情即眾生，到了後來大涅槃經被翻譯以後、眾生即不止於有情的動物、動物、植物、礦物都包括在眾生之內。因為有情無情都是法性依因緣的組織而顯現、都是被如來鞭策力的推動而不斷地代謝成住壞滅、成住壞滅四相是生命，所以有生命的萬物悉皆眾生。出現眾多故名眾生。宇宙常恒故眾生不斷、時間迷流故諸法常住，「法是住於時間的」，「法相之生滅是空間」，法之成住是時間。這種時空之現象印於眾生心。但動物以外之物皆有智而無悲，雖具有精神原因，但都不能發用，故無痛覺感情，只有理德的作用而生長、開花、結葉、終於死亡。因為沒有感情苦受，所以不在度化之範圍。人類以外之動物，均是智能低劣，只知食與淫與怕被侵害，有些知死、大多數不知死活，故亦不被化度之內，只有人類，感受特別、貪欲極度、煩惱無限，所以佛法是為人類而有的。

人類出現在世間不知何時，上古時代沒有什麼宗教，後來漸漸頭腦發達，才出現宗教之需要。中古宗教的教主都是聰明特別的怪傑。犧牲自己去体悟宇宙真理，依地方時間環境之不同，創造了令人善生的教訓，起初不是什麼宗教，只是一位覺有情、佛教叫做菩薩。佛教之如來即是理德、佛即是智德、理智是不二的、佛與如來同義。菩薩已証入宇宙的理智合一的時、叫做佛。佛是有覺知之上人、都是有情。是覺悟最大的高士。菩薩是佛的工作者、是智悲意圓滿發達的人。是大覺悟者、大覺悟就是大慈悲。要先滅貪瞋痴三毒。根本不是滅、貪瞋痴現出的是自私之迷、貪瞋痴有其种性、悟的時變成為智慧。如刀之用法不同而已、用於殺人即惡、用以救人即善、刀本身是有的、且沒有善惡之別、自性本來清淨。菩薩已經了悟是非、教人善於用途。這种教訓就是菩薩的職責。菩薩是要現去服務的、沒有代價。有人要去講經布教的時候、大排架子、令人捧為活佛、是否存着名誉之心、有的一場講經花了信徒二十多万元新台幣，这筆錢若用于救濟貧民，即自有利社会之幸、那麼就實是菩薩了。叫人要布施，当然布施是不怕假和尚的，功德還歸施主。叫人不要貪，和尚當然也不會貪？。这是一种假想，大概每個法師是不会貪吧！。法師当然是菩薩，我們要尊重，他是代佛宣教的，受人供養是，應該的。法師若不如是，即同將来去換粗糠。菩薩不一定是法師才可以當，居士們能體悟佛理，起大慈悲去救世，即菩薩。菩薩不限於塑像之菩薩，是活靈々的行者才堪稱菩薩的。

五、行深般若的意義

智慧有深有淺，有依有分，所謂深般若就是深的智慧，行是修行，修小乘教是講人空、、偏真之理的智慧、這是比較高等的智慧，大乘教則主張，人法兩空之理的智慧，是比較低等的智慧。人空是無我，無我才能離開我執。法空則離開一切善惡苦樂迷悟凡聖等々差別法。人我皆空之後，則法亦空，人法具空，就見到真理實相。見了實相就是深般若。這就是大死一番，修行此深般若，一般凡夫執着堅固的人是非常困難的，古人說云：若無一番寒徹骨，那有梅花撲鼻香。大死一番就是斷了一切執着煩惱，入於正位，本來是一物的法性本體實相，這是天地万物森羅萬象都歸於一味平等、諸法亦法相皆殞，見到一片光明，由此去觀萬象，即知是一大如來之事業。還声鳥語廣長舌，山河大地法王身。否定之後才肯定起來，這就是大活現成。

行深般若之初是空，叫我們入道，將一切執着我見殺盡，不再執着心所諸法為万物法相認為實有。人因心被六塵諸法所纏，見色着色，聞声着聲，嗅味着味，觸景着境，起修的時候就看成奪命的惡魔，一切遠離迷着，因為一切法是心所起的，心不在焉即可遠離。修大乘還是要將小乘調好，否則沒有基礎。煩惱是由習而來的。一般凡夫都好高騖遠，不從基礎打好，如於砂上蓋大廈，終是基礎不穩而崩倒。以前有一位學習特技的人，看到久練的人從高處翻觔斗跳下非常輕易，他的初步基礎都未練，見人家跳他亦跳，一跳之下在半空中不能翻身，頭朝下落地，其頭碰到硬地，縮入胸腔中死亡。沒有基本訓練是危險的。修行亦如是。

由淺般若而行深般若，才能大徹大悟。蘇學士所謂「素絹不繪意高哉，一着丹青着二來、無一物中無盡藏、有花有月有樓台」。

聽說老早有一位屠夫，生意收攤後在回家的途中，看見村裡正大演梨園、戲做的是岳飛與秦檜、做到岳飛被秦檜陷害得非常非常過分，此人看了着迷、已忘記是假戲真做，他心非常不滿、咬牙切齒將身帶的屠刀抽出，向台上跳上去，把演戲的假秦檜，一氣之下殺掉，大家都莫名其妙、問他為什麼要殺人、他還是大聲怒氣沖沖地大罵，這奸臣為何大家都要寬容他，我不依？！。他還不知犯了殺人之罪，這都是迷着假相的錯誤，我們都是這樣地過着一生朦朧生活，都會像那位屠夫一樣犯罪入地獄了。

我們凡夫的心都是被週圍的境遇迷惑，成為墮落之緣，人能觀察凡所有相皆是虛妄，離了人相、我相、眾生相、壽者相，即心自平靜，以天下萬物為友，一切行為為道場，素生活，这世間看做是佛性之表現，佛法之現成，才是般若的妙用。这時就感受着大光明之境地，世間就變成極樂國土了。我與天地為一，與萬物同生，成為一大佛場，終日度生而不度半個人，觀照已明自食千金易化，否則滴水難消。觀自在菩薩就是行此深般若，正確地認識了真理而圓滿具現的境地之人。到達此境地時，心所中之潛意識改變了，五蘊非真而皆空，業非有而化成佛之作業，即變一切苦厄就化為烏有，所作所為悉是如來功德，这是在實實觀與慈悲觀，說明觀自在菩薩之修業，照見五蘊皆空是實相觀，度一切苦厄是慈悲觀。度眾生有內外之別，度自己心所內之執著煩惱眾生是內識，度我貪愚痴的眾生是他緣。心範疇中之眾生未度盡，怎能證菩提，證菩提後所發的救世之心，就是菩提心。菩提心是佛心，大慈悲心。

六、五蘊皆空

五蘊是色受想行識，即諸法與法相、諸法是心所法、法相是色法。色法是物質界，具有質礙之物，物各有其性質，這質是理德之基因種性。如地是堅固性，水是濕性，火是煖性，風是動性，空即無礙性，識是遍透性。又如之梅是酸性，鹽是鹹性，甘蔗是甘性等等，森羅万象各有其基因本性。各種質性可以相聚而各獨立，如梅，或桃，都具足地水火風空識，但其本性卻不能改變。如房屋，有砂石，水泥，鐵肋等凝為一体積之相，但各各獨立，石不能融入鐵肋內，水泥亦不能融入砂石內，是種相依為命之相，各有其界限，故名質礙。也就是色界。但精神原因之識大是遍遍理的，有物質就有識大，若無識大即不能凝成体積，所以心物是不二的。由物質中發用出來的就是心精神，這精神之本原就是智德，具有四種智德，即大圓鏡智、平等性智、妙觀察智、成所作智。未萌芽之時四智、發用即心，心分為受想行識，心是四者之總稱，各心王，其中之心所法為心數。因為主宰之基因德性多，故經云心王心數過剎塵，心所是心王之眷屬，即精神中有主人與眷屬。心動就是某基因德性登台為主，卓然存在地支配眷屬，眷屬是出入不定的。色法入心引起受法，受法轉想，想轉行，行轉識、識就是心王，受、想、行，是作用。

「受」即是接受外來之物一樣，由眼接受一切色法、由耳接受一切声法、由鼻接受一切香法，由舌接受一切味法、由身体之神经接受一切外界的寒熱、堅軟、痛癢等々感觸，这眼耳鼻舌身就五根、如门户一樣接受來客。

所受客塵諸法、起了善惡苦樂等々想像作用。这就是「想」。种々的分別諸法留在心中蘊藏，現代名詞來說就是潛意識，这蘊藏之心不是肉团的心臟、是在我人的小後腦。会時傳給大腦、經大腦消化，幻出記憶重現。

潛在意識重現時，由宿業之基因德性創造种々姿態，作迁流变化，这动態就是「行」。判断分析之功能是「識」，識之作業力即是基因德性。善之基因德性变成心王總司令，命令一出就開始行動（善）、惡之基因德性心王、發令時就行惡。蘊藏之潛在意識，即色加受想行識塑造之法。由眼耳鼻舌身、五根所收之法、各有不同感受之潛在意，故曰五蘊。也就是依着受想行三種心的作用，確切地把握住這心，給予一種決定。就是識的作用、因此受想行識，是將心的作用分為五部分來說明的、加上色法，即色心之總稱。色是物質、心即精神、物質有我們的身體和外在的天地間之万物、可以說宇宙、身心都包在五蘊之中。

蘊即是積聚、以身体而言是很多物質原素之積集、是物質精神之和合体。由地水火風空識六大合成、每大之中還有很多因素，精神方面亦很多基因种性。不僅是人体、其他動物、植物、都相同。基因种子、依其韜養力推動、吸收水分、陽光、土壤、肥料等々，經過溫度來化育、自發芽至生長、然後開花結果。我們的精神方面也是一樣，依心王與心所合作、才開始心的作用，心王是最多的精神基因中選出來的、其他的一切就是心所。身心的運作中分為五識，六識、七識，八識等單元，上大乘更加九識、十識來說明狀態。蘊是陰，但智德之中有很多基因種性、故經云：心王心數過剎塵。如要去做善事或惡事，由基因種性起意，到施行中經過種々心所的作用聯在一起，如大王領兵出陣。這都是經過君臣決定而施行的，其中互相商討計劃、要帶什麼工具。由甚麼方出發，怎樣才能完成這次的任務，其討論思想集會，將其思想收括整理起來，做一個企業計劃、誰勝不誰敗，好像國會一樣，當中議論紛々、這都是心王心所之觀察決策的結果。所提出來的議題就是五蘊。要做一項事情、必需經過這樣的複什討論、才能決定作用、都不是單純的一箇力量可以實行的。

這議題的五蘊是累積的檔案、是後天收集的、本來無此、是設了機構才有。原來的實相是無動作狀態、有了這身心才開始成了一箇團会。所以五蘊皆空。空是本性、五蘊是現象。身体解体死後因緣分散、主宰中心之支配停止。檔案五蘊

但這檔案還在、就是所謂的靈魂。若果在生前用般若的智火加以燒毀、即五蘊不存、歸於法性本体、九支所執之五蘊緊在空洞凝固、並是不斷地翻閱檔案、生前之苦受重演的成苦境就是地獄。六道十界苦樂由此顯現。

因為九支沒有般若、不能觀照其深奧微妙處、故有的觀

念識為輪迴之種子、靈魂即執着的五蘊体「識蘊」，其實無此物。若果用深般若去分析，万物原來性空、無我、無人、無生死、無凡夫與聖智、是法性真空平等的。佛出世與不出世、原來如此。人生之苦樂感受，皆似泡影、根本無此事。若能以深般若去探討、一切都是空理，雖在生死代謝中、都無生死，常住於涅槃的境界。這種觀察名照見五蘊皆空。這是分析到原本未生以前面目的看法，令人不要執着生煩惱的一种手段。其實法性之實相不止於此，這法性佛性換句話來說，是理則與智用之靈体，肉眼看不見故假名空。五蘊之境象雖無常之假現像，但其本体之五智，五智是五大之用。為脫離執着煩惱、即說此否定法，然後於否定的基礎上肯定起來建立万法，宗教之目的止於此。

　但对於宇宙灵体之創造万物的設計藍图工作過程都缺如。俗語云：麻雀雖小五臟具全，無論大与小，都一物一世界、每一物一微塵都微妙的組織，其組織内容不能缺小分而不完全。如電腦、機械，雖众多零件所組成，其中一点缺陷就不能起用。人体或植物之組織亦相同，某個血脈或神經缺陷，即不能代謝，麻木不仁。这些現象之物的未生前都有經过設計藍图，將其濃縮至於零点，於生運化之時，則將其圖案展開組織。古云：「放之則彌六合，退之則藏於密」，每一物各有其規劃的圖騰。收藏於密就是万物之基因德性。这种基因是不能混什麼是系統性的，如我人的身体，人類之五臟六腑都是同一系統性，人人相同，但各人之高低、面容、膚色都各不同。於手掌上紀差别，同一父毋所生的兄弟姊妹決不同、這是有計劃設計的。你想々看這是什麼人設計的呢？人体各部門的周密設計，是人們無法創造的，天主教等都說上帝創造萬物，是神之傑作！

那麼祂的設計及工廠在那裡？・佛教有說人從光音天來的、那麼動物、植物從那裡來，其實都是止於想像。

不是有來去、宇宙当体之大靈本身就是萬物，一一物都是祂的細胞、各細胞中之組織本然存在、在無形的存在顯現有形而已。隱顯之差而本然之基因組織不變。變而不變、不變而變、這当体即假名大遍照如來、法身佛，其中之理德名如來、其智德名佛，其運作之力即報身佛，顯現的各化身佛。萬物箇々是法性当体，經云之一切眾生悉有佛性。萬物不是被造的，是当体之化現。這当体應萬古而常恒。

你我万物同源，都是如来化現、豈不是無限的樂章，何可自暴自棄。怎可互相侵辱相殺。頭頭是佛、箇箇都菩薩。一般以為佛是有單位的神、為表虔誠而燒身供佛、理論上可說是燒佛、這種觀念是不正確、似乎待明眼人批判了。

殺生等於殺佛，當然不可，使人生氣也是殺生的、激怒對方生氣的時候，一定自己亦是憤怒，怒氣一發血液就痒化、變成酸性、酸性会殺死細胞，心臟会暴跳、血液沖腦、臟血變酸性，就会缺氧昏倒，甚者死亡、血液流注膨脹、變成疾病。佛陀教人要說愛語、的確有道理在。

家庭常常發生口角、彼此激怒，痒化的血液淤化、成為暴戾之氛圍氣瀰漫家內、不但会家庭不安、家運落衰、還会惹來無妄之災，這都是迷悟執著、本來的五智變成五蘊的結果。求神佛庇不如求自己，將迷着的五蘊、用般若之力去变為五智。這就是最高無上的消災植福之秘術。

七、度一切苦厄

五蘊皆空是依迷情的凡夫說的、了解道理之後、一切生活無不是大光明的境地。一切的苦受災厄都会变成如來之業。苦樂是迷悟之差、悟之樂不是世間之迷情的樂、是一种自我即入宇宙佛性之樂、是沒有世間相对的苦樂、是絕对的大我之樂。世間有苦就有樂、但此苦樂是暫時性的，是一种迷情。如人喝熱茶、在炎日之下飲熱茶就感觉熱中加熱生出苦受。但在冰凍的冷凍庫工作的人、喝一杯熱茶就感觉非常快樂、反而冷凍庫工作的人飲食冰水就不太好受生苦感、在炎日的場合飲冰水就觉快樂、同一天氣而不同場合即覺受不同。若沒有熱過苦、就沒有涼之樂、沒有寒凍之苦就沒有溫暖之樂。有苦的反面就有樂、有樂就有苦。人要樂受一定要在苦中求，以苦當做樂去生活，才有樂的結果。有這樣的般若遠視、方得度一切苦厄。

以前有二位旅客、在旅行的途中相遇、其中一位某甲是富豪很有錢，某甲聰明比較靈活、想出辦法不勞而獲、他的心中五蘊竟全然不善。某乙是清高慈善，心中沒有求不得之苦。二人到了某地方日已西沉、某甲就找一間豪華的客棧投宿、某乙身中蜻蚨不歸、就往郊外的地方、找着一蘇草堆、就在草堆下睡覺了。當夜某乙在夢中、夢得受一位富戶招待、美女陪我、酒飲陳年花雕、滿桌珍味炒餐。某甲夜間夢見閻王差卒前來拘捕和上手銬、被其刑打得傷身鑄傷，從惡夢中驚醒。不但沒有整夜做貴紅綿錦褥之美，受苦一夜的悲哀。錢多亦不是福，無錢亦不是窮，慈善的人是享受快樂的，作惡的人是苦厄的，人類因為迷於現實，以為現實就能滿足欲望，欲望愈多苦厄愈多。

物質不能享受多久，精神才是主人。很多為金錢所迷、到處搶劫，有人利用機会貪污，到頭被官抓住入獄、甚者死刑，天網恢恢疏而不漏，結果苦厄臨頭。不但自作自受，連他的子女都会被人嘲笑，何苦哉！！

只有學佛的人，有了般若去觀察內心，向外去觀察万物，這種觀自在菩薩，才能加認真假，去了迷惑執着去度一切苦厄。詩云：修人觀智慧，深照五蘊空，應勸修念者，離煩一心通。

分別讀乘分

叁　經文譯義

經文：「舍利子！色不異空，空不異色，色即是空，空即是色，受想行識，亦復如是。」

佛對大弟子舍利弗說，色（五蘊之一）與空是相同的，既然如此反過來說，空與色亦是一樣的，所以要認定色就是空現象即實在，空就是色，實在即現象。心法之受、想、行、識四蘊也是相同，四蘊即四智，五蘊即五智，蘊是法是有，智是性，是空。心經秘鍵說：「色空本不二，事理元來同，無礙融三種，金水喻其宗」

一、舍利子

釋尊的大弟子中有一位智慧第一的舍利子，舍利子之母親名叫「舍利」，是一種目光鋭利的鳥名，舍利之子，故名舍利子。釋尊說法的時候，說到此般若的道理，就叫舍利子出來做代表，因為大眾中能了解般若義理的人很少，所以叫他做為演說的對手。如說空義的時就叫了空第一的須菩提一樣。看來每經都有對機眾。以主賓的立場來說道理、或對答、或請是提出疑問、以令傍邊的大眾了解、這都是大悲的流露，度一切眾生之手法。

二、色不異空

要說明五蘊的迷情是空、組織的現象是因緣法是空，但佛性本体實相是有的。為使大眾不偏於空、不偏於有起見、詳細分析令入不二法內。

起初要破執着故說空，人皆執着現象之色法、如組件或總是一箇堅實的有、却是法性中的六大，是元素組合而有的。死後化為塵埃還歸元素。如棹子或椅子、認為實有，但都只見現象：不見到元素沒有桌子或椅子，桌子之形成是象是因緣的，木頭為因，經設計工作組立某種形体，若果加以分解，即桌子沒有了。未組立以前還是沒有。是指現象而言的，但其木板都是有的，可是木板未組成桌以前不名桌。那麼木板是有的嗎？木板元素是木頭鋸開的，未鋸開以前沒有板，那麼木頭是實有嗎？木頭本來亦無，是一種種子，由象緣和合長成的，在種子中找木頭了不可得，那麼種子加以紛碎，總歸為有，還歸元素，但是元素中会生長木頭的基因是有的，這無形之物就是空，空不空如來藏，所以現象之色即是空，其他天地万物皆如是，物理上而言是物質不滅論，物質如此精神上之五蘊亦如此。這是万物諸法之常理，故請不要執迷現象。

隨緣不變、不變隨緣

三、空本是色

如空中之水分是摸不到看不到的、但遇緣即變成雨露，雲中之水分變雨落下來流入池中或河川中變成水渠、入若入其中即会窒息。空變有就是現象、水受熱氣所迫變成蒸氣就是空。這樣來反覆觀察時，即前面說过、水即是冰、冰即是水、水喻空冰喻色、金即器、器即金、金喻空、器喻色。水亦金喻本性、冰亦器喻現象、冰冰皆水、器器皆金。就是色即是空、空即是色。

四、了空的安心

早前日本的一位了不起的一休禪師、他弱冠之時就出家做沙彌，他非常聰明有聰智、亦生得很可愛，都被師父痛惜。可是聰明好的孩子、大多是被消的、時常听師父講経、師父常講一切皆空之理、這也是佛教之主要綱目。

他的師父也很有名氣的大和尚、所以國王大臣、或貴族富豪都很多來皈依、送給他的珍貴寶物亦很多、最寶貴的一件就是玉杯、過有貴客來訪之時都会拿出玉杯出來展示。收藏在秘密之處、恐怕被人偷走。一休偷覷了這秘藏，有一天、師父被人請去供養說法、一休與師兄弟們一起玩耍、說他曾見過師父的寶貝、連收藏的地点都知道。師兄弟請他偷取出來開々眼界、他都得意揚々地偷搬出來、大家都好奇而也讚嘆希有、爭取摸々過癮、爭來爭去失手掉落地上碰壞了。大家都起了煩惱、師父回來一定会被打死的、有的大哭、有的流淚、六神無主大起恐惶、一休說、不要難過、壞了是不能復元的、請不要哭、這是我取出來的我家想。師父若問、大家都說是我就好了。

一休將玉杯收藏在他的懷中、到了將近黃昏時候、師父真的回來了。一休非常殷勤地請師父入浴更衣、師出來的時候馬上搬椅給師父坐、又端茶請師父喝、在師父身邊扇風。師父非常滿意、就對一休說、你真是好孩子、但你平常時都沒有這般孝順、今天為什麼這樣特別呢？、一休說、師父我常常聽你講經的時候、你都說、諸法一切皆空、為什是一切皆空、我千思萬想都悟不出來。請師父慈悲為弟子教開迷矇。師父說、是啊！世間所有物都是無常的、那有一物能夠不壞、物會壞、人會死、這是宇宙的定理啊！。

一休說我知道了謝謝師父、揖一個九十度的大鞠躬、順手拉出碰壞的玉杯出來給師父看、師父嚇得啞口無言、算了算了。像比師父聰明。師父從此不發脾氣，非常感動一休的天才。這就了悟，色即是空的大安心了。

五、受、想、行、識

人們因為不了解色即是空的道理，終失東西就起煩惱、物品破損就念念不忘不捨，日常的生活中妄想橫飛，若果了解心的作用、受、想、行、識、五蘊皆空就自然不会執着了。一般坐禪以為只管打坐、像木石一樣、不去觀照万物之無常性，整時麻醉般的枯坐，這都会入於頑空狀態的。

以前有一位和尚，自山中往市纏去買了一個土鍋，用來燒飯。土鍋用草繩縛着，上頭另一個環，掛於竹杖上放在肩膀，搖搖擺擺地回去，到了中途上山坡時不慎掉落地上、破成數片了，這位和尚還是若無其事地一直回去了。是不是和尚不知此事、当然知道、这位和尚是了悟成住異滅的道理的、破壞了他連回頭去看都沒有、破了究竟不能復元、看都是無用的、多餘的、他安然自在、不把煩惱。一般的人、一定回頭去看、不但如是而怨惜、再拉來接々看再念不休。回去後不知在心中念好幾天。凡夫就這樣看不透、放不下、而生了煩惱。

经文解釋

经文之舍利子！是諸法空相、不生不滅、不垢不淨、不增不減。

舍利子、如上段所說、佛說叫他來做聽衆的代表。諸法一般所謂色心二法。應該物質之色法名法相、心所法名諸法、空相是有其境而無實体、物質也是組織因緣所生法一心所法亦是認識而已，本來自性是妙有的空相，諸法是空相之妙有。這本來自性是無始無終的，自無始以前都是不曾生，不曾滅，本來常住不變的涅槃体，清淨而不淨都是五蘊之法，根本沒有淨穢可言。物質法相不自相，因人動物有情才有相。現象之第二義俗諦是戲論性的，但真諦之第一義是真如本性是無戲論性。沒有、無常、無我、苦、不淨而常樂我淨之分。認為無常苦無我不淨亦是心之執、認為常樂我淨亦是執，二者都是上大乘所不取。秘鍵云，文殊利劍揮八不。而云之諸法本不生、自性離言說、本來無垢染、因業等虛空。秘經裡面是說之我覺本不生、出過語言道、諸過得解脫、遠離於因緣、知空等虛空，這就諸法空相。

六、不生不滅

上面說过、身心、空有、現在与実相、天地万物皆是隱顯之別，根本都是不二的。在成住壞滅的無常过程中，知其迁变，才有生命观念。这現成之生命之認知是凡夫、小乘人欲覓求実相之空理，以解冰歸水般地剖析空觀去認悟此本性，往々放棄現象住着於空，都会变成死灘之偏空。宇宙本性的性質是常恒之动，換句話说：無常即本性，若沒有無常就沒有生命。永遠無常故生命永遠，只怕無常抛將無常抗制為無動作，即同背逆佛性的观念。無常之动力即生出万物之力，这种本然之佛性羯磨力，沒有名字，我們假名叫做生其物。生其物是潜藏於諸法与法相之奥底，是万物生命的源泉。一般以为了悟佛性生万物，万有还歸空性之理，算入流了。但往々未体認佛性之為何物，一言蔽之，即是万有現象之活動，活動当体即生其物佛性。有活動就是創造，創造就是無常，無常就是生滅代謝，生滅代謝就是時間與空間觀念，時間與空間是生命現象，無常不斷而常，常無常是真正永遠的生命。本來如此不曾增加不曾消失減少，就是不生不滅。比喻一棵大樹有一千斤，起初是一粒种子，依生其物的無常佛性之力，依种為因，吸收諸外原素為緣，不久成了一棵樹。由小而大不斷地迁變其体積。假定將樹砍来用火焚燒，此樹變成烏有，但變成空性之水分瓦斯等，壓縮起来，其重量與元樹之重量相同。有變無，無還是有，不增不滅之理如此。了悟的人就不再用析空觀直接認知，應有一切及当下的活動即佛性。這佛性是不生不滅的，顯現與隱藏都相同。生滅之相是顯不生不滅是本源之理智之德。

七、不垢不淨

垢與淨是凡夫五蘊之認識，第一義中之佛性當体是沒有淨垢之別的。物之淨垢是現象法，物生長常演變的化學过程中，成住時看來是清淨的，到了壞的時候看來是垢穢的。因為自然理德與智德都有保護成住之功能，由於觀察智變為認知分別、對於自身之生存關係，会妨害生存條件的化學物就認為是垢穢、對於有益生存之物即認為清淨，在衣食住行的活動中生起取捨，故有清淨與垢穢差別。迷著的凡夫只見現象、不見自性本來清淨。如人或其他動物，食取清淨之外物、經过消化之後就變為糞便，糞便是穢、沃於植物葉類變成肥料，成為植物菁之身，又是垢穢變清净了，人们就认为清净取食、化成我身。净识是无常的变化过程，依宇宙自性看来是不垢不净的，修行人悟入此平等无差别之本性后，从平等上建立差别，才能生活作为，因为凡夫未见到自性、执着殊是起了烦恼，起了烦恼执着是心，心物不二故影响物质上生病。常常看到精神失常的人、拾，把人家认为不净之物充饥，往往不见其生病死亡。他的心神似乎没有起分别，修行人若此即同痴人，莫可言为智慧人。学禅的头陀行，往往都住于平等观，学菩萨的人往往住于差别观，大概都在平等上起差别的，否即成为常若观念迷失本性，自古的大德说法都不离本性。

净土宗的人，往往说，这个世界是苦海，不是久居之地要求离开这个秽土，往生到清净的莲邦，其实净秽不二的淨識是心之分別，叫人信有一個清淨樂土、其世界莊嚴、這都是自我意識之轉換，要一心念佛念到無人無我、亦無量光明光合一、亦自性入我我入、變開無量壽。三界唯心萬法唯識，十界一心，其有其境無其所的。五蘊之境變為西方淨土境、其實還是五蘊的範圍，故名帶業往生。

無論如何都要悟入實相的平等上起差別，才不被現象的淨識觀念所迷。雖不入正位、還可以將執淨之淨業化為動力、再來實行彌陀四十八願、普賢菩薩行。四十八願要繼和印阿彌陀佛、行世即是金剛法、即觀自在菩薩、研究記來淨土法是秘教中之一法，具足信願行的條件。改造心靈之法也。這物欲狂流的世間法中亦是好的法門。

我們要了解、淨識好壞是現象法、一切皆從本性的法淨中出「經云：天魔外道皆佛性、四魔三障成道果、佛界魔界同如體，一相平等無差別。」

八、不增不減

不增不減是宇宙本体之法性，增減是現象，現象有因緣所生法之增減。相同是人，都是不增不減，如四肢五臟六腑等等都人人具足，但有貧富、高矮、美醜等等之增減差別，無論何物都具足六大，但水是水、火是火、木是木、石是石，同一物都不同形像，這增減是假像，但其本性相同，水中有火、火中有水、万物六大具足不增不減，不是水中無火、火中無水，只是基因不同顯象各不同，火之基因出現即呈火相，其他五大隱而不現而已，我人凡夫執著現象以為有增減而不平，生起不滿，古人云，迷故三界城，悟故十方空、本來無南北、何處有西東。

有一次一位信徒來請我去看他的房屋，風水好不好，他的房屋在公寓裡面。他說大概什麼地方構設不對，所以家中有常常生病、賺不進大錢。我問：公寓是不是上下左右前後都有人住、他說有！那麼蓋的房間是不是設計一樣，他說一樣、那麼很多人住一樣大廈、大家都跟你一樣、多病、貧窮嗎？他說不是、還有很多人都本要賺大錢的。好啦！我給你解解！我就書了上面的四句、用一張較寬的紙包成守護符，請他拉回掛於佛位的後面就會改善，他如我所說照做，不久真的好運了。來我處說謝。很久了、他將此房子賣出、另移搬到一所比較寬敞的地方去。在搬家的時候、發見已經忘記的守護符、就打開來看、原來寫的是迷着三界識、悟故十方空、本来無東西、何處有南北的字樣。也不可思議也想了很久，不知為什麼會這樣靈驗，你猜猜看！。

心迷的人看這個世界有增減、變成苦海，要有智慧去觀察、通達道理就極樂了。秘鍵云：不絕戲論，文殊是彼人、秘空畢竟理、義用最幽玄。

經文概釋

經文：是故空中無色、無受想行識，無眼耳鼻舌身意，無色声香味觸法，無眼界，乃至無意識界，無無明，亦無無明尽，乃至無老死，亦無老死尽，無苦集滅道，無智亦無得，以無所得故。

這段經文是承上面的，諸法空相，不生不滅，不垢不淨、不增不減、的道理而來的。然後才說出空中無色、無受想行識來。

空中即是天下万物之本性，这本性即所謂佛性、法性、真如本性、諸法佛性、法界佛性、六大佛性、等名詞。

这佛性是歷万古而常存不生不滅的，森羅万象之佛性。未受甚因种性業力推動顯現法相以前、是沒有受想行識的分別、亦沒有万物之名、沒有有法可說、这空中都沒有形相、亦無精神上受想行識等心理作用。这分明是分別諸乘的聞示真空妙理。從凡夫有進入空門、去度有情凡夫之執着現象所起之一切煩惱。諸乘分別有五種、人、天、声聞、緣覺、菩薩。菩薩者然是由人天声聞緣覺為基礎而開展昇華的大心人。人有淨識之分、天有法淨之執、声聞緣覺有偏真之过，因根據不同而观機趋教，在病与藥。人天在五乘之中尚属凡界，後三乘是入圣位的悟境之分類。

人是贪欲为生命的高級動物，利用它的贪欲性，教它修十善、積功德，換来生於可滿足贪欲的地方，如昇至天人的地方，即思食食至、思衣衣至，從心所欲。这种精神生活沒有肉体的束縛，那麼就是灵魂自在享受福报。但它不知灵魂是五蕴的潜意識的凝結品，要昇天福就要放下人间的相对之苦樂，進入極樂境地。

听說有一個故事，有二位太太，非常和好，往市場买東西、或往咖啡廳都在一起，相隨不離，一天一位某甲太太忽然死去，某乙的太太非常悲傷，單独前往咖啡廳去喝咖啡，这位死去的太太的潜意識灵体，還因为離開世间的好友而起了煩惱執着、一位活着、一位死去、双位都起了煩惱，這位活着的太太在喝咖啡的時候，憶起好友、若不是她死去、就可以双人在此欢々樂々過活。一起思念之心、念波遂即傳達這位死去的好友，這位亡灵一念之間、馬上到了她的身边、可是生人是不能見到亡灵的。這位亡灵非常懊惱、心念起了怨嘆、平時我都対她着成手足之情、為什麼今日不招呼我一起喝咖啡呢？！即時放下悲々不忘的舊情、撒手離去！忽然昇到天界、這時已經看破世間的無情就心中沒有人間相了。

這是意識中所感覺的都是清淨境界、一念想起、這地方若有一所別墅不知怎麼好，即時現出一所別墅宛然自己所想的一模一樣。它就入内一看，想起衣廚就現衣廚、想起衣服就現衣服。它就造出一套最喜愛的衣服穿上，如生前一樣穿上美麗衣服就想出去街上誇耀，給人讚美，它就往所思的街上散步。以前生時有一次還是這樣去街上，遇到一位年青的男人，这位男人是喜愛一双蝴蝶花紋的襪子，穿在腳上出來展示，双人相遇的時候"这女人問那個男人，我穿的一套衣服美不美，这位男人的心都在他的襪子，不去欣賞她，故說不美，妳看我的襪子美不美，这位女人因為他不讚其美，她就變一個心，放下心中之美感，这女亡灵这時候都是當時的記憶重現的。放下世間之塵心就昇為天人，所見清淨，由念頭而現出境界。天人是人之去惡欣善的精神生活，還執着的，但比記塵世是好多了。但亡灵在清淨的天生活中，忽然想起塵世的愛念，就馬上墮落人間、發見有人在做愛、看到其光美好、它就投入其胎、再出現人間了。

天人墮落人間、它的業意識之勢用還在、就会愛着行善、而且善根在增長中、会愛好佛法、由聞法而了悟實相、就執於真空實相、終会成為声聞乘的自私心境、最後入於正位変成罗漢。

有的因為前生沒有福報去听聞法师說法、意識中沒有佛法的潛意識業用、此生与法师無緣、但有慕道的意念、這善的基因往往發出時、就会無意中見到世間無常而放下一切悟入真常、成了獨覺罗漢。他若生前有緣与法师往来、行布施、此生一定見到法师会生起歡喜、就会得到法师的開示悟道、而且会大慈悲心行菩薩道、終於成為双足尊。

這段經文是五乘之層次，在病施藥的，小乘的人天是以善為藥，大乘人是以毒為藥，不信的人是以藥為毒。法師代佛為医，医眾生之病，病去藥除，施藥不對病不能癒，一般先入為主的人，執着不信名医，不敢服食毒藥，根機鈍利的人，可以信而服之，應劫之病病即時癒好。医生亦要注意施藥，古人云：上医以毒為藥，中医以藥為藥，下医以藥為毒。医師自己連藥都不敢服，自己還是病医，豈能医好他人。藥可以治病，但放錯了藥，補藥亦變成毒藥。

藥有藥理，病有病理，不諳藥病之對治，是会誤殺慧命的。人天乘即可人天乘之藥，声聞緣覺乘人只可声聞緣覺乘之藥，菩薩根器的人可服菩薩乘的藥，顯教機器只好吃顯教藥，密乘根器的人可服密教之藥。病與藥各不同。

九、大匠門下無棄材

應病與藥是名醫之特技、顯教亦有密機的藥，密教亦有顯機之藥、能夠善用之即能隨機得救。

如大匠們的手下沒有不用之材、物々皆有用、一物都不能放棄，世間之物品是長短互連的，十指長短不齊、連作才會自如的，人身部類之不同才成為完人、頭是頭、手是手、足是足、眉是眉、眼是眼、口是口、鼻是鼻、耳是耳、至於大小便器官都各有其用．雖然職位不等、以全身而言都是平等、缺一是不可的，所以眾生各有用、某些部位生病要加以治好，這種大我精神才算大匠。我們要自知自己之位置、努力去學習作為，手或足不可異想天開、想長在頭上、如果頭上長了手或足，整個運作可能發生問題，宇宙自然裡則本然安排好的、這就是實相之功德。
世間萬事皆如此、物各其用、人各其才。雖有智愚之別
本來實相是平等的。總統府裡亦都有清潔夫、凡塵之中都
有智者。美麗的花卉之下有糞肥、糞肥之中有美的資源。
智者與愚人的肚子裡都相同有糞便。人間在世各有其使命
、智者是學習磨練出來的、雖然不同水平、本性相同、不
可遺棄認為低劣之物、鑽石在砂礫中才特別會顯出高雅、
世間若無愚人、就沒有賢人、愚人是創造賢人之工具、賢
人應尊重愚人是恩人。這一念是愚人那麼就沒有賢人。有
衆生故有佛有菩薩、佛菩薩要靠衆生才能是這原理吧！

十、五蘊空相

以般若眼去觀察佛性本体之實相時即萬物都未出現的狀

態，當然我們的身体是沒有的，身体未成形，當然精神亦沒有眼耳鼻舌身來接受外界，色声香味觸而成意之法。沒有，接外界之受，就沒有想，行，識的過程而認知，所以說本性的空中是沒有五蘊的。五蘊是經十二入（眼耳鼻舌身意及色声香味觸法）得來之痕跡。為容易了解起見分為三科，

六根界－眼界、耳界、鼻界、舌界、身界、意界

六境界－色界、声界、香界、味界、觸界、法界

六識界－眼識界、耳識界、鼻識界、舌識界、身識界、意識界

界是界限，如眼能視不能听，耳能聞不能見－乃至意識界

六根六境十二入十八界，五蘊，即是世間的差別三种法相

後句都是色心二法，色心是不二的，沒有色体就不能發明精。五蘊即是色心不二的產品。身心的經驗感受依人而

別、境界不同、才有十界之差別。若回到未生以前的面目時、就沒有五蘊了。有了五蘊就認為有我的存在、其實我也是沒有的、世俗所謂靈魂就是我、我就是五蘊、本來沒有五蘊就沒有靈魂、蘊是集聚的意義、即是集聚經驗感情的潛在意識。因有執着認識故五蘊未空、就成了輪迴六道，依本性的實相看來是清淨虛的空去來、這種六道是心之境界、這心是五蘊、五蘊空了、心也沒有了。一旦出生就不能無心、只是了知本來實相是沒有心就可、這凡心能起不觀照就是真心、起觀照就是修行心、了知一切真理及行為就是菩提心。這凡心之本來是佛性、其作業力就是轉智不二之德、名如來功德力。五蘊皆空相是立於本性上來看觀察的析空觀。

觀照了徹悟得五蘊空相、但未悟之人間世界即是五蘊之世界、各人各有不同之經驗感情、故一人一世界、死後五蘊聚凝在、它的心意識之五蘊完全像生前一樣生滅不息。像生人作夢一樣意識，成為它的苦樂境界，它的生前所集之法、死後不能增加、因為沒有六根繼續去收集故，其意識活動是止於生前之延續而已。

施食時此方以觀想物品給與享受，完全是意識感受、根本是心法沒有實質，我心如物、它的心如鏡，感應道交的一種慰靈祭而已。都是夢中大作佛事吧了。它根本沒有改善，若要令它改善、就用瑜伽的方法、將它的靈体與我合一，由我之深般若的觀法、使它同化、此方觀想諸法本空，它也感到諸法皆空，化它的五蘊執着，回歸自性之智体此證入空性、它也證入空性、就可度一切苦厄了。这种度之裏的瑜伽教就是秘密佛教。行者能與宇宙入我我入、即能有限度地改造諸法與法相、祈禱攘星護摩的原理就此建立了。

十一、十二入空相

人体有攝取外境的機關，好像門户一樣接來客，六境是由六根、眼耳鼻舌身意。攝來的是色声香味觸法六塵、这六塵是外來之客、故名客塵。全身是手眼、都有感覺神经、这感覺神经是止於知、然後傳入意識判決變成記憶、成為五蘊。

眼耳鼻舌身是工具、意是主帥、客塵之色是有形之相、声香味觸是無形之相、法是意識之境界。各有其職权界眼、為分析了解設分做六根六境的對象、合成十二處、各有界限故名十八界。如某人身有某處殘廢失靈即不成十二入、也不成十八界。由此攝取的感受變為五蘊、但五蘊還理來說是沒有的、故十二入還是空相的。

十二、十八界空相

六根六界、六塵六界、六識六界、合成十八界、色心二法是有情現象之當體。意根界與六識是屬精神、其他十一界是屬於色法。意根止於知、識即分別判斷、識如王、根如部屬。對於色法之迷執偏重的、就用開闡色合心來分析、對於精神我執偏重的、就用開闡心合色來闡明。十二入、十八界三種是闡說的方便而已。無論色法或心法都是無自性、無我的影塵、根本實相上來看是無那無法的。本來的真

空寂相是如來理德（物質原因）與如來智德（精神原因）、理智不二之是偉，

人間及天人是執迷色心二法故，為令他解除迷執故漸示般若真空之理，為人天乘法門。迷着金錢財產、迷着色、迷着愛情、迷着悲哀、迷着決害、像人而不同，環境與感受的質物、精神的交錯下產生出來的迷執，開析空觀者分析，即質物精神之現象是無所得的。歸根到底是理智二德本性之幻化。現象之迷情根本不存在。

金剛經裡說、凡所有相、即是虛妄、如露亦如電、如幻泡影。

這是積極的否定物象諸法的發示、一番大否定之後再大肯定起來，這時一切悉皆是如來的大作業，亦即佛的大玄

明世界。

十三、般若之妙用

依著般若的觀慧去照見万象，明白了諸法無自性、無我的真空妙理實相，則自由自在再不被塵妄所迷，達成自由人。即身成為如來之本性。於日常生活中大作佛事、舉手投足、心之所思意皆菩薩行願了。

初學的人依循空觀的般若妙用都會開悟，听說禪宗中土的二祖慧可都被達磨點破，運用觀照般若之妙用而開悟。

達磨祖師來到中國，听聞梁朝武帝信仰佛教，擬度他見性，覲面時武帝問達磨：你來這裡傳什麼法，達磨說：無。若然無的話，那裡有聖人？達磨說：廓然無聖，武帝不認，因為不契機，所以達磨拂袖而去，然後往嵩山面壁待據伝授法的緣的。時有慧可法师前詣、在達磨的身边住了九年的漫長時間，一直未曾听到達磨的開示，心中暫々不安起來、最後禁不住地開口請示達磨，我心不安，請师為我安心，達磨說：「請將心拿來！」慧可想了很久：根本無法把捉其心，說覓心不得。達磨說、已給你安心竟，慧可自此了悟本來無心，凡夫的心是根塵和合之五蘊識体，五蘊沒有了、就返有本性之真空体、這真空体雖空，但都有覺在、這覺就是佛，這是般若妙用。

明白了真空實相之理，則明明白白世間一切之諸法與法相是暫時的顯現，就不会执着被其束縛了。這時就得到大安心了。五蘊十二入十八界都如此，人與天人到此則妄想迷执可以化解，無眼界乃至無意識界。這中間有略了耳、鼻、舌、身等界、其實是包括在內。在第一義中是沒有境象故、諸法與法相一切皆無。觀照了真理之鑑、一切迷執妄想由根本斬除、為稱真空實相之無；就是大般若妙用。

一般言空，什麼都沒有的豁達空是外道說、這裡的空是諸法與法相性空之空；真空中具足妙有之德性、經說：空不空如來藏、乃經由此顯。這種透視的般若眼、即經過一番大否定之大肯定。

十四、破相與顯性 說明

五蘊、十二入、十八界、三科是為破現象之迷執來說的、其空實相根本是一味平等、沒有相之差別、依觀照般若來破執是此心經之旨趣。破除迷執故名破相門。

眼前之法相諸境界其當作，是理德的顯現，不斷地由善因德性的緣生下新陳代謝，我們都被它迷住，這种迷執是我們之內心的主觀之產品。也就是主觀認識，有此主觀故有了「我」的存在。有了「我」故有我所，「我」我所故起愛執，而生煩惱妄想，為爭取自己有利而做出罪惡了。罪惡之定義是不利他人之行為。反此有利他人就是善了。但有利他人是指有利大公的。

「我我所」都是色心。色心＝法之執，佛教叫人用般若去破此色心二法之執，肯定真空實相，就是顯性了。

諸法與法相既然是空，謂何有此世間？這就是因緣之業力所組成的。真空實相之中有善因德性之力，此力名如來羯磨力，每個物都有其善因德性，並我個人而言，就是我之功德力、由我之功德力及宇宙法界体性絶対力（如来加持力）、緣起法界力（四大体性）、組成現象、这名三力、亦名因緣法。是組織故無自性，又不断在創造故無常，無常故無一定凝然之法，故無自性、無我。如果什麼都沒有了、那麼無不能生有。物有體之基因德性、心有體之基因德性、如果諸法亦法相沒有任何根據、則諸法亦法相無從發生。这種基因德性本体是真空妙相，我們用般若眼去観照、就能看到一味平等之状態、基因德性之本質是無法看到的。

这種法性平等無差別中、可以顕出森羅万象諸法的差別相、就可以証明、物々諸法悉皆具備了本性基因之德。

依着这本性之德的德性、顕現万法、叫做基因法性之絶対力妙用。花紅柳緑、山河大地、渓声鳥語、都是基因法性自然之姿態。是實相當體之顯現、我人當然亦是本然之德性以萬物之靈長的姿態出現的。

但物々人人都是各具不同之基因徵性的、相同父母所生的兄弟姊妹、不但與父母之德性不同、兄弟姊妹各々不同、形相性質各異。顯出來的時候是呈現其基因性德作用、未顯現之前是隱而不露故、守在平等一味之中。

顯露時會容易迷着現象起煩惱、若果依般若眼去看真空實相時、就會破相而顯性，這种析空觀是声聞乘、初学者應修的開悟手段。

十五、因緣觀．

經文之無無明亦無無明盡、無老死亦無老死盡、是緣覺乘人的觀法，以前之是故空中無色至到以無所得故是声聞乘的觀法。緣覺不落偏的發作、而會去悟世間因緣而入空理得到解脫煩惱，這叫做獨覺。

這種獨覺乘人有偏空之嫌、觀察世間因果律，是止於法之上的。諸法之因是心、外來之相由眼耳鼻舌身為緣，成為認識之果。經過思慮判斷之緣、成為喜怒哀樂愛惡欲之情是報。有時以五根為因、以外塵為緣、心意識感受為報、根本上而言、五根皆有五識、只有根沒有識是不能發起作用的。空是根塵識合所起的判斷感受過程而說的。

緣覺乘人有時看到枯葉落下、直感有形之物終為烏有、成了空、諦悟到無常、放下執着，俗語說：看破世情不再被迷情束縛。依十住心論而言、聲聞乘是唯蘊無我心。緣覺乘是拔業因種心。祕鍵云：風葉知因緣，輪迴覺我年、露花陰稱子、羊塵亦相連。
緣覺乘拔了業因種、就不再輪迴。佛教度人比喻車乘、以声聞、緣覺、菩薩根性而施設乘名、喻羊車、鹿車、牛車三車。雖羊鹿二車都会解脫、但是比較低劣吧了。观因緣果报而厭棄世間。往々会尋求短見自殺者亦不鮮。

。対於因果論的看法如發錯誤、即会变成宿命論或定命論。因果有物理因果與道德因果之别：物理因果者、如植物有种子為因、以水分、日光、土壤等為緣、後来变成一棵植物來是果、又以此植物為因再灌上肥料、日光等為緣、然後開花結果、万物都是这因果律。

道德因果者：如人作善為因、作了各种善行為緣、被人讚歎為果。若果錯误观念、种了一棵菓苗不加沃水施肥缺之陽光，而此人常到寺廟布施行善，他的菓樹却不繁榮，終於死掉，就以為行善沒有好報，神佛不給他保佑其菓樹開花結果。這是錯誤因果看法的。

有人常行善事，但他的子弟都考不上大學，他的媳婦都不生男孩，他都常々生病，嘆息他行善沒有得到好報，係一樣也將這些因果與那種因果牽在一起，都是錯誤的。

世間上發生之法都不是註定的，比如不慎為因、碰到石頭，結果腳指受傷，受傷為因流血為果，流血為因疼痛為果，緣是因與果的連續關係，無實此因亦不可得，無非過去已經註定某時某地方要受傷。

比方有一棵大樹，以颱風為因拆了樹幹，或連根拔倒，為果，以風勢的螺旋形為緣，此樹的壽命劃上終止符，決不是來生以前註定的。因緣果報是世間法。若不悟入本性，死後之意識之五蘊不空，生前的業力勢用繼續活動，還是諸法之中感受苦樂之報。苦報宛如債務，大死一番到真空狀態，好像倒閉清算一番，才沒有債務的束縛，免受後累成為自由人了。

世間上的無常流轉之一切法，悉皆因緣所生法。物理因緣、遺傳因緣、父子、兄弟姊妹、財產、運命等等都是因緣法、那有留戀不捨的道理。因緣法是無自性的，短暫性的，在現象上是可以改易的，不是千古不變之法，若知此可在其中間加以改造其現象過程，這是佛教所教示的道理。緣覺乘人一旦悟了諸法無自性空，入於正位，這時基因德性為於真，業用停止，就沒有無明動念之發生，就不會有心狀態之流轉。無明為違佛性、故謂「無無名」、既然為無了、豈有可斷之無名、云「亦無無名盡」？真如本性是無始無終的、現象有始終、刹那——代謝、刹那——生老死、本性常住故「無老死」、既然無老死了、豈有老死可盡。

十六、十二因緣與本性智德

緣覺乘之人、以無明、行、識、名色、六入、觸、受、愛、取、有、生、老死來觀察因緣。依現象界來觀看過去、現在、未來三世之因果循環道理。

這種的無明是指凡夫不知真理的盲目念頭、其實「無明實性即佛性」、這無明之精神之發用起來、本來就是如來智德之作業力。比如一粒種子、遇到水分之緣、就有推動發芽生長之絕對力。人有身體六根、遇到外緣就發起心的活動、支配閉停。因為不明白道理，就是迷惑所思所作皆背真理變成煩惱業力，故名惑業。本性中具有貪嗔痴等基因德性、未成現象之前是靜寂狀態、沒有善惡之別、這种德性本來是維護生存之德性。人類繁殖出來了、就有人類的公約、不明白道理的人就以自私而生求不得的煩惱、甚至不擇手段去侵害別人、造成犯罪。犯罪是有人類社會才有的、其智德根本沒有善惡而言。但犯了人類社會之公約、就会被社会依照公約加以處罰、所以会被處罰而起了煩惱、蘊成潛意識、成為苦受。

因為不明白道理故、所起之心念就是無明、念頭一起就馬上支配行為。

其次之行就是行為，或云行動、這行動就是作業。

作業是連鎖性的、過去所作之無明惑業、延到現世、現世再延到後生。這是業種性、一般來說是慣性、善的基因惡的基因慣性可以截斷、但是九支是繼續推動的，如球一樣一直前進、此世繼續加力令其前進、後生又更加力推進、更成無上境地順其方向前進、變成生生世世常業輪迴。若果有智慧明白道理的人、就於中途攔住使其返回本位、這是緣覺乘人的方法。若是菩薩乘的人、可以在中途利用其勢力轉換方向、向人類社會有利的方向去作業。無明之根本是佛性之力、是滅不掉的、只是轉無明為明而已。

其次是行、行即行動作業，過去世之基因種性所作業之慣性，繼續到今世的行動原因。這基因之善惡苦樂、過去如是現在亦如是。過去之苦果感即現在之苦果因。現在繼那之因遇緣印證，終成苦果。也就是說，过去作為主人之基因德性，经無明之佛性絕对力推动，繼續行动荷担它本有的業務之運作。比如过去好賭慣性潛意識，到現在一見有人賭博之緣，印證起賭博之心。过去破家盪產，現在亦会輸到無落魄天涯。明知不可賭，却無法改掉，想尽办法去搶劫，搶来的錢亦拉去賭，到死為止亦不罷休，这种業力太可怕了。其他各人各各不同的業力，果报各不同，善有善报，恶有恶报，这是生命之神。

其次是說：每個人都有幾种習性，这基因种性幾种中間最有勢力的為主，其他為伴。人死後这組織還在活动，遇到波長相同的父母時，就如磁石吸鉄般地被吸引，投入其父母光中，入於母胎内，繼續其生命流，这叫做說，亦就是其中某基因與父母有緣就可投胎，比方說父母之中沒有好賭基因習性、可是子女有好賭習性，應該不能投胎、但父母中有好鬥基因習性、子女之中卻有好鬥性在、就可以投胎。所以往往父母不会賭博、生下的兒子会好賭。可以证明基因習性不是單純一個。每個人都懷才有幾種、無緣接觸即不發生本有習性、遇緣即發生震執，一旦投入行動即更加沉迷了。

其次是「名色」。名就是心、色是物質，人之過去的基因往性與父母之基因德性有緣，即投入其胎內結為一體，依業力的形式與性質，享受父母的孕育，這時叫做「名色」。

「名」的精神只是五蘊、「色」的物質只是六根，其實名色是一、意根裡面有「名」的精神原因。胎兒起初是卵、注入精蟲侵入卵中，陰陽交配成了孫墻，發揮其理德，這接觸時發出基因德性之光，所要接胎之光與此光相同就是有緣，光與光相翕同化。精神雖異、血統却有遺傳。胎兒由母体灌溉宇宙灵体之氣，將本然之理体繁穩，到了成熟期就出生，開始接觸外界之氣。這機關名「大入」，是在名色之中。外六入 內六入 生不一定行後故

其次是「觸」：胎兒出生感受外界之寒溫冷煖，光線刺激，叫做「觸」，小兒出生後身根尚未發達，所以止於「觸」的範圍，漸々也生長發達，自然的與外界接觸廣泛、由六根接受六塵境、色、声、香、味、觸、法，就分別清楚，成了苦樂感受。對於社会人群中之善惡亦分明了。這叫做「受」。以上是先天帶來的「德性」。

人出生後到十四、五歲的時候，就對於事物起了愛着、

这時就叫做「愛」。中國人在古老的時候就說，女到十四、男到十六就是成年了。男女已經有了愛情。如印度方面的熱帶地男女比較早熟，有十二歲的女子生孩子。寒帶地的人比較遲，十四、五歲時感情亦較淡薄，愛執亦微弱。

但是到了十七、八歲時就旺盛了。这時執着作用強烈，这時叫做「取」。取的作用对於早熟的人而言，十一、二歲就会表現出來。

到了「取」的時候，基因德性就開始發揮技倆，成為反抗期，以自己的意見作意見，去作他的思想行為。很多父母愛子心切，听其自如，往往在这時期出軌犯罪，老实說，他的基因如此，是很难教化的。現在学校方面極力獎励智育对於德育方面不太注重，所以釀成社会紛亂。

為人父母應該在孩子幼小的時候，常常帶其往正當的宗教寺院去禮佛、聽經聞法，漸漸改造其心靈的基因德性的使要知，一般父母只怕他考不上大學，不怕他心靈異状。甚至有人認為迷信。幸好現在各大學中，學生自己組立佛學研究社。但不是公立性質，力量較小，應該學校本身要有德育的科目才能有效地改造孩子心靈。

養子不教父之過，但父兄未必個個對於德育都有充分的修養，連父母兄長都不務正軌，何來教其子弟，小時不加以矯正，長大更加執取堅固，終於決定了他的一生命運，這種固執之業力叫做有。有是所有，是他之自己所有，而是人之主人翁基因德性，有善有惡，有貧有富，有賢有愚，屬於其人之所有物，他人不能分取的。過於執着堅固就變成定業不可轉。上天堂或地獄、或往生淨土、臨終時的果報、都是由它主使。如果幼小的時候曾經有宗教結緣、他的意識中有了善的基因、雖在中途被迷、有朝會生出懺悔善因來、可以改惡從善、否則什麼教育宗教都無法為力。為什麼！人人都有善的智德基因俾性、怎樣無法救度、因為有些人、環境已經鑄成鐵墻、使他無法跳出、他就從錯就錯大作一場了。責任為誰？這責任是社會大衆。

比如一位犯罪之人、被官方捉入牢獄、應得之罪已屆釋放出來、他本來想要好好為人、往到某公司任職、中間有人發見他是剛剛從監獄出來的、就向其公司老闆說、你要注意啊、這個人是曾犯殺人搶劫入獄的、危險了、老闆就心起猜忌、叫他明天不要來上班。這位本來想要改過、但都到這急待就業、生活發生困難、不得已再做出犯法的事情、終於再被抓去牢獄去，一錯再錯終身墮落，這環境所迫的原因都是大家沒有慈悲心所使。要安定社會、救度出軌的人，必需以法建之、以指導之、曲折加熱可令直、為社会的仁人君子，是有責任的。

強盜也有惻隱之心，謂何社会的君子沒有，這是值得檢討的。曾所見一箇故事，有一位強盜侵入人家，欲要盜取東西，這家主人都不在，只留一個小孩在屋內，主人因怕小孩外奔，將門鎖起來，小孩肚子餓了，大概亦口渴，就到廚房去要喝水，水缸太高小孩拔水不着，就拉來一箇橋了墊腳，要身拔水，水量太小，不慎栽入水缸中，這位強盜一見大驚，至身前往將孩子救起，小孩食了水好像昏迷不醒、盜者不覺發聲呼叫救命，驚動隣居，隣居的人都趕來，馬上將孩子送到醫院去救急。孩子的母親聽人報告亦趕來、非常感謝一位救命恩人。調查事歷、這時那位強盜非常尷尬，說他是為盜取東西才發見此事的。像這強盜為救人而忘記自己是強盜的身分，可見人人都有一片的良心，見苦不救心上不安。

人類的昇華是自利利他的一大調和、自古殺身成仁的人不少。賢能的大德們、是利他的德性加以擴大的，利他之心做到登峰造極之時、他的心是完全淨化、成為世界的所有者、這是「取」的轉向，有的善持。愛轉為大愛、取轉為善取、有轉為公有。這三位是感受來果之現在因。

「生」是現在之生存、現在生存中、接受前世之業生出苦果，但亦能於現世中轉換基因業力，不但老死以後的灵识感受、現世都会影响的，因為名色（精神物質）是二而一的，精神基因改造了、物質還会改造。精神上煩惱妄想的人、容易老化，提早肉体死亡；為善樂觀之人、心無煩惱怨氣、比較不会老化。心病故物質病。往々看到病苦纏身的人，送去診断不出病因來，却是無藥可治了，一般都說、業障病，这种人有的看破世情出家修行、不知不覺中死裡逃生、活到很長壽。有的金錢財產很多、却一毛不拔、尚且剋薄成家，往々精神基因低劣、先波恶弱、生來不良子女，而且有的生了毒癌早夭。小乘人以逆观去看十二因緣．断掉其順序流轉、抗制無明、行之所起，即認到最後的老死亦就沒有观念了。這是還滅十二因緣門。大乘人是轉換不是消滅。这种心的过程以十二支来解说，名十二因缘論。

根本烦恼是执着「我」与「我所」的虚物。要断除「我」「我所」是极其难的。普通说要三大阿僧祇劫，这个心之执是识性，识性执着诸法之我所及我之存在，根本在第一義的真如本性中没有此事、完全是幻影虚空之塵。秘鍵云：「二我何能断，三祇证法身、阿陀是识性、幻影名即實」。

十七、生死流转门与生死還滅门

生与死在法界体性的立場去看是没有的。但是凡夫未見到本性、只迷着幻影才会起烦恼。故有生与老死之执着，执着故生与老死与未来之果报，现在的業力相應而幻现的就是生，名「因缘所生法」。因缘所生之法就是無常代谢之法，故渐々会老化终於死去。这就是老死。死後之種体分化，智体之五蘊潛意識凝聚成業力，又会感受到第二個的未來。由無明到老死的十二支順序流轉，成為三世之因果。這叫做流轉門，如川流不息地無止境。這就是依境而迷執造罪、依罪而感苦果，依苦果而起迷、漸々流入迷妄的苦海深淵，在生死流轉。生死出沒是諸之苑，迷的人被諸業轉，但悟的人好像会游泳的人身在九支的苦海，他都感覺是游泳。故凡心情於諸業。但緣覺乘的人，是依此因緣之理去斷除惡業生死根源的無明煩惱的，樹頭斷了樹根及業都沒有了。就是還滅門。進入正位就是完全解脫生死之境地，這是依精神上而言的。換句話來說之就是心行處滅之前之五蘊潛意識解散了，沒有輪迴單位，歸於大自然法性之中，成為法身佛。

十二因緣的因果表
二重
惑
業
苦
無明
行
識
名色
六處
觸
受
愛
取
有
生
老死
過去二因
現在五果
現在三因
未來二果
過現因果
現未因果
因果
一重

十八、無老死亦無老死盡

世間所謂：生老病死苦，是一大悲劇，但無論上至帝王下至担贩走卒無一能免，以前說过，秦始皇及其他很多帝王都想長生不死，結果無一人存在！英雄豪傑不一定是真理的覺悟者。佛陀教我們用般若眼去審察、真空实相之理就不会被生死問題綑住，觀喜出生，觀喜往生。生死之道古今皆然，其来也雷掣長空，其去也波澄大海，無常亦常同義，生死即涅槃，徹底的悟此即大安心。涅槃体即法界体性，真如佛性，真空亦妙有，如波亦水，明白了这道理，就不怕生死，根本無老死，当然亦無老死可盡。

我國老莊之學大概都是歸於空無的法門，它的清淨無種有說：「無、無無亦無」，是名得道、實無所得、教化眾生，是名得道。對於死後的世界沒有詳細的論及。後來道教之創始人張道陵、因為沒有教主、就拉他們來立為教主，張道陵所創立之道教與老莊之玄教思想有所不同。張道陵是創立天庭地獄說的，有十殿冥王判罪及刑具等，的確對於社會的幫助亦不少，但到後來變成多神教主張靈魂論、依靠助治安雖有貢獻、對於解脫是無法徹底的。因為對於靈魂之之固執，認起五蘊不空、輪迴是難免的。這種被動性與佛教之自主性觀念不同。都是在三界中出現，這種觀念是止於智者的。

十九、般若中道義

緣覺乘人依十二因緣去看生死根本就是無明。無明一念起一切生死門關，故要將無明斷除，此斷除一念還是無明。因為不明白無明實性即佛性、佛性本然是真空，無明原來空，當然到生老死之十二支都是空性。既然是空豈有生死之實質、那有生死可了、了生死是了悟本無生死的道理。這种偏真之一念還是妄想，討厭現象當然亦是妄想。張拙秀才的悟道詩說：光明寂照遍河沙，凡聖含靈共一家，一念不生全體現，六根纔動被雲遮，斷除煩惱重增病，趣向真如亦是邪，隨順世緣無罣礙，涅槃生死等空花。詩中之一念不生是指無明妄想之念。應該是正念念念相續。六根動即無明之動，若不如是釋迦悟道後到處用心說法，行住坐臥六根活動、想盡辦法說法度眾，豈不成妄想行為？。

依般若眼去了悟一切世間現象即是佛性所化之妙有、不能常住不可執着、一切活動都是佛性之活動，一切思惟都是佛性之勢用，生死是佛性當体之隱顯動作。即事而真，當相即道，不必他求。森羅万象之生滅看似車輪的轉動，立於車輪之中心、隨順車輪轉而位置不移、在宇宙造化中去看造化、這就是般若之中道。

二十、四聖諦

四聖諦是苦集滅道。声聞乘人听佛說法，從人間之諸受皆苦的立場去觀察苦的來源。追究起來就是無明，無明起六根動收集外來的客塵、執着於好惡起了煩惱，好境不常得而復失、求不得，怨憎会遇、愛當無常而死亡，現象界中集聚很多煩惱心不自在。這都是無明為主所造成的、故要將無明識掉，歸於真空道体。這种程序是教訓凡夫之哲理，皆是聞佛說法而起修行的法門。

但緣覺乘人無佛出世亦會自通，了悟一切皆空，「無老死亦無老死盡」。當然苦集滅道亦是無的，於第一義的真空中是否定一切的。故云：「無苦集滅道」。

因為声聞乘的根器較低，即依苦集滅道的層次去漸悟。如不淨觀啦、白骨觀啦種々方法來放棄執着，這名声聞道三昧。秘鍵云：白骨我何在、青瘀人本無、吾師是四念、羅漢亦何虞。

凡夫不諳實相，一切認為事實。一瘀在眼天花亂墜，所教人從四念處學。根機較低的就可直入正位去体証，一刹那間可否定一切假像。但菩薩乘人就由空理上起妙用的。

二一、菩薩乘之妙用

經文說「無智亦無得」，菩薩根性的人，不偏於空的真，不偏於現有的假，一執着真就墮於空無所妙用，一着於假就墮於凡起出煩惱。終日用智而不着智，終日工作生產而不着所得。沒有我已了悟之所得心，沒有在凡塵而起凡情想，完全立於中道去活動，這種唯有五蘊而無我的存在。這時的五蘊潛意識與凡夫的五蘊盲目意識不同。因為它已了解無智亦無得之理，但看到眾生還在沉迷，所以發起救濟利他之大悲心行願，實行六度，創造自己之道心堅固及向外施展拔苦與樂的工作。終日修行而無修行想，起五蘊之用終日度生而不作度生想，這是菩薩乘之修行法門。梵語名叫做「阿唎也嚩路枳帝冒地薩埵三摩地法門」。

以布施、持戒、忍辱、精進、禪定、智慧為修行工具。身心與宇宙法性「入我我入」，色即空、空即色之中道上，把妙用，由六根收來之色法為道場，依此五蘊之苦樂化為悲心來生活的，五蘊之理是五智，住於智即偏真，住於蘊即偏假，雖在修行活動起了心，依凡夫迷是五蘊，依佛迷是五智之妙用。以五蘊空義之上的活動故名菩提心。

啟發自己的智德方面屬「消極」，施行利他發揮智用方面屬積極。持戒、忍辱、禪定、屬於消極從檢討自己、布施、精進、智慧、是「積極」持戒履踐禁、不会去妨碍他人，使自己身心法淨，忍辱雖是苦，但能消災免厄，菩薩了悟無所得後，遇到不利自己之事亦看做無所得，成為無生法忍。禪定是攝去惡覺攪心，不是一無所知的死漢，精神不会散亂，就能做事有規則，能分是非作為，就是智慧，智慧者智体所發之妙用。有了智慧故，內能了悟諸法自性本空、外能發起大慈悲心。悲是拔苦、慈是與樂，內能度自己之慳貪、外能救濟眾生。雖言消極与積極、完全是自他兩利的工作。歸根到底即是智慧之活動，這就是般若。依五度來創啟智慧、依智慧去行五度。這种修行就是菩薩們。

二二、智慧與愚痴

智慧与智識完全是心，但是程度不同，這種所云智慧就是空慧，能透視空理之功能，智識是後天所集的經驗學問。這兩者都有批判力，反正力，結論力，是有理則的。

愚痴即沒有智者所擁有的功能。外來之經驗無法消化，所謂腦筋鈍，其實人類之智能是平等的。這智就是精神，精神就是心，心有心王与心数，心王心数过剎塵，是无量无数的，好像国家一样，组成一个国会。这院会的院長即心王，其他委員即心所。这心王是选举制的，心王雖有發令權，但决議是心数的多数决的，其中擁有多数精練的心数即判决事理比較正確而有公益性，擁有自私的心数者，即决策往々在現实上自利。自利的人以自利为聪明，依整箇看来即是愚痴。大公无私而是非分明就智慧。人若无智慧任你怎樣口說慈悲，根本属於口頭禪，无法發出真正的菩提心。叫人布施造功，自己却慳吝一毛不拔，变成偽善人、被人唾棄、不利於自己，这就是愚痴。一般出生以来神经障碍不知好歹，就叫愚痴，这是阻碍被迫所使，却不会陷害别人，可以說是近似植物人而已。世間上往々被稱，謂知識分子、卻常常犯罪，以他的智識去設計騙人詐取人家的金錢財產，終被人發覺報官提入牢獄，這不是愚癡是什麼？！大智若愚者，不加計較勘忍而已。

對於探索宇宙真理而言，雖言知識分子卻不一定有把握，宿世之基因業力是有關係的。如顯微鏡、望遠鏡、度數各不同，淺度的鏡頭何能窺見甚深廣大的時空呢！依佛教而言這高度的鏡頭即是般若，智慧，人格化之即是文殊。他的標幟是利劍，有深窺遠見，判斷是非，決定取捨的斷德。凡事馬馬虎虎、沒有客觀審察功能，終是迷昧中打滾則成愚癡了。

听說古時排水系統不好，時常大雨來臨的時候，村莊被洪水沖走，人民生命財產損失釀成大災害，有人發明祭祀河伯，請他息怒，就用活々的處女致祭投入河中，給河伯做夫人，為此選擇女子而人々痛哭悲哀，創造此說的人以為他是有智慧的明眼人捧他為聖賢。後來有人出來發明，不用人而用犬，到了文明昌盛的時代，即被視為一種無愚痴的作為！這都是沒有了悟宇宙真理的假聰明，愚痴莫過於此。

菩薩是以智慧來行自利利他的，智慧是佛母，佛從智慧生，佛之為佛即是此智慧之實行者，菩薩以智慧為因而成佛果的。有此智慧就能作無代價的工作，亦未有自慠智慧之念，以大地萬物為我身，沒有緣塵的執着，故云無智亦無得。

二三、參大也一隻眼

我們用「般若眼」去觀照色與空的實相了後，諸法與法相，精神物質的五蘊都皆空，本來就是真空實相之大靈偉。

所謂現象萬物以及精神上之迷悟，修證之過程都是假定名稱，是虛幻不存在的。依實相上而言亦無佛與眾生之別。但這個無限大之靈偉好像一隻眼睛，放着大光明燦爛之光，無所不照，所照之處沒有十方之別，其中有幻現本然具足之理德之力與精神智德之覺性。這種活現之力，我們假名叫做「生其物」。「生其物」是絕對力。萬物雖然基因德性不同，但精動之力是一。萬物各不同之基因德性雖多如機器、動精之力的電氣是一。物理之理德與精神之智德完全是一。換言之：一之絕對力之中有無量的基因德性，一中有多、多納為一。用般若的一隻眼去看，現象是戲論性、無本來的理智冥合之德是無戲論性。能观及所观根本是实相之當体。凡夫之眼看現象、声聞、缘覚看空理，偏有偏空都是执，菩薩不用上述的二隻眼去看，以無我、無相、無顧的水平線把因、依諸法当体是佛性的一隻眼去活动，即是正法眼藏之端的。

二四、天上天下唯我独尊

我即是心，三界唯心，万法唯識。众生之心有欲界、色界、無色界，这是心的感受状態，三界六道完全是心之境界，欲情横流的苦樂感受的幻境，闹始抗斷欲念使其平静、然对于現象色法有住着，名色界。連这些色法都加以泯絶内視，就成為無色界。這是心之动相来泯；这是想界的任何工夫做到非想、非非想、無想界、這是偏真的行為。

一般坐禪、坐到非想非非想、亦不及西方一步來。天竺達磨到中國來傳心法、恐怕學道的人被文字所著成為所知障、即以直指見性成佛為目的而開創機鋒、為禪宗之特色。他認悟了釋迦的本意、模仿釋迦在靈鷲山的傳心法、相承到現在禪德們的獨創技倆。

釋迦為度大迦葉菩薩五百羅漢的正確認當相印道、即在當場手執一支畢婆羅花、旋轉示眾、偏真的五百弟子及在場的聽眾都無一人悟此端的。其中只有金色頭陀的大迦葉破顏微笑、表示領會佛之心意。

一般解釋;佛做動作卻無開口、大眾為莫名其妙而一時念頭停止、進入無念無想的境界、只有覺体默然存在、亦就是入於正位。这当然对於声闻、缘觉、罗漢之見性是直截了当的。但对於菩薩或佛本身而言尚屬於初機。因為人人都住於一念不生的正位是凝然不作一法的。成佛像这樣寂滅為樂而自利。佛陀成道後謂何不做死漢，還是出來活动説教，是不是還俗了。佛陀之意是為相印道的提示，無論樹枝或手动、目視都是佛性当体，即是本性之活現。

万物為了組之心，都是本性，本性之活現即心，此心不是我之心，是名色合一的宇宙心。理智冥合之体，其活現之力名心。故天上天下唯我独尊，我即大我佛性也。

二五、以無所得故

这句是分别諸乘分的結論，所得是凡夫迷着的，為了破析心之动作及迷昧的生死过程而説的，普通以為有此東西。認為有五蘊、十二入、十八界之實物，这就是得，研究观察之後認定沒有此物，一切之諸法亦法相都是因緣和合所起的無自性之法。無一法是常住的。比如說：見了火圈認為火圈是有的、火圈因有人拿一支火炬加以旋转，所以看來有火圈、依火炬為因加人之操縱為緣、成了火圈之相，操縱停止時火圈沒有了。火炬喻本性、火圈喻法諸相。

我人依深般若的观察，火圈是火炬点々的連續、火炬好象無明為火圈之起点，火圈失只存火炬如五蘊，火炬終亦失、即沒有火之相，還為烏有。但法性是有的、在空無之中有火之基因德性、此外也水風皆具有基德性。此物質原因之中具有精神原因。若要生死之感受是精神，所以对於精神的開悟是重要的。我們悟此道理以後、就肯定其一切的現象是無所得了。

那麼到了無所得的境界時，十法界皆如，天堂地獄皆須，鬼畜邪神都沒有定相，都是各自的基因德性變化出來的。基因德性不是單一箇，是很多好壞參雜的，所以可用教育宗教去加以改換，使它變化對大家有利的諸法來。上面已經談過這些是世間法。依真理上而言根本無善無惡一切無所得。以無所得故，接來談道之果。

二六、善惡因果

上面說過因果有物理因果及道德因果之報應，但是往々誤會善惡因果原則，善惡因果之報應是不止於表面的，我們修行尚未入正位的悟是一種概念而已，不是真正的體證，所以一切之行為還在五蘊之中，入了正位以後從真空實相之中重現江湖的時，五蘊就變成五智。這時的心王心所是純真的如來德性。在因果中而駕因果。未修証之人是在法性中被因果駕的。這善惡之念是五蘊之產品，善念出現時是善之基因德性為主宰，惡念出現時是惡之基因為主宰。但善惡念之基因德性，在未起念之前的真如本性中是沒有善惡標準的。因世間之法，各有不同之準則，依地方風俗、法律等之不同下，分出善惡等等標準來。如中東地方男人可娶幾位妻妾，我國只能一夫一婦，多娶一位就成重婚罪。老早高山族為被漢人侵佔趕到高山去，為報仇起見定個公約，每位男子須下山殺最少一位漢人以表英雄，那麼他們的殺人是善的。很多國家派出的政治工作人員，專門檢舉反他思想不和的人，抓去鎗殺，他對於其國家而言是善的；並且有記大功之獎，若依人類的平等上而言就言惡。秦始皇統一六國、自創法律制御百姓、恐人叛亂爭他的地位，勞动了無数百姓之金錢苦力，依他而言是善，但傍边的反對者，如刘邦、項羽看來是惡。秦皇看刘邦項羽是罪人，後來刘邦起義打到秦皇，这時刘邦就是善，秦皇就成為罪人了。这是世间相，不是修道人的心相。作惡以為善的人，到了最後被人推倒，那个時候就会反悔，但已經晚了。这种一生不悔的人，即是基因德性強幹所致，一旦臨終時的一念之悔，造成心境的不安，在死後之世界，繼續着他的苦境。这境界就是地獄。作惡多了，任地獄的時间亦長。不断作惡故地獄亦無间。这种人怨氣煩惱凝結。找無相等的類律之人而投胎，變成惡鬼，不但生前還害蒼生、死後還來攪亂人間。

有的在世不諳真理、可是樂善好施、因為生前未入正位止於善念，還是五蘊範圍之念、此念堅固死後不能自主入於正位、靈識凝聚，成為善神。有的執大惡、有的執大善、二者都不容易投胎轉世、看它的凝固力多久、其力消盡才去轉世、但善的光就轉投善人的波長相類之家、惡的光就投於貪窮或惡基因波長相同之家。世上所指的惡人不一定是大惡不捨的人，有時亦會呈出善良測隱之心、偶而作了好事、當日心情大快，於夫妻交合之時發出其善良之光、善良的靈識一觸入其胎、後日出生一箇善良的好孩子。有人嫌疑、惡人為什麼會生出好子女，就是這因緣的結果。

有的一生為善、但都是有代價之善、為令人捧他的場起

是為善，其心不是純善，是种偽善，一面作善一面奸詐，
心所已有惡基因，相同的夫妻交配時發出灰色之光，當時
遇到惡靈之光有相同的因緣投入，後日出生一個無惡不作
的孩子來，有人還是疑問，為什麼那個人是好人，会出生
這樣的敗家奴？所以天網恢々疏而不漏，自作自受。
很多人遇到子女不良或身体多病，事業不振，自説我一
生都沒有做过壞事，為什麼這樣受苦報。您根本不知前世
事，連現在都不知自己之心理。怨嘆是惡業當体的呼声！
有的要出來競選民意代表，到各廣寺廟去下願，牽附金
錢，应該尚自己事業為社会做或多好事，而且是以無代價的
慈善。選舉不中了，怨嘆神佛無靈，還有勸募救濟的人士
來訪，也都藉機逃到後面去了。不但如此還是念々不忘他

怨嘆作善無功德。

善惡之標準是心之內涵、不是外容之作為。唯物論者对於唯心論的說法，不屑讀問，但对此的無形理則，已经漸漸為科學家證實了。文明的發達已進入精神科學的裡面，

有人被人暗殺，雖殺人犯已逃離現場。還可以用紅內線的光呈安照相機、於二小時內照出嫌犯的形體、亦可以在被害人的眼睛照出其相像。原理是万物皆是光之聚合体，心作用故氣聚凝，氣体是真如理体現象，氣凝光出，光之色彩由心幻識。有道行深高的法师、可以看到人之光而分別人之心理动態。这是事實的。大概禪堂的师家都有这种能力。

二七、生死之意義

生死是宇宙实相活动，整個法界体性而言，是永恒不生不滅的，但其本体的內容是一动一静循環不断的，这动静就是成化，隐顯，生滅，这當体之力叫做德，造化名功，理智当体名如来，万物之造化名如来功德。

生死当然是如来功德。万物之個性雖各異，但其成住壞滅之相及过程完全相同。客观而言，生不生生，滅不滅滅。植物、礦物与动物，各々基因性不同，其推动造化之絶对力還是一。植物礦物因其基因本身之心感受比較动物低劣，看来似乎無情，其实不然。如箸籠草或蓋花即有顯着的表現，它的心活动比动物少，心之念起念寂亦是生死生滅。所以植物礦物的生存期間，比較没有煩惱。人是万物之靈長，心之生滅極烈，推动生理之力強，比較煩惱多癡病多。絕對力的無常內容是一動一靜、動靜就是生殺，合為生離為殺、這大自然之動靜生殺是有理則的。万物各各是個小宇宙、很多的小宇宙即大宇宙之內容，故大宇宙之動靜成一個大磁場，我們各々是個小磁場，磁場的一動一靜如鐘擺一樣順逆往來，推動鐘針一刻一刻也前進、一刻一刻就是生殺生殺，其中成為生命線與死亡線，大地山河皆如此。人是一棵無根樹，活動無方，故受生殺之機激烈、不但念頭出現多，物理的生殺亦多，生死的意義不止於全身老衰死亡而再投胎出生的生死，於日常中之心生滅亦是生死，物質之代謝去舊換新亦是生死。生死是宇宙的道理，而即是天理，怕生死的凡夫是逆天的心理。了解此即了生死也。声聞、緣覺乘人為怕生死而偏真，住於真空抑制基因之萌芽、这時亦没有什麼乘可言了。

秘鍵云、觀蓮知自靜、見果覺心德、一道泯能所、三車則歸默。

行人得益分

經文解釋

經文之菩提薩埵、依般若波羅密多故、心無罣碍、無罣碍故、無有恐怖、遠離一切顛倒夢想、究竟涅槃。三世諸佛、依般若波羅密多故、得阿耨多羅三藐三菩提。

上面從般若眼的观照到了無所得、这般若所有者菩薩即得到大利益。这利益是了解实相的结果、心就没有烦惱罣碍、不生恐怖生死、一切的顛倒夢想的不正確观念没有了、最後了悟不生不滅之境地，身心与道合一，證入道体，得到自由自在的生活了。從來的無明執着已離開就沒有罣在心頭的障碍。天魔外道都無法打擾他，成為覺者之身。

过去現在未來，已成佛與未成佛都是依这种般若力量去度过这藩籬，才得到最無上的正等正覺之道理的。

上之經文總括四种行程：因、行、證、入。菩提薩埵是人、依般若是能因、波羅蜜多是能行、心無罣碍是離障、至遠離顛倒夢想是得益、究竟涅槃是能入、至三菩提是證入。這是無所得的結果，凡夫是做了善事就有所知心誇耀傲慢表示自己的偉大，我執漸々增長，心為之束縛，倒為下流之輩，死後投生輪廻於六道之中，要成就無數之怪物了。

有一簡故事，古早有一位和尚太过執着，出家以後受戒戒師說：印度和泰國的出家人，不能觸到女人之身，女人布施之物不可用手与手接受，連往来之間衣服亦不可觸着，一接觸就犯罪，不能成佛。有一次他的媽媽思念孩子久不見面前往探視，一見母子之情难抑，趕快双手抱住孩子，流淚哭泣，一位出家和尚，真的沒有緣毫情分，將他的母親推出去，母親年老无力站不住，向後倒地昏迷不醒，傍邊的在家居士們，看到這情形大罵這出家人，但他氣憤地入內去，外人就將其母親送到病院去救急，終於撿了一條老命，自此有兒子要出家就極力反對了。要成被社会誤会，出家不認家的無情漢，老一輩的說，若早知兒子会出家就馬上殺及猪母食掉，這觀念至現在還流傳着呢！佛是要除了執着、將感情擴大化為慈悲的！這位出家人還是不了情執着之意義、繼續述下去、不能成道、觀音菩薩某位一信女菩薩、為化度其執着、前往其身邊、使其不注意之中吻他的右頰、他大驚失色入到廚房拉起菜刀、將被所吻之肉割掉、血流如注。此後還是令他不覺中再吻其右頰、他再割棄右頰、後再乘機摸其左手、他就砍斷其左手、再乘機摸其左腳、他就砍斷其左腳、終於變成殘廢。觀音菩薩对他說：你这身軀是不是你的母親給你的嗎？这身不是你之所有物、是你母親之物啊！你未出以前你在那裡、你死後全身腐爛變成土壤、那個時候你在那裡。这位和尚忽然有省、深感無般若之智、拟將將頭撞壁自殺贖罪、觀音菩薩說：詫漫！这頭還是你之母親之物、父母所生身不可毀、否則獲罪難捨、这時向这位菩薩表示懺悔之意、觀音菩薩說、对了人能仍悔就能滅罪，观音菩薩就用神通力使他回復原狀，自此他就深究佛理，變成偉大的成就者了。

这雖然是故事、但是值得我们修行人、或在家居士做為参考的。

又有一位和尚將他的大殿之佛像当做神，对於道理一竅不通、每日执着東执着西、虔誠之心是很可取的、但作事必定佛前擲筊問吉凶，有一位悟道的和尚前來欲点破他的固执、当時則是寒冷的冬天、这位执着和尚在庭间昇火燒温、来者就问、大殿上的是不是佛、他答、是啊！連佛亦不知、又不行礼拜叩頭、做什麼和尚，來者云听說佛有舍利是嗎！、他說当然啦！、听說得到舍利会令人開悟成佛、我因沒有舍利、才这樣愚痴、我需要舍利！就跑入大殿將佛像拿來用刀把破開佛像取舍利。執着和尚忙去制住、說：这是木頭塑的豈有舍利。那麼你每天在佛像前問卜幹什麼！自此这位執着和尚就不再執着了。这是丹霞砍佛的典故。的確有这樣的和尚很多。

又有一位和尚執着太甚、早晨時上殿誦经的時間內、不可將便桶括出去倒掉、因為经过大殿还是会污穢着佛、他是誦经給佛的、佛領受他念的经就会賜功德給他、誦经時佛是來在殿上的、他一誦就誦到三個小時、裡面的人都為此大感為难無法掃。观音菩薩為指点这位和尚、來寺中掛單、在他誦经的時候、挑着便桶经殿中经过、並且在他的身邊停留着他誦经、这和尚氣得無法抗對、欲罵而休、观音化现的女眾問：你誦这经幹什麼、这经是佛說的、你这麼偉大再向佛開示嗎？」和尚開口大声說、你挑这污穢起快出去！这位女众說，那麼你可以將肚子裡这便溺拿出这裡、為什麼我不敢？我这便桶是每日洗淨的，你的便桶自出生以來可能未曾洗过呢？这位執着和尚自此亦不再執着了。经是给我們讀、了解其中之道理的，有人為喪家做功德，在佛前念经给佛、換来的功德為亡者贖罪，誦了後到亡灵牌位前交卷、表示我們為你已经誦幾卷了。是嗎？」誦经是给亡灵開示实相的，讓灵识淨化，放下生前一切之妄覚、空尽五蘊，免受執着所造成的煩惱之束縛，感受苦痛為目的。

二、斷善惡執

善執即是不明白真理的擇善固執還是要斷，况乎惡執？」

加入

舉例來說，殺生是五戒頭條明顯禁示，如廁所廚房之蟑螂亦不能殺，下水溝之蚊虫亦不能殺、稻禾之虫亦不能殺、一切農牧場之蝗虫毒蝎亦不能殺、屋簷上之毒蜂亦不能殺小鬼肚子中之腸虫亦不能殺，那麼這世界變成怎樣、豈不成野蠻世間。有益之虫，如蛙類、蜻蜓都不會妨碍我們生活應該保護不可加害、稻禾之虫孳生出來，禾穗枯死不結米粟，人類要吃什麼；蟑螂蚊虫等繁殖，貽害人類健康，等等，我們有般若智慧去觀察、殺生而維生即是文明社会之作為，一般佛教法師主張放生、放生是人之美德，遇到殺生之場合、測隱之心而以放生，才是放生之基本心理，大作佛教慶典時要放生、叫信徒買來活物雀鳥去放生、佽

5.付/

捉而捉，困在籠桶中將幾天才拉去寺庵請法師放生，一批活物經放生後，由他原來之環境不習慣，死得很多，本來牠們可以多活幾年反來殺牠早夭，有的溪中之魚要悠々自在的，經捉來放於放生池，變成拘當池，池水小熱鬧盛，終於死亡，殺生最多的人是屠夫、及環保人員，他們是否落地獄？沙場之戰爭死了無數人，這主帥將軍是不是會落地獄，這是值得商榷的。对現在開始全國或全世界放生，不得殺生，現在所有之活動物自然繁殖，未來的十年間，豈不是變成動物野獸的世界，連你人類都吃掉，牠要殺你得不殺牠，這樣一來要命名什麼極樂世界。佛教徒禁殺了往生極樂世界，那麼外教的信徒不能往生極樂世界，倘為什麼叫他信佛教，他們佔世界人口那麼多豈無理智可以信佛教。甘願墮落地獄。」一言教之殺生是提倡慈悲心為目的、當日的信仰是令敗國之行為。佛教是極理智之宗教、佛陀之本意豈是如此。好殺亦是心、好食亦是心，看得到的殺生有罪、看不到的殺生無罪，一杯水八万四千虫，一口氣吞下沒有罪、吃一隻牛、一隻豬、一隻魚，只是一條命但有罪。慈悲心昧蓋了，看見水中之魚終年浸在水裡太可憐了、撈起来放於乾淨的地面上晒日取暖、這魚可以活下去嗎！厠地的虫浸在臭污堀中永無出期、將紙一切撈起、用清水洗淨晒日光、是不是可以活下去，這種叫做愛見悲。不是智慧悲，這是簡單的例子。是非是智慧判斷的。

次之盜戒，不與而此就是偷取是犯戒的，當然法律所不容。人各有欲、為貪欲而偷盜，不但令人煩惱而自己之貪傾徒性出現自苦甚身，為什麼偷、因為對方不給我、故我立盜取行為。若果一切人類如一家人、物質金錢都不必計較、誰欠誰都能取用、即沒有盜賊之出現、依理而言，立了盜賊罪是獎勵自私行為。自私故物不施與人，貪欲者取之變成盜賊罪。構教此人布施、人能布施盜賊就無了。宇宙之人類是一家人，我人沒有般若根去悟此道理，個個變成自私，天下何能治！

廿幾年前我到台北去辦公事、我的草房非常簡陋，隨便可以進出、有一位修禪非常懇切的青年男子、乘機入內取去了一領被、一支燙衣機、一隻自行車、一些零錢。我於十幾天后才回來、一看翻箱倒櫃一片零亂、衣服也不能出賣故放在地下。是夜我都無被可蓋了、到常住去借來暫用甚麼之東西算來，也不值錢，我都沒有去報警，根本報警亦無用。經過八個多月後，在關山施展故技失敗，被人抓到警局，一位刑警帶他到我的地方來認實他的口供。刑警問我，你有沒有被賊偷取東西，我答沒有，刑警說他承認口供偷取過你的綿被、洗衣機、自行車、金錢，為什麼你說沒有。我問這位偷取的人，那些物件現在呢，他說：被賣典當在北港方面蒜頭地方的旅社、自行車賣去了、洗衣機典在台南東門。金錢都吃飯去了。那好啊，我的物件還在沒有紛失，刑警問怎樣說，是啊，在我這裡便用而他人便用，物都還在嗎，金錢還是在社會上流轉，那有損失！

這位刑警罵我，怪人！我說是你怪不是我怪。問我要贖回不要，要贖回的話拿錢一起去討回，我說不要，我的物

了付了

還有人愛用、還負嚐參呢！我对这位刑警開玩笑地說，贓是假名詞，只是取物不當对主人說而已。根本沒有贓的存在。我叫这位男子說：你以後不得不而而取、要人家的東西一定要主人承諾才成。他們無積地離了。

第三是淫，是指男女之做愛，这是万物生命之根源，万物以食、性、自由，為生命觀念。一切諸佛眾生皆從此出。但是人類文明設了禮書、自私益加分明，保護自私之利益還好、進而侵佔別人的範圍卻不能認同。夫婦正當之行為佛陀是許可的，如道家練氣即圍執極端的禁慾主義，為此很多家庭夫婦失去感情、無慈出家庭風波者有所耳聞，出家人因為全心修道起見、即完全禁慾，但出家未久、修道尚淺的人，往々想入非非，以不擇手段滿足慾性者有之、有的自然之生理變化而識滿者很多。依理而言是一種逆行自然之行為。這些事情人皆有之、你的師父一定會教你一套運功消滅其念頭或化消生理關係的方法。這大概都在睡眠中發生、

這方法是陽動的時候馬上坐起、觀想丹田一點氣、升至肚臍為中心、變成一線的火、升到頭頂中心、由小而大由右而左盤三十六個環、次即由大而小由左而右盤二十四個環收集於中心、觀想化為甦酥浸透全身而下到足底。如是一次做完不止昂揚的話、再做一次、一定消失無慾。淫心一發山嶽皆崩、淫身、淫心、意淫不絕必入魔道、順其縱慾者生人生物、逆其慾火者成仙成佛、這是千古不易的道理。

其次是妄語、綺語、兩舌惡口皆是戕害人格之利器、口無

5、什斗

遂搆說人是非，不但难得社会之信任，亦会招来殺身之禍。不知怎樣說了一天的愚人節，這天說謊听說是無罪的，這天有人打電話到消防組，妄說某處火災，消防隊出馬前往救援，但到了目的地却一無異狀，才知被人所騙。自這事情發生了後，這天消防隊就不听電話了，真的火災發生電話打不通，打到隔壁的鄰居轉達，消防人員都以為是謊說不加理会，遂成莫大的悲劇。綺語引人落陷井、兩舌製造仇視、好友变仇人、終於相殺紛亂社会。惡口罵人令人生氣，人一生氣血液变形痒化，毒死細胞，亦是自殺殺人的無刀殺手。豈不招來禍端！所以佛陀嚴禁此行為。

其次是飲酒、飲酒本來不例入戒條，若早佛陀有一位新出家的比丘，佛鄉有一位莫逆之交，久未謀面思念殷切，見到一位要經過佛陀居住地方的人，託其轉達口信，請他一定找個時間，請假來訪。果然一位經路人遇到了。就老實的轉達信意。一位比丘向大家請假往訪好友，好友極盡地主之誼大宴佳賓，酒已過三巡，這位比丘要告辭回去，把好友更加勸酒，飲了過量昏昏欲醉，好友留他暫住兩天才回，但他堅持請假之信，朋友亦無法挽留，他就搖搖擺擺回去，到了半途酒鬼出現昏倒在地，衣服不整現出羞態、呼呼睡去了。有一位外道的修士經過此地，看到這情景回到城內大加毀謗佛陀。他說佛陀誇耀教律嚴格，威儀無等，像那樣可以見證，是稱偽君子。極其侮辱之能事，佛陀的弟子聽了這些雜音了後就去報告佛陀，佛陀叫人去召他來到面前，詢問究竟，這位比丘袒白承認事實，佛陀就此禁酒，為最後的條款，但是佛陀許可為藥者不在此限，有一位中酒毒為社會遺棄的人，佛陀慈悲允他出家，但一日無酒不能動彈如病人，佛陀亦憐愍，許可他飲限定的酒。真言宗將此戒作不邪見戒，有正見的飲酒是許可的。

佛教是理智的教訓，有些由其角度而說的禁酒戒中說，若取酒給人家飲，即會五百世無手。自己的家人被蛇咬着了，藥方要調配酒，但因不能取酒，白白看他的家人中毒死亡，這樣無理智的死戒條，絕對不是佛陀之本意。

善執惡執悉皆以般若的力量去排除，才是智慧具足的人。執善是會害人，執惡更加害人。不是不善不惡的白痴，是非明白，擇其善而從之方為上乘。

惡執即是元欠沒有公德心之執著心理。有的見人財物就起了不告而取的固性，被人發覺給於偷賊論處。這種惡性只有自己之存在，沒有他人的觀念，沒有朋友之情，沒有親叔之誼，黑白通吃。以前報刊上曾報導，一位外埠綁架他的舅父之孫子，為恐嚇金錢不到而加以撕票，像這樣的惡種豈不令人扼腕？。

不久以前我看過一位賭博為常業的惡棍，看他的救命恩人有錢，就招來幾位設計，用詐術騙賭恩人的錢，這位恩人不知有它，給於傾家蕩產。這箇惡棍原來住於這位恩人的鄰居、惡棍貧窮又不孝，他的母是他還在幼小時死去，一切之喪葬費都由一位恩人布施的，又由他扶養至十五六歲時離開他之去生活的，這時候變不良的子弟，無惡不作

加入 附1-5

、經過四十歲時的中間入獄多次、最後在有一天的晚上，被車輾死，五臟頭顱四肢變成肉醬結束他的罪惡一生。依宗教的推測，一定是墮入無間地獄永無出期的。他一生之中做過很多惡事，未曾看過他有一點悔意。所作所為全是顛倒夢想。一般凡夫雖非大惡，但心理上夢想的都是名利的自私。其中雖迷昧做過惡事、有朝反悔自新的人亦不少。

三、顛倒

佛陀叫我人凡夫用般若之明智去觀察現象之一切無常性進到無所得的境地。去遠離顛倒夢想。這顛倒有八類倒的觀察法，依凡夫迷而言，執着現象是有，財產金錢是有，名利權勢是有，一切享受認為有，生命的現象認為有，可以常住的、這就是常顛倒。

求來嬌妻美妾，豐衣足食，不知樂極成悲，美人死去、財產一遇天災人禍喪失，年紀漸長，娛樂不節所帶來疾病纏身終歸受苦，其樂何在，執着樂境就是樂顛倒。

執着身是我，擁有之物是我的，其實凡所有相皆是虛妄到底我不可得，執此我見就是我顛倒。

執着容貌嬌艷認是清淨，其實一肚糞便，討厭現象看到污穢，經過廁所就掩鼻禁息，其實肉眼看不到的自己肚中亦是一肚糞便。這種執着就是淨顛倒。

佛陀為我人凡夫教示，勿起常住之見，五欲之境決非可樂，一切受皆苦，諸法本來無我，此身亦非清淨，是不淨之身。

凡夫不了解實空實相之理，昨日騎竹馬，今日白頭翁。

人間一世恰似南柯一夢，了解之後就对於人世感到無味，進入真理的侍悟。很多不知此觀是悟道的前提，过執於偏真，往々變成厭世主義，对於社会無所作用是不对的。常、樂、我、淨，是对治凡夫的四種顛倒法，至於小乘人，因為從凡夫之墮了常樂我淨之後，執着於無常、苦、無我、不淨的觀念。是真理上的執着顛倒。前者是衆生顛倒，後者是成佛顛倒，凡夫四顛倒，小乘四顛倒合起來成為十顛倒，其實是凡夫与小乘八顛倒吧了。、小乘人偏真，執着無常，無常是真理的当相，若沒有無常則万物不生，有無常之恩賜故，迷会転悟，愚会転賢，無常是生命之意義，若沒有無常那有時間與空間，大地死寂，成為轄遠空。這就是無常顛倒。

很多学佛人、不断地怨嘆無常之鬼，日日将她的美貌面上刻痕、使她渐々化成鬼脸，尋求不老之術去整容、到頭還是老死、在这当中只添加了無常的煩惱而已。

这無常的煩惱就是苦、假設是個盲眼人、根本看不到自已的容貌之美醜、就不生此苦，但還有求不得、怨憎会等苦、对於真正之無罣碍的真理不懂、於人生观上起了極端之禁欲主義與隱遁主義。如老子所說、我所有大患者有此身，執着苦相，这是苦顛倒。

一些人研究的佛教之諸法無我了後，过於偏空，不知真空中有妙有之基因德性、誤解什麼都空了、撥無因果論、任意作惡、致成社会紛乱，解釋為極端之無我，所謂假平等的社会。这是無我顛倒。

佛陀凡夫執着常樂我淨而教我們觀無常、苦、無我、不淨、這对治凡夫執着之病的，对於不淨觀如果一直偏執下去，不知諸法之真諦，世間一切皆歸於不淨，眾生都不淨所以不敢親近眾生，那麼慈悲之心、愛人愛世之心依就不会產生，灰心滅智，身如枯木，這就是不淨顛倒的。

八顛倒是不明真理的心態，是凡夫亦小乘人的对諸法。

对於執常顛倒者說無常之理，对於執着貪欲者說受是苦本之理、对執着我見者說無我之理、对於貪着肉体之假相者說不淨之理、对於小乘等学者偏出世法，沒有入世思想者說實相微妙的諦理。对於偏執無常者說常住之理、对於苦相現前者說現象即實在的寂光淨土之理，对於偏執無我者說大我之真理。我即佛，一切皆如來德相之真諦。

真理上而言，天地間沒有什麼淨與不淨，對於不淨觀之人，教示唯心淨土，導於大法之當體，解脫一切迷執。

其實真空實相是不增不減的，以般若之妙用照見真空妙理，從此大肯定把來轉大法輪。不執有不執空，不執中的不二法門是心經之大綱。離一切顛倒之方法。

顛倒
- 凡夫衆生顛倒—常、樂、我、淨—四顛倒
- 小乘成佛顛倒—無常、苦、無我、不淨—四顛倒

八顛倒

四、四句偈

四句偈即諸行無常，是生滅法，生滅滅已，寂滅為樂。這是佛陀教示衆生脫離顛倒夢想迷着的偈語。

我們執迷於顛倒的妄想，在夢中潛意識所交錯出來的種

業力表現

神境界。這夢想是記憶重現、感覺誤認、時空交錯、理智喪失所織出來的、這些思想沒有根據。睡眠時腳在被外、還有滴水、就感覺在落水、聽到火車聲就感覺地震、其他誤認的境界、依時依人而各有不同。一一感受都會影響物質肉体、年青人的夢識夢遺悉皆如此。因為物質精神是二而一的、精神影響物質、物質影響精神。如果是靈魂論的話、靈魂還要睡覺嗎！。肉体疲勞而入了深睡眠時是沒有夢的、等到淺睡眠之時才會做夢。因為深睡眠時血液下降、腦橋離隙、後腦之記憶潛意識不能輸送大腦消化。半睡眠時因血液漸昇、腦橋好像生殖器一樣澎漲相接小許、這時就輸送意識入大腦運化成為夢、這是理智還沒有完全清醒狀態、差異

精神、影響物質

動、佛陀教我們在觀、一切動性之法都是無常的。

因為諸法是動性沒有常住不變，是種種緣所成的因緣法沒有實體、故云諸法無我。不斷地代謝、万物悉皆是生滅之法。

生出來之法就有得失、精神而言就有愛、有愛就有苦樂、苦樂是相對物、到處皆是苦報，最好不要生滅，這次的生滅完了、就停住於真如本性、寂滅是無苦無樂之處、無苦無樂即絕對界、所以希望寂滅為樂。

對於修行人而言、這是遠離一切顛倒夢想之不可缺的方法。佛陀過去在雪山修行的雪山童子時代、為求此半句偈而獻身命、都是象徵此意。

五、寂滅為樂

寂滅是滅尽煩惱妄想，不再被其迷着束縛而生苦受之意，对於諸法的實相，依般若之力而了解，根本上煩惱夢想一切顛倒看法都是假的。本來能生諸法之德性是清淨無垢沒有世間認識的淨穢之对待，了解到這境地謂之寂滅。甚不是將身心都粉碎滅為烏有才是寂滅為樂。身体本來都是肉眼看到的粉碎物組成的，表面看來似乎堅固，其實好像泡沫一樣不實。若果是堅實之物，那血氣如何流通、如何呼吸、怎能代謝由小而長大，終歸陳舊，業力推動而破害死亡。由六大元素聚集而成形，一期之業尽分散歸元，有形無形當体沒有增減差別，為什麼怕其生滅法執着煩惱呢！。我人若以為寂滅是心行處滅，什麼都沒有了，就等於植物人，什麼是万物之灵長。這種观念是死罗漢的做法变成世间的寄生虫。自古以来这种修行人最多、隐遁山林不干世事的消极行为、怎能救世、可是很多人视此为最高的修行、大加崇拜。听说某深山有一个头陀行的人物、就争先恐后前往膜拜、看做是神仙。果是这样才是修行、为何释迦看见波罗门行者、在山林中或倒吊、或立一足、或坐到全身枯如殭屍、他也本身体验过、最后发觉不是正法没有究竟。不是真正悟到究竟的涅槃理。

六、涅槃

一般认为修行人死了、身是苦具没有了、就叫做涅槃、和尚涅槃了、成佛了、或往生西方阿弥陀佛国了、那么是不是未死之前不成佛、一定肉体要死才是成佛。死了后才能往生西方。是什么去西方、诸法無我、灵魂都没有了、用那個去？能去者必有我、有靈魂，是不是變成靈魂論呢？若是靈魂論即已經背了佛教的真理。佛教是業力論的，五蘊都是空的，這种涅槃觀念顯然錯誤。有相無相空有不二的宇宙當体即是涅槃体，生亦是涅槃体，死亦是涅槃体，我人的透視感度若能体認此，一切無不涅槃的境界。

比如我們看天空的雲，不斷地千變万化，世間之万法亦像雲一樣不斷地變化。這雲看慣了就沒有什麼実体的執着，万物諸法亦如似地看下去，漫漫就成習慣不再執着，這無執着的當体證驗就是涅槃境。宇宙万物諸法是涅槃性、我們是涅槃境，彼此合一不二、生滅不二、生死不二、、有什麼話可說！。古人云：道法本來無、南辰貴北河、本來無一字，卻盡世間塵。無之一字是無自性，世間之癡魔、死魔、天魔、五蘊煩惱魔都是本來無的。有如是暫時因緣法無自性可言。

七、漸悟

學佛是希望開悟得到解脫為目的，凡夫因過去之基因德性低劣，不容易一時的開悟。釋迦尚且在苦行林六年的漫長歲月未曾開悟。況今業障深重的眾生！釋迦當時是無師自悟的。須是過去多劫修行、到了最後機緣成熟也開啟了心扉，看見了收藏在心塔裡面的宇宙真理之經。取出來啟示來者，這宇宙真經像網一樣、由一個網結之頭分出無數之網路、展開網羅森羅萬象，重重如帝網也互相反映、幻出無量無邊的光明之理德與智德。理德就是組織物質之原因、智德就是發用精神之原因。創造的旋轉律即是天之樞極、這动力就是法性。或名本性、本然之性。理智二德都是本性之内容、智德藏於理德之中。這法界体性名大遍照如來、即是法身毘盧遮那佛。這個無限生命的不老不死人、祂是天上天下唯我独尊的孤单老人、祂是一個勤勉者、祂將其所有的無量寶藏中的基因种子、搬出來佈種、沃水、施肥、放光加持、令其各各生長。欣賞、然後隱藏者毀滅。創造万物是祂無聊中的遊戲。祂好像攝影人、万物是祂攝造的產品、攝出之人物形像不同、有的做馬、有的做將軍騎在馬上、看來貴賤懸殊、根本都是隨緣之化形一切平等、我人凡夫執着貴賤之幻相、見到毀滅時都会感覺怨惜。佛陀已經看出這過程、說示這过程給我們听、以創造過程之十二因緣觀及起了認識者是誰的道理、一一有系統性地整理出來。我們由此層次去了解体会，世間本出世間的情形。這就是漸悟的註腳。凡夫同迷着故，如塵蒙蓋鏡面，所謂：時時勤拂拭，勿使惹塵埃，心鏡明了照見万法就会清楚了。

八、頓悟

頓是由漸來的，釋迦六年苦行雖非正道，但都是台階，最後登極台頂，到了台頂俯瞰八方，盡在眼底，一目了然。如人行路，一步一步前進，最後到了目的地。到了目的地的時，即告頓，頓覺過去的行經都是多餘的，但是若無一番寒徹骨，那有梅花撲鼻香！這种境界像吾人未到的人任你怎麼說到天花亂墜，根本止於臆測而已，如人飲水冷煖自知，他不是我，我不是他，他人吃飯不能充我飢。

佛陀說此悟境是留給我們做為後日之証據的。是一種假設，不是當体。金刚般若经說，不要著相，才能見到真实的境界。禪宗中國的六祖惠能，听到人家誦金刚经，誦到應無所住而生其心，就此開悟，因為早期是以析空观去探索真空实相，都停於偏真中，听到此句即頓時開悟了。開悟什麼！所悟的是中道實相，不是偏空不是偏有，不去制止心的活動，於處事中生心無所住的，有所住著之心就是妄心，無所住的心即真心。即所謂之事來即應，事去勿留，如船过水不留痕，歸於零。所作所為皆成流水三昧，當体之心境即真境了。這是罗漢之悟，悟即境時就是頓悟。但是這些境界，似乎缺少大慈悲心。依罗漢看來，把慈悲心亦是住執。菩薩的看法不同，菩薩已经見性的过來人，看到众生未悟、迷着成烦恼苦患、要一切众生離苦得到生活中的自在安心、这种所起的大感情之心即是大慈悲心。当然菩薩已是頓悟的行者了。

九、三世諸佛之証道

上述悟道的过程是漸次進步的、經文所說：究竟涅槃之後、就是三世諸佛、依般若波羅蜜多故、得阿耨多羅三藐三菩提。亦就是說、过去成佛、現在成佛的、未來成佛的必需用这般若去修持凡夫度到成佛。未來未來不一定是死後或未來者、可以是現在未成佛、不久的將來的成佛。所以未來是無數人可以成佛的。成佛过程因各人根機不同、但其智德行願是一如不二的。証悟宇實相之理、即是究竟涅槃之道。这運載之車乘、大小不同、根本還是般若的大智慧。

三世諸佛之究竟涅槃体，亦就是法身如來的光明体，世間之賢愚，以至万物依理体而來，都是法身佛之光明体的一分光明。学佛人有信心，有毅力，不斷地精進就有一分之悟，有一分之悟就發一分光明，光明本來是具足無缺的，凡夫因被無明的基因所發的迷妄所蓋覆，所以完全不能像佛一樣明亮，由於漸次的磨練纔分証到達圓滿。只是迷悟的差別，根本沒有不變之惡人，若悟此即將開顯基因德性之光明聚，發揮絕對的隱力，與宇宙大光明之母光会合，証入佛陀之境地。此人人具備，以漸悟以至頓悟成佛。

十、阿耨多羅三藐三菩提

我們生來業障深重，就以小悟漸到大徹大悟，步步昇進有朝昇至目的地，此中必需理事兼運，理方面即依般若智慧去觀照這理、事方面觀照衆生是諸尊佛之分身、是我人之同胞、看衆生苦痛迷執就施行救濟、發出悲心。以此悲智双運的前提下、如車之兩輪、才能運載本身到究竟之目的地的成佛。

阿耨多罗三藐三菩提是翻做無上正等正覺。依般若慧智之深觀、内外双修方為正當的覺悟、亦就是圓證的佛智。

這道理是宇宙本体之當相、我人万物是宇宙之縮寫、故道是与我同在的。迷者違背道之理去行事、悟之者順道之理去行事。道是大公的、凡夫迷情是自私的、要將自私化為大公、這是極其困難之事。心是心非當然不是善道、心是身不作亦非至善之道。說無上大道是行為与精神渾然為一的當体。實行其理念的。

十、道是無常性

我們要知道，當然要了解道之無常性，一切事物在遷變、智者亦要順其演變去接受時代之不同潮流。如現在的婚姻禮俗亦趨維新。古代的親事是父母強制決定的，現在已是自由選擇了。還有些父母固執其意見，使子女非常難為，娶來不同意見沒有感情的對像，都在以日計地淚洒胸襟，終歸離婚的結果。有的已有子女出生了後離婚，使其子女失去怙情。變成世間的悲劇，甚至自殺者大有人在。

如宗教而言，守著幾千年前的舊戒條，食古不化，這不能被視為悟道。如佛教而言，釋迦是出生於印度的，所以被印度服，東洋各國衣服不同，如中國是穿長袖漢服的，有些人要在海青上被印度服，才是學佛，表示精進用功提高習慣，被衣到了中國已經被制了、被把來非常莊嚴，現在印度人還是存古不變地被着，但印度已無佛教了。是否被印度衣的印度人、個個都已成佛！當時釋迦若果降生在中國，一定是穿漢服的。

到了滿清政府時代叫我們漢人要換滿清服、長衫大袖變夾袖、袖口作馬蹄形、欺負漢人當作牛馬、穿馬掛、頭戴帽笠頂把三支鳥毛、當做馬耳，頭髮將漢人形變成馬尾形。現在的老一輩、死時要穿此服、殯天要穿此服，做為大禮服，以聰厚拉來當禮教。很多教授、學者、出家人都穿此長衫表示榮譽，真不知所以然。

風俗禮俗是依時代而變易的、如果不明時代，縱雖漢服文章亦是時代的古董，要順時代，以般若妙用來把握自在無碍的生活，應該是智者的超群拔萃之處。

十一、出世而入世

對於心經的理論，如何地燗熟舌燦蓮花，亦不是真正了解心經之奥義。任何人都可以背誦或講解，應以心經做為自己之根據，從行住坐卧中發揮般若之光明，應用於人際、社会、國家，一切人類的生活準則，自己澈悟了像在世而出世蓮出淤泥中清淨無染無着鶴立鷄群，在這出世的精神入於叢草之中救化同胞，使令離苦得樂，自他得到大安心之境地，天下法界平等利益的得到解脱妙境之樂趣，這才是真正佛法的大光明活動。佛法滲人間，同唱光明之歌。

般若心經之目的即此活佛法為眼目的，並非獨善其身的神秘主義，即所謂阿耨多羅三藐三菩提。

總歸持命分

經文之解釋

經文：故知般若波羅蜜多、是大神咒、是大明咒、是無上咒、是無等等咒、能除一切苦、真實不虛。

總歸是總結論、持命是持陀羅尼，又曰持明，明是光明不昧，道理了然，一般叫做總持，若為一字含千理，一句含萬義，能包容保持一切，諸法悉皆佛性真理所總持。

森羅萬象中取一物收居諸法理智之全体，一切法皆有總持之意。一粒芥子藏須彌，一毛端納四大海，每一事一物都具足總持之妙德，一物一世界，一微塵現十方國土。

佛教中之陀羅尼、所謂真言、或云明咒，就是真理的濃縮語言々宇宙法界所有之理則，所以名總持，或云持命、持明也。

一、真空實相之描寫

般若波羅蜜多經即大般若經六百卷之總稱，種種之旨趣即真空妙有、真空妙有即大般若陀羅尼。

真空妙有即是森羅萬象共同之心的別名，我們的心都有具足甚深微妙的智慧光明，這心是宇宙真理的活動，這活動就是陀羅尼，心念一起八萬四千法門，所以八萬四千法門悉皆陀羅尼之內容。

陀羅尼比喻一疋布、布是橫直五色線，依設計織成，各不同之花紋之物。

宇宙諸法悉皆橫直時空五大五色、依其因種性的念頭組出來的現象。布若將其分解即布形及花紋各失、宇宙諸法亦相同、緣各離散印為於本性。布分散為五色線、法相諸法離散為五大五智。這五智印心。心印陀羅尼。

這道理在吾人之真心中、用濃縮的語言表此真理名真言。普遍叫做咒、佛之真言咒語與神道家之咒有所不同、從的咒是咒咀或法神、禁壓所用的。佛說之真言是說宇宙真理的。誦之能放發光明之效力。為佛教人士所不可缺之特殊語言。

所有的修行人、要開悟正等正覺、必需依般若波羅蜜多成就菩提、所以般若波羅蜜多是成佛之總持、這總持具有真理與道德、真理是生成、道德是養育。十界無不均出此。經中所說之是大神咒、是大明咒、是無上咒、是無等等咒、皆是分述般若之功德、由凡入聖、自淺至深、從麤而細，說示漸次証入过程的，說先依般若去破相顯性。破相是打破迷執的盲目煩惱、顯性是發揮本有的智慧光明，顯現本來之性德。說示真空是破相的，了悟真空實相之道理，就能滅却迷執，迷悟是一物之表裡，就是迷反為悟，迷是暗昧，悟是光明。吾人不知真理，貪着其事，還了色声香味觸生法而執迷不能反觀自性，若果了悟此法原是如來真空妙理之功德，即立於光明之廻，於大塵中作六功德。（一自在二熾盛三端嚴四名稱五吉祥六尊貴、佛之大我）所謂之煩惱即菩提，即事而真，当相即道。華凡成聖不解其面，化魚為龍不易其鱗。

本是佛何須頭上安頭。但吾人之機根宿業不同，不是大根大器的人，是無法一時頓悟的。

有些人聽了佛理雖有改惡從善的念頭、如好賭博、明知賭博是壞事、一旦被人引誘仍是賭下去、以前之悔的念頭已消失無蹤了。了知感受諸法、根本是空、卻遇了感受又受成非空而貪着。故分出階段來加以破相、漸顯本性之理。

破相
- 破外相——大神咒——聲聞真言、
- 破內相——大明咒——緣覺真言

眼耳鼻所收來的色聲香是有聲有色的、這屬於外來之外相、依般若力去觀照、了解是因緣之生法的假相、原來是空沒有的、這就是破外相、這種般若之無言之言即大神咒、因為屬於心之內容看不到聽不到之心真言、亦名密咒。打破外相回歸於空、即歸於本性根源、即是正等正覺之基礎。

二、大神咒之功能

這大神咒是心神之密語，一遇外來之境界諸法，將要侵入我人之心的時候，就馬上心中念起般若波羅蜜多，智慧光明真言，去照破其魔術變幻，擯去其迷人的魔音穿腦之声，通々收納於真空之中。這种警覺性之真言是念滅除一切世間外相侵擾之魔的，這偉大的力量之心神，故名大神，這心念曰大神咒。

三、大明咒，無上咒之功能

外相雖能破，却心有能破之心，以為偉大而自傲貢高，即其人為內相所困，仍是無法解脫。心中固執之妄相作祟，念生起微細妄想。所以必需打破內相之迷想，這种內觀之般若力即是大明咒，照破妄想變成大光明之謂。

其次是無上咒，故衛印是無等等咒，漸次開顯性德。

顯自性——無上咒——大乘真言

顯佛性——無等等咒——秘密真言

顯現自性是將自己之內心中潛藏着的美麗佛德，顯出來將為日常生活之精神，這種心般若的密名叫做無上咒。

因為顯現出來之佛德自性是高尚慈悲之道德性，能叫出這種力量之是謂是超越一切的。我人之心中有無量無數之與現實社會不吻合的基因德性，這種製造苦惱的不良基因必須全部打破，顯出有衆生有利的高尚德性才能有他有利的。要打倒這些不良的業种是非常困難的。所以能打勝技的人就是佛，故佛為大雄、所向無敵。是隨處作主的，統理自心國土之衆生，三界悉為自己之國土、衆生悉是自己之眷屬。成為宇宙一人，天下獨步的大遍照如來，故無量光明活躍於無始無終，身量等法界，日月是我的眼睛，草木國土是我的皮肉，山河川大海是我的腸肚，心識活動的舞台。獨運法輪創造萬物，自受法樂。觀音彌勒文殊普賢悉皆自己之思想，展現大肆於遊戲三昧了。

四、無等等咒

無等是已經登峰造極了，這無等之下有等字是平等，回顧我法身中之眷屬，給與平等看待，沒有我與眾生二者的看待、與眾生與我平等沒有高下，就無自他可比倫，是種正等，眾之多即成全之我，眾生是自己我之細胞，如一個人，手足或五臟六腑某某部份有病，即我是不完全的，要將其缺陷給與完整無餘方為自己之完全。故菩薩到了無等等咒自覺諸果之境界時，還要去救度眾生的，眾生一人未度即我未成佛，有此自心之真言的，大慈大悲大願，即是無等々咒。這神密言深般若的力量是要了解的。

彌陀四十八願啦，觀音三十二願啦，藥師十二大願啦、地藏之大願啦，很多佛菩薩之行願就是這個無等々咒的內容。要知道無願是不能成佛的。你要信此才能解脫，你要發此願才有資格成菩薩，你要行此願才能成佛。眾生這麼多、信教不同，他都不接受你的教訓，老實說無法度盡眾生的，你此世之生命有限，眾生來者無限，這個大願究竟無止境的，要生々世世乘願再來，繼續實行未完成之願，那麼永遠都無法成佛呢！不，本來是佛，行此願即佛之工作，即事而真，當相即道。

秘鍵云：總持有文義、忍咒悉持明，声字与人法、实相具此名。

陀罗尼即總持，是万德總持之真言，偉大的威力能感应神人、能感动天地万物，有光明，有改換基因德性之功能。这种真之言在我心中，真之言是般若之旨，宇宙一切之總滙。般若經六百卷之文義即是真言也。忍咒也，持明也、万物实相即声字、人類諸法悉皆是真空实相之所有。说此道理之心語言即真言，能說即般若，所說即实相与諸法皆是自持自說之總持。

秘密真言分

經文解說

經文：故說般若波羅蜜多咒。即說咒曰、羯諦羯諦，波羅揭諦、波羅僧揭諦、菩提薩婆訶。

這部般若心經分為五段、秘密真言分是最後之一段。即是最高的秘密之藏。即一般凡夫不能窺見了解之謂。藏即是寶藏、藏有甚深微妙之法寶妙義。即是學佛法之至寶。具有理與智、物理原因與精神原因之真理之法寶。秘密是指凡夫盲目不能了解。如藏而隱沒不能見。其實顯露明明在眼前。凡夫以為佛與我對待、隔岸觀佛、智者即認悟此佛即是我、萬物本體即如來理智之理威。大涅槃經云：一切眾生悉有佛性。我們要將此文加以標點、所謂「一切、眾生、悉有、佛性。」「一切」即所有眾多之物、「眾生」即眾多發生出來之物。「悉有」即悉現的有形之物、三句相同意義、指諸法與法相。諸法是心所法、法相是法性顯現之相。佛性就是真空妙理，要容易了解起見，要在悉有之下加「即」字，文句念出來就成「一切眾生悉有即佛性」。換言之，即一切之萬物即是佛性。這是真實之語，即是真言。

一、見文之義

見文屬於心之自悟的心語，凡夫看的是水，智者看的是水，凡夫看的是水，智者看的是氣體，凡夫看的是氣，智者看的是基因德性。依未悟與悟的層次各異，其心真言即異。色即是空之緣起本覺即真空義，空即是色，此本覺真空妙理之即剎隨緣能成諸有為生滅法。

「聽說有一位行者，入山修行，起初所看的山是山，水是水，依照觀之力從析空觀而進步，看山不是山，看水不是水了，到了最後了悟色即是空，空即是色之後，下山時眼中所見，山是山，水是水了。禪者看到山不是山，水不是求的時印見本性。但住此正位是無法活動的死漢。這是修行之行程，不是目的，下山去活動教化眾生才是佛之主要目的。

佛陀自悟之境地的自心真言印秘密真言教，因為佛陀已經證入法身佛，故說此真言印屬法身佛所說。所以真言宗以法身大日如來為教主。

佛陀將證入法身以前之方法，以應機道教開說文字言詞、為之顯教，顯教就以釋迦為教主。為對機應眾生設經教為法寶。密教是自證法教以真言為法寶。追根到底顯屬行徑、密屬到達之境地。顯教最後還是到密，密之前提還是由顯而來。

但是遲速有差別，愚鈍的工夫如行路一步一步前進漸次終於到達目的地。根機犀利的人，即選擇師資，認為是真理之時，信師不疑，受師一指點直認真作，如乘飛機一樣不久到達，開始應作而作，直證法身之法樂。自受用法樂與他受用法樂一味平等。救人為事業，事業成就即同自受用法樂。

真言宗之法尚然不是真言宗之專用品，淨土宗、禪宗、或其外各宗亦都不是其宗之獨佔物，都是給與他受用法樂為自己之自受用法樂，即是佛心之真言的。

這種自證之法門即秘密法門，是一種心中內靈之奧，未到達之人是不能享受的。直接喚起內心深處之微妙德性的方法即是咒。能快速地脫去無始劫之妄執，煥出本來之光明的威力。使本來之真面目，明々地顯露出來。

所以真言即是真實之心語言，是宇宙萬古不易之事實。故即事而真，當相即道。這大日法身之理智之德都呈現在世間萬事萬物之上之活動，這是極為高尚的理想世界。

在我人之舉手投足顯現佛性而實踐化，即身成佛之秘法。一般一言密教，就以為像道教或神教一樣，想要發神通發智過去未來，或像魔術師一樣變化顯異，極其排斥密教為一種邪教，這是極其愚蠢無知的。佛教中之戒法亦是密教、早晚課誦亦是密教、給人授度、放焰口施食亦是密教、使用密教而謗密教，真是可恥無過了。每個人無論念真言與否，其人若果真心顯露，開口發聲皆是真言陀羅尼，一切動作舉皆結印，心意之活動皆是佛心之流露的實相。

二、羯諦之意義

「揭諦揭諦、波羅揭諦、波羅僧揭諦、菩提薩婆訶」、即是声聞緣覚与菩薩之修行过程之方法的總持。結束心経一部経的意義。初之「揭諦」即声聞行果、次之「揭諦」即緣覚行果、「波羅揭諦」即大乘最勝行果、「波羅僧揭諦」即真言曼荼羅具足輪圓行果。「菩提薩婆訶」即究竟証入菩提。

這兒之「揭諦」的揭即是行、諦即理。是從凡夫修行自煩惱至悟道理，由迷到悟、由生死到涅槃之轉凡成聖之行徑，這亦名波羅蜜多（度）、度一切苦厄的修行法。

「揭諦」自度「揭諦」度他，不止於自度就是佛法之本意、還要度他，如車兩輪方為自在。比喻我人經營事業賺了很多錢，收在自己身中隱藏起來、沒有將其所有之錢拿出來做社會救濟事業、有什麼用處。根本等於零。到頭還会被錢所累死後帶不去，使子孫爭奪財產相殺成仇、甚至若有知，當時的感想如何！。有的不肖子孫不久就將其財產賭掉，做出不法行為被法律制裁。生時若能用於救濟事業、可名留青史，豈不是子孫永榮譽。

初道的先決是叫人先自度、然後去度人做到究竟無餘的人格。能自他兩利、法界平等利益、就是道心、道心即佛心、佛心即大慈悲心也。

利益他人不可有偏廢，認為利益他、他卻不会捧我的場就不施与利益、這些觀念是很普遍的。因為不知後之利益而施後發生懊悔之心，這是極其無奈的行為。

古早麗姬要嫁晉獻公、以為他是異國之人，可能会对自己不利，果到晉來死去，但嫁後得到獻公之溺愛無微不至、被人稱頌得要不可言，出將才反悔當時應該不要哭了，這是麗姬悔哭的故事。我人如此賭財，此生不布施，後日悔哭也晚了。

、利他之心不是有目的的，大道之心如日曬天、如雨普灑、如海不擇好壞美醜之上，如大地普養万物，雖穢淨不論，如海納百川大小同容，依天之道行天之法，外面看來似乎大愚痴，宇宙真理是平等的。聖人不死大盜不止，聖人是個大盜而大貪，貪一切眾生為我有，一人不受教訓即現出不動明王之形以嗔罵，內含慈悲外顯忿怒而大嗔，一視同仁而普施成個大痴，通達了道理的人，是依般若以攻小貪小嗔小痴之自私變成大貪大嗔大痴的，應該以道理上看來貪嗔痴不是消滅，是加以擴大的。貪嗔痴本來亦是法性所變。

三、波羅揭諦

波羅揭諦之波羅是波羅蜜多之濃縮句，即是彼岸，揭諦是度，即是度彼岸。凡夫為此岸，佛之境地為彼岸。

我人成了佛德了就是到彼岸，但佛德是具有智、斷、恩、的德性。成佛若無具顯此德性不名為佛。自凡夫也起、有智慧的般若透視力、才能認悟宇宙實相，有勇猛的果斷力之意志活動、才能斷出是非、且能將惡性斷除，這都是斷德，有如天道普施万物、養育群生才是恩德。有此智斷恩三德才能圓滿佛德。是即天人合一的真實智，是神宇宙法身佛的大光明。這種智慧之光是人人具備的，凡夫以智德变成貪欲之知，以勇氣变成搶奪的勇氣，以恩愛变成恩我之自利。都是没有般若之力，不能從此岸度过彼岸了。

四、波羅僧揭諦

這波羅僧揭諦是真言行人的曼荼羅輪圓具足行果。以前說過波羅是彼岸、僧是眾、揭諦、行真理、誤成彼岸眾度、我人自初至今已經自度而能度眾了。但此度眾才是困難重々。因為眾生迷執根性各不同、依苦集滅道至十二因緣、六度等法內、度眾生了悟到真理。可是不能見機施教、真言行人即以方便去引度。以菩提心為因、大悲為根、方便為究竟去實踐，不是以出家自居去施教就可以的。要自己立於真空實相上去入世作為、方可為力。比喻、要度一位屠宰業者、要先與屠夫相處，要度一位娼妓、要先與娼婦同處要度一位賭博者、要先與賭博者相處為友、視為自己人先於種々方便度其出苦輪，像這樣的做法、出家的戒守戒條的比丘比丘尼是無法做到的。又一般社會人士不知菩薩的用心是犧牲自己去利益他人之悲心，都加以毀謗，使出家人無法施展方便法門，出家人在弘法場所只能講說道理，無法改正極惡之愚夫。一般能度的都是不善不惡之徒，不善不惡本性如此，好人本來好的，說到天花亂墜而是好的。大惡的人不但不去聽說法，若果去聽亦馬耳東風，還說不切實際。

真言乘人即是神通乘人，一變成萬變，辯才無礙：縱橫自在。如小兒妄昧不知不吃藥，真言行人即像母親，以藥塗於乳頭上，小兒愛吃乳，在吃乳的當中吃食藥餌，不知不覺之中其病就痊癒了。

不曉道理而希求神通者，教他修習神通法，貪著愛財者，教修發財之法。要求美容者教修美容法。修到他之以前的壞因基換成良基因的時候，以前之速效就沒有了。變成慈悲的基因往往、終將不久直認真理。這是上述以毒攻毒的手段。將要轉變之時，就端看師父之絕招了。若不有特殊之教示印證令變成反作用的後遺症。所以修真言雖是最快的法門。師父若是偷來之法，只知事相不瞭真理，像作生意般地販賣佛教，都會妨礙修學者的精神健康。這最高的宇宙真理，在真言教而言：全部都隱藏在曼荼羅圖中，只看做一種崇拜物是很膚淺的。不但如此一般以真言為密語不可翻，根本是不知道的人之推辭，一字含千里，一句萬義。若要知此請讀了十二年的顯教，有所體悟才來，否則會流於迷信，豈可忽視了。

五、菩提薩婆訶

菩提是道、宇宙之真理，薩婆訶是成就。真言中有很多尾句之結論語辭。如吽發吒。即意謂、發生效力避除，薩婆訶是一切成就如願之意。

自頭至尾所說之般若觀照了世間一切万物諸法，徹底了悟去除迷執，到了無所得之後，証入正位就見性，自見性的真空中起妙用，再入世施行佛之度生工作。這就是悟道而証道、証道而行道、徹底的梵我合一，才算成就了。

這种佛行之成就叫做薩婆訶。知理的成就不能實踐即不名為道成就，道是天下万物一体之全的大活動，極限的活動即屬小成就。使合乾坤的小我融入大我之活動、即可謂菩提薩婆訶。

秘鍵云：我依秘密真言義，略讚心經五分文，

一字一文遍法界，無終無始我心分，

翳眼眾生盲不見，曼儒般若能解紛，

洒斯甘露濟迷者，同歸無明破魔軍。

後跋

以上般若心經思想之蠡測到此為止，宇宙之真理是深奧莫測的，最後之秘密真言是大般若經的真空實相妙理與實踐得益之功効，完全網羅無餘，我們能將其咒語不斷地口念心惟，必能得到不可思議的妙悟，成就自他法界平等利益的。為容易了解起見，文中重述之處也很多，有點畫蛇添足之嫌，大道無言，道可道非常道，應在柳染觀音微妙相去見佛姿、以風吹說法度生聲去聞法，方為適當。

心經思想蠡測

作者

大 僧 正
哲學博士 釋悟光上師

編輯

玄覺

美術統籌

莫道文

美術設計

曾慶文

出版者

資本文化有限公司

地址：香港中環康樂廣場1號怡和大廈24樓2418室
電話：(852) 28507799
電郵：info@capital-culture.com
網址：www.capital-culture.com

鳴謝

宏天印刷有限公司

地址：香港柴灣利眾街40號富誠工業大廈A座15字樓A1, A2室
電話：(852) 2657 5266

出版日期

二〇一八年六月第一次印刷

ISBN 978-988-77264-8-7
Published in Hong Kong